El arte
de cocinar

José Gutiérrez Tascón

El arte
de cocinar

Editorial Everest, S. A.

MADRID • LEON • BARCELONA • SEVILLA • GRANADA • VALENCIA
ZARAGOZA • LAS PALMAS DE GRAN CANARIA • LA CORUÑA
PALMA DE MALLORCA • ALICANTE – MEXICO • BUENOS AIRES

Créditos fotográficos

Cubierta: A.G.E. Fotostock.
Contracubierta: Agustín Berrueta, archivo Everest.
Página 17: Archivo Everest.
Página 19: Archivo Everest.
Página 20: Archivo Everest.
Página 35: Menestra de verduras, receta pág. 34. A.G.E. Fotostock.
Página 51: Sopas de ajo a la murciana, receta pág. 48. A.G.E. Fotostock.
Página 67: Espaguetis «al dente», receta pág. 66. A.G.E. Fotostock.
Página 83: Huevos a la flamenca, receta pág. 76. A.G.E. Fotostock.

Página 99: Salsa mayonesa. A.G.E. Fotostock.
Página 115: Solomillo a la española, receta pág. 125. A.G.E. Fotostock.
Página 131: Pato a la naranja, receta pág. 136. A.G.E. Fotostock.
Página 147: Perdices Albufera, receta pág. 142. A.G.E. Fotostock.
Página 153: Rape a la cazuela, receta pág. 171-172. A.G.E. Fotostock.
Página 179: Langosta a la normanda, receta pág. 174. A.G.E. Fotostock.
Página 195: Natillas. A.G.E. Fotostock.
Página 211: Magdalenas, receta pág. 209. A.G.E. Fotostock.

Diagramación: Jorge Garrán Marey

© EDITORIAL EVEREST, S. A.
Carretera León-La Coruña, km 5 - LEÓN
ISBN: 84-241-2200-3
Depósito legal: LE: 691-1991
Printed in Spain - Impreso en España

EDITORIAL EVERGRÁFICAS, S. A.
Carretera León-La Coruña, km 5
LEÓN (España)

DEDICO ESTE LIBRO:

A VIRGINIA, mi mujer, sin cuyo apoyo y cariño no hubiera podido llevar a término este libro.

A NUESTROS HIJOS Y NIETOS, por su colaboración y el ánimo que nos dan.

Al recuerdo de mis hermanos SEVERINO y GUMERSINDO, por haber sido ellos quienes me iniciaron en este «Arte Culinario», al cual dediqué cincuenta años de mi vida.

Índice

Aperitivos y entradas   23

Primeros platos   39

Consomés, cremas y caldos   39

Sopas, purés y guisos   46

**Verduras, pasta, ensaladas
y guarniciones   59**

Huevos   75

Segundos platos   104

Carnes

Postres y repostería   183

**Historial profesional
del autor**

Se inició en la profesión, en Madrid, en el año 1925, en el Hostal Nuestra Señora del Carmen, siendo jefe de cocina su hermano don Severino Gutiérrez Tascón. Desempeñó diferentes cargos de su profesión hasta llegar a la categoría de jefe de cocina y pasó por las siguientes casas de hostelería y de la sociedad española.

Casino de Madrid
Hotel Florida
Condes de La Maza
Marqueses de Monteagudo
Marqueses de Urquijo
Duques de Arion

Durante el período de formación, en su distintos grados, estuvo a las ordenes de los jefes más prestigiados en España y en el extranjero, tales como:

D. Fausto Solá
D. Antonio Castellanos
Monsieur Henrí
D. Jacinto Arrazubi
D. Arturo Bardají
D. Salvador Laguna
Monsieur Pollt

En el año 1932 ocupó el cargo de sub-jefe en el Real Club de Campo «Puerta de Hierro», pasando a continuación a ser jefe de las siguientes Casas:

Marqueses de Murrieta
Condes de Belayos
Marquesa de Campo Real
Duques de Medinaceli
Casino de la Gran Peña
Embajada del Perú en España
En León .... Bar azul
En León .... Restaurante Fernando
En León .... Srs. de Fierro
En León .... Restaurante Novelty
En León .... Hotel Conde Luna, desde su inauguración hasta que se jubiló en el año 1975.

Tiene en su haber los siguientes *títulos y condecoraciones*:

— Campeón Nacional de Destreza en el Oficio del año 1965, otorgado por el anterior jefe del Estado.
— Primer Premio Ruta Jacobea 1965.
— Primer Premio de la 1.ª, 3.ª, 5.ª y 6.ª Semana Internacional de la Trucha.
— Medalla de Oro FAGOR.
— Trucha de Oro 1967.
— Campeón Provincial de Destreza en el Oficio 1970, Oviedo.
— Cheff Rotisseur de la Chaine de Rotisseurs de París.
— Collar Dorado de San Lorenzo de Arte Culinario.
— Medalla de Oro de VIII Semana Internacional de la Trucha 1973, León
— Ingreso en la Orden al Mérito en la Hostelería Española y Turismo, con medalla de plata.
— Medalla de Oro de Hostelería de León.
— Varios premios de particulares y Empresas privadas.
— Autor del libro publicado por nuestra Editorial «Cocina leonesa».

Recetas

Caviar

El caviar, cuyo nombre según Cervantes es *caviae*, se prepara con las huevas adobadas de un pez llamado esturión, muy abundante en el Mediterráneo y en el Atlántico. Este pez, al igual que el salmón, remonta los grandes ríos en ciertas épocas del año; es de gran tamaño y algunos ejemplares pueden alcanzar los dos metros de largo y un peso de treinta o más kilos.

Dichas huevas constituyen un manjar muy estimado por los buenos gastrónomos. Nutritivamente considerado, el caviar es riquísimo en albúmina y fósforo; además se asimila con facilidad, por lo que es un alimento muy reparador.

Rusia fue durante mucho tiempo el único país productor del caviar. Pero desde hace varios años se prepara en España, especialmente en Sevilla, un caviar riquísimo. Este delicioso aperitivo es el que mayor precio alcanza entre todos, a pesar de lo cual tiene un gran número de partidarios.

Mazagranes

En términos culinarios se denomina así a cualquier preparación que se presente entre patatas duquesa. Los mazagranes se realizan en moldes de tartaletas, untados con mantequilla y recubiertos de patatas duquesa; posteriormente se rellenan con cualquiera de los salpicones y purés que se emplean para los pastelillos de hojaldre o risolas, o con croquetas. Se debe tener en cuenta que la guarnición que forma el relleno ha de estar fría. Luego se tapan con una rodaja de patata duquesa y se doran con huevo batido; se colorean en el horno y se sirven en una fuente decorada con blonda.

Entremeses y aperitivos de pescado

Ingredientes para 8 personas

400 g de rape
400 g de lubina
300 g de bonito
Salsa vinagreta
300 g de mayonesa

Una vez cocido el pescado, se deja enfriar y se corta en porciones; se pone a macerar con la vinagreta y se sirve frío. También pueden hacerse unas croquetas del mismo pescado y servirlas calientes; o bien unas tartaletas un poco más grandes rellenas con el pescado y cubiertas con una buena mayonesa.

Canapés a la Rusa

Ingredientes para 4 personas

16 rebanadas de pan de molde
150 g de mantequilla de vaca
200 g de jamón de York
200 g de lengua escarlata
100 g de salmón
150 g de queso
Sal y pimienta

El pan se corta en forma redonda y se unta con mantequilla sazonada con sal y pimienta. Sobre el pan se colocan dos semicírculos de diferentes guarniciones: jamón, lengua escarlata, salmón ahumado, quesos de varias clases, caviar, foie-gras, etc., formando distintas combinaciones. Las guarniciones deben ser del mismo tamaño que el pan.

Delicias de jamón

Ingredientes para 6 personas

Pan de molde
350 g de jamón
150 g de mantequilla de vaca
6 guindas cortadas en porciones
150 g de huevo hilado (véase receta)
Gelatina

Con un cortapastas cortaremos 28 círculos de pan y otros tantos de jamón con un diámetro aproximado de 3 cm; los trozos de pan se untan con mantequilla ligeramente salada y encima se pone la rebanadita de jamón; se abrillantan con gelatina semilíquida y se dejan en sitio fresco.

Posteriormente, en el centro de cada pieza, se coloca un poquito de huevo hilado, un disco muy pequeñito de trufa, media guinda confitada o una roseta de mantequilla.

Se sirven fríos en una fuente con blonda.

Mejillones Regente

Ingredientes para 4 personas

20 mejillones grandes
150 g de mantequilla de vaca
200 g de puré de sardinas
125 g de gelatina semifría

Se escogen unos mejillones buenos y grandes, se separan de sus conchas; después, sobre cada concha bien limpia, se pone una cucharadita de puré de sardinas de lata bien cargado de mantequilla; sobre él se coloca un mejillón cocido y una cucharadita de gelatina semilíquida, que debe cuajarse del todo antes de servir.

Sollo palestino

Ingredientes para 4 personas

250 g de tallarines
150 g de mantequilla de vaca
550 g de pescado: sollo o rodaballo
150 g de queso rallado
1/2 l de salsa bechamel

Se cuecen los tallarines, se saltean con mantequilla y se colocan en cazuelitas o en conchas de vieiras que se puedan gratinar. Se cubren con el pescado desmenuzado, sin espinas. Luego se tapan con salsa bechamel ligera, queso rallado y mantequilla. Tras ponerlo a gratinar, se sirve caliente.

Tomates «Buen Señor»

Ingredientes para 6 personas

12 tomates de tamaño mediano
450 g de pescados cocidos
2 yemas de huevo
100 g de mantequilla
100 g de queso rallado
1/2 l de salsa bechamel
Sal y pimienta

Vaciaremos el interior de los tomates, los sazonaremos con un poco de sal y de pimienta y pondremos un poquito de mantequilla en el fondo. Con el pescado se hace un puré que ha de ligarse con la bechamel; retirado del fuego, se le añaden dos yemas de huevo. Con esta crema se rellenan los tomates y se rocían después con un poco de mantequilla disuelta. Se colocan en una placa, se les echa queso rallado, se meten al horno bien caliente durante 10 ó 12 minutos y se sirven.

Así también pueden hacerse empanadas o tartaletas, fondos de alcachofas o unos volovanes pequeñitos.

Conchas de langosta a la cantabra o Thermidor

Ingredientes para 4 personas

450 g de langosta

Unas cucharadas de salsa bechamel

3 cucharadas de salsa Thermidor

100 g de mantequilla

50 g de queso rallado

La langosta cocica se corta en trozos que se mezclan con salsa Thermidor o bechamel color salmón, un poco picante; con esto se rellenan las conchas y se les coloca encima un poco de mantequilla y queso rallado; se gratinan al horno y se sirven.

Mayonesa de salmón

Ingredientes para 4 personas

400 g de salmón

Lechuga

Cebolla

Un poco de mayonesa

El salmón, limpio y cocido, se corta en trocitos. En unas conchas o platitos pequeños fondeados con lechuga y cebolla, cortadas muy finas, se coloca el salmón; se cubre bien con mayonesa y se decora según el gusto personal.

Conchas de langostinos y salmón

Ingredientes para 4 personas

300 g de langostinos

300 g de salmón

Unas lonchas de jamón de York

Un poco de alioli

Los langostinos y el salmón se cuecen y se pican en trocitos. En una concha se pone una loncha de jamón de York, que se cubre con el picado que tendremos ya mezclado con alioli; después se decora con un poquito de trufa, pimientos, o yema de huevos cocido.

Si queremos sustituir los langostinos por langosta, debemos cambiar el alioli por mayonesa.

Ondinas de camarones

Ingredientes para 4 personas

250 g de camarones

250 g de salmón

40 g de mantequilla

50 g de bechamel

Coceremos los camarones y el salmón; luego se hace una espuma machacada con los trocitos de salmón, la mantequilla y la bechamel, todo bien sazonado y pasado por el tamiz.

Tendremos una crema batida y a punto de nata; se tienen unos pequeños moldes untados y los tapizamos con todo esto, en el centro pondremos el salpicón de camarones mezclado con mayonesa, lo cubrimos con la espuma del salmón y lo ponemos a enfriar durante veinte minutos.

Desmoldearlos en un recipiente o platito pequeño un poco hondo, una vez desmoldeado y co-

locado, cubrir al servirlo con una gelatina aromatizada al vino blanco, se enfría un poco para que se forme la gelatina y se decora a gusto personal, o incluso puede ponerse un camarón con trufa encima.

Canapés de ternera «Mimosa»

Ingredientes para 6 personas

Un trozo de ternera asada de unos 300 g
Un poquito de salsa bechamel
Pimienta
Nuez moscada
2 yemas de huevo crudas
2 cucharadas de nata natural
2 cucharadas de salsa demiglás
Trufas
Costrones de pan de molde medianos fritos y fríos
1/4 l de gelatina (véase receta)

Se pica el trozo de ternera, limpio de piel y nervios; se mezcla con la bechamel, pimienta, nuez moscada, dos yemas de huevo y una cucharada de nata, y se trabaja bien en la batidora; luego se le agrega una cucharada de nata cruda y otra cucharada de salsa demiglás, procurando que la pasta quede bien espesa, y se aromatiza con un poquito de caldo de trufas.

Se hacen los canapés sobre los costrones de pan fritos; cada uno se decora con un poquito de trufa y se baña con gelatina.

Paté especial casero

Ingredientes

300 g de magro de cerdo
300 g de hígado de ternera
200 g de jamón serrano
200 g de pechuga de pollo
2 cucharadas de harina
2 huevos crudos
1 copa de licor Fernet
50 g de mantequilla
1 cucharada de manteca de cerdo
Ajo frito
1 costrón de pan frito
1/2 hoja de laurel
Hortelana
1 copita de aceite de oliva
Sal
1 cebolla pequeña picada
1 pimiento seco sin semilla
Un poco de romero
1 vasito de vino blanco

Se hace un majado con ajo frito, el costrón de pan frito, el laurel, la hortelana y una copita de aceite de oliva.

Se pica bien toda la carne en una máquina y se sazona con el majado.

En una cazuela se echa la manteca de cerdo y la mantequilla, luego se añade la cebolla picada, un poco de romero y un pimiento seco sin semilla; se rehoga todo bien y se moja con un vasito de vino blanco, una copa de licor Fernet y un poco de agua. Se echa la carne y se deja cocer todo durante veinte minutos. Luego se le echa sal y las dos cucharadas de harina, y se remueve bien; se le añaden los dos huevos crudos y se sigue trabajando hasta que quede muy fino; si es posible se pasa por una batidora.

Se unta con manteca de cerdo un molde; se echa todo en él y se mete al horno durante unos quince minutos, a fuego normal, para que se cuaje y se concentre.

Se saca del horno, se desmoldea y se deja enfriar.

Espuma de foie-gras fría

Ingredientes para 6 personas

400 g de hígado cocido
75 g de mantequilla un poco blanda
125 g de nata de leche cruda muy espesa
Sal
Nuez moscada
Un poco de paprika
Un poquito de canela en polvo
Trufas
400 g de gelatina (véase receta)

Se pasa por un tamiz metálico o por batidora el hígado ya cocido el día anterior; una vez conseguido el puré, se bate con una varilla y se le va agregando la mantequilla reblandecida y la nata cruda poco batida antes de mezclar; luego se sazona con sal y especias y se deja en un lugar fresco.

Tendremos un molde recubierto con gelatina y antes de que ésta cuaje del todo se decora con trufas; sobre esto se echa la pasta anterior, que ha de estar un poco fría, procurando que no toque las paredes del molde; ese espacio se rellena con gelatina y se pone a enfriar en el frigorífico.

En una fuente, que debe estar fría, vaciaremos el contenido del molde y, alrededor de éste, sobre la fuente, se guarnece a gusto personal; por ejemplo, con unas tartaletas de ensaladilla de marisco alternando unos detalles de huevo hilado y guindas.

Suflé de queso

Ingredientes para 4 personas

250 g de bechamel espesa
5 claras montadas a punto de nieve
2 yemas de huevo crudo
25 g de queso rallado

Una vez montadas las claras se agregan a la bechamel, envolviéndolas sin batir, y a continuación las yemas; por último, se añade el queso y se envuelve todo bien; se mete al horno en un recipiente en el cual la pasta sólo llegue a la mitad, ya que luego duplica su tamaño. Cuando se ve que el recipiente está lleno del todo (pueden pasar unos quince minutos), se saca y se lleva inmediatamente a la mesa.

Flan de queso

Ingredientes para 6 personas

350 g de jamón de York
200 g de queso rallado
5 huevos enteros
1/2 l de leche
100 g de pan rallado
Sal
Un poquito de pimienta blanca
Un átomo de nuez moscada

Se prepara un molde liso untado con manteca de vaca; alternando capas de jamón de York en trocitos y de pan rallado, se llena el molde hasta las dos terceras partes, espolvoreando entre cada capa un poco de queso rallado.

Se mezclan en frío los huevos enteros y medio litro de leche; esta mezcla se sazona con un poquito de sal, una pizca de pimienta blanca y un átomo de nuez moscada; se echa sobre el molde

que tenemos preparado y se cuece lentamente al baño maría (el punto de cocción igual que el de un flan).

Puede servirse frío o caliente; si se sirve frío se puede acompañar con mayonesa, y si se sirve caliente con concassé de tomate.

Gallina en pepitoria a la Madrileña

Ingredientes para 4 personas

Una gallina de 1.300 g aproximadamente
4 costrones grandes de pan frito
Sal
Harina
Aceite
1 vaso de vino blanco
Una cebolla pequeña
150 g de zanahorias
1 puerro
Perejil
1 hoja de laurel
Un poco de apio
1/2 kg de patatas nuevas pequeñas
Para el majado:
Ajo frito
2 rebanadas de pan frito
1 hoja de laurel
1 hoja de hortelana (hierbabuena)
2 yemas de huevo cocido
4 almendras tostadas
Azafrán
1 copita de aceite común

Se limpia bien la gallina, se flamea para quitarle bien todas las plumitas que puedan quedar, se corta en trozos de tamaño mediano, se salan, se pasan por harina y se doran en una sartén que tendremos con un poco de aceite.

Una vez dorados los trozos de carne, se pasan a una cazuela, en la que se echa un vaso de vino blanco, una cebolla pequeña troceada, zanahorias troceadas y las hierbas aromáticas atadas en un ramillete; se cubre con agua abundante, hasta tapar bien la carne, y se pone a cocer; cuando está casi cocida se le añade el majado que tenemos preparado de antemano y se deja cocer quince minutos más.

Una vez cocida, se saca la carne y se pasa toda la salsa por un chino; se vuelve a juntar con la gallina y se deja otros cinco minutos de cocción.

Al final se agregan las patatas que tendremos previamente risoladas (hechas al horno despacio) y se coloca todo junto en una legumbrera. Aparte se sirven los costrones de pan frito.

Estofado de ternera «los Argüellos»

Ingredientes para 4 personas

1.300 g de falda de ternera, en un trozo
Ajo
Perejil
2 nueces
2 hojas de hortelana (hierbabuena)
Un poco de aceite
Una copita de Jerez
Unos cascos de cebolla
1 l de leche
50 g de mantequilla
12 piezas de patatas en forma de huevo

Se adoba el trozo de carne con ajo, perejil, cebolla, nueces, hortelana, un poco de aceite y una copita de Jerez; se deja en maceración durante dos horas.

Tendremos un asador untado con mantequilla, en el que se pone la carne y se va dorando; se le

agrega la leche y se va regando con ésta hasta que se consume del todo, en lo que tardará, más o menos, noventa minutos. Si se seca antes de estar hecha, se le agrega un poco de agua.

Media hora antes de estar asada la carne, se le agregan las patatas en forma de huevo para que se asen con ella.

Se trincha la pieza en trozos grandes y se sirve con las patatas y su propio jugo.

Arroz alicantino al caldero

Ingredientes para 4 personas

Una taza de las de desayuno llena de arroz
12 langostinos
1 kg de gambas blancas grandes
16 piezas de mejillones
4 rodajas de lubina de 200 g cada una
300 g de sepias tiernas limpias y sin tinta
16 almejas grandes
1/2 cebolla
3 dientes de ajo
Laurel
Perejil
2 dl de aceite de oliva
2 papeles de azafrán
El zumo de 2 limones
Unos cuadritos de tocino
Un poquito de hortelana (hierbabuena)
Sal
Salsa alioli o Concassé de tomate

Se pone a cocer el marisco en agua con un poco de sal, ajos, cebolla troceada, una hoja de laurel y un poco de perejil; se deja cocer unos doce o quince minutos y se saca inmediatamente del agua para que enfríe; el caldo se reserva para el arroz.

Tendremos una cazuela con el aceite, un ajo pi-

cado, una hoja de laurel, unos cuadritos de tocino y una hoja de hortelana; se echa sobre esto el arroz y se rehoga bien. A continuación se machaca el azafrán con un poquito de ajo, sal y aceite y se agrega al caldo del marisco que tendremos hirviendo (hay que poner tres medidas de caldo por una de arroz); se prueba de sal y cuece durante dieciocho minutos; luego se deja seis de reposo, tapado con un paño.

Se sirve el arroz en una fuente amplia acompañada de unos trozos de limón. En fuente aparte y un poco calientes, se sirven los mariscos, previamente pelados, y el pescado.

En otro recipiente se pone el Concassé de tomate o la salsa alioli.

Se sugiere que no falte un buen vino blanco alicantino, para acompañar este plato.

Arroz a la Cubana con frijoles

Ingredientes para 6 personas

450 g de arroz
1 casco de cebolla
Unas ramitas de perejil
Sal
El zumo de un limón
125 g de mantequilla
300 g de jamón de York
200 g de panceta
5 plátanos
2 huevos crudos
Harina
250 g de frijoles (judías negras)
Salsa de tomate fina

Se pone a cocer el agua en un recipiente apropiado (tres medidas y media de agua por una de arroz), con sal, un casco de cebolla, perejil y mantequilla; cuando está el agua hirviendo se le agre-

ga el arroz y se deja cocer dieciocho minutos; se le saca la cebolla y el perejil, se deja reposar 4 minutos y se le mezclan los frijoles que habremos cocido, escurrido y lavado un poquito previamente; además se añade el jamón cortado en daditos. Luego, todo bien revuelto con el arroz, se echa en un molde un poco apretado.

Se desmoldea en una fuente. Alrededor se colocan los plátanos, que tendremos rebozados y fritos, cortados en tres partes, y la panceta, en lonchitas secas o fritas en un poquito de aceite (éste puede echarse por encima del arroz).

Aparte se sirve salsa de tomate muy fina.

Mollejas de ternera «El faisán Dorado»

Ingredientes para 4 personas

4 mollejas de ternera
4 cucharadas de mantequilla
Para el fondo del guiso: 2 zanahorias
2 cebollas, en trozos
1 rama de apio
1 rama de tomillo salsero
Para el jugo: 1/2 vaso de Oporto tinto
1 vaso de vino blanco muy seco
1/2 vaso de caldo de ave o ternera reducido y bien desgrasado
Sal
Pimienta
Para la salsa: 125 g de champiñones cortados en rajas y rehogados con mantequilla
Un chorrito de limón
4 rodajas de trufa
1 lámina de foie-gras
1/2 taza de crema fresca

Las mollejas se escaldan durante tres o cuatro minutos; se refrescan y se limpian de la forma ha-

bitual. La mantequilla se derrite en una cazuela sobre la que se extienden las verduras; éstas han de dejarse «sudar» removiendo con la espátula.

Luego se colocan encima las mollejas y se añade una cucharada de mantequilla; mientras se van haciendo se agrega el Oporto y el vino blanco y se dejan reducir unos tres minutos. Posteriormente, se echa el caldo y se sazona con sal y pimienta; se espera a que estén bien hechas las mollejas.

Después se colocan en una fuente honda, donde deben mantenerse calientes; el fondo de cocerlas ha de reducirse bastante; luego se agrega la crema, se deja reducir un poco y se añaden los champiñones, el limón y el foie-gras.

Sobre cada molleja se pone una rodajita de trufa y se cubre con la salsa. Para este plato es adecuado un vino blanco tipo Borgoña.

Benito Gómez Gegúndez

(Jefe de cocina)

Callos a la Madrileña

Ingredientes para 6 personas

1 kg de buenos callos de vaca cortados y muy limpios
1 trozo de morro de vaca
1/2 pata de vaca
1 hueso de jamón
2 chorizos
1 morcilla de Burgos
Sal
1 cebolla pequeña con 3 clavos pinchados en ella
3 granos de pimienta negra también incrustados en la cebolla
1 cabeza de ajo pequeña
1 guindilla pequeña
1 ramillete hecho con: un puerro, una zanahoria pequeña, unas ramas de perejil,

una ramita de tomillo, una hoja de laurel
Para el rehogado:
1/4 l de aceite
1/2 cebolla finamente picada
2 dientes de ajo picados
150 g de tocino de panceta en trocitos
1 chorizo crudo troceado
2 cucharadas de harina
2 cucharadas de pimentón
1 vaso de vino blanco

En primer lugar, los callos han de lavarse exhaustivamente. Se ponen a cocer en una cazuela con agua fría, durante quince minutos, desde que se inicia la cocción, junto con la pata y el morro. En ese momento se tira el agua, se refrescan bien y se trocea todo, excepto la pata que debe cocer entera.

Se ponen a cocer de nuevo en abundante agua fría, se le agrega la cebolla con los clavos y la pimienta, los ajos, el hueso de jamón y el ramillete de hierbas; se dejan cocer unas tres horas (según la dureza de los callos); a media cocción se les agregan los chorizos, la morcilla y la guindilla. Deben cocer sin parar y si se secan se les añade agua fría. Cuando están casi hechos se les echa la sal. Una vez cocidos se sacan los chorizos y la morcilla que se dejan en un plato aparte; también se retiran la cebolla, los ajos, el ramillete y la guindilla. La pata se trocea y se agrega a los callos que se han de mantener templados.

A continuación se hace el rehogado: en el aceite caliente se echan la cebolla, los ajos, el tocino de panceta y el chorizo; cuando está bien rehogado se le añaden las dos cucharadas de harina y el pimentón; se sigue rehogando un poco y luego se moja con un vaso de vino blanco y un poco del caldo de los callos; se mueve bien con la varilla para que el pimentón y la harina se disuelvan bien, y a continuación se añade todo a los callos, se mezcla bien y se dejan cocer veinte minutos más.

Si están bien de sal ya pueden servirse muy calientes.

La morcilla y los chorizos, troceados, se unen a los callos cuando están servidos.

Budín de espinacas
Ingredientes para 4 personas

Bechamel espesa y espinacas cocidas y picadas, hasta alcanzar unos 400 g en total
4 claras de huevo
1 huevo crudo batido
Un poco de mantequilla

A la bechamel con espinacas se le agregan las cuatro claras de huevo y un huevo entero previamente batido; se mezcla todo bien y se echa en un molde de hacer flanes, que habremos untado con mantequilla. Se pone a cocer al horno al baño maría; tardará en hacerse quince o veinte minutos, a temperatura media. Se saca del horno, se deja enfriar y se saca del molde.

Mousse de pescado
Ingredientes para 6 personas

600 g de salmón un poco cocido
Una «panada» hecha con: 60 g de mantequilla mezclada con 3 cucharadas de harina, se trabaja bien con la espátula y se le van añadiendo, una a una, 6 claras de huevo
3 cucharadas de nata cruda
2 yemas de huevo crudas
Un poquito de pimienta negra
Un poquito de clavo
Apio
Canela
1 copita de Jerez
Sal

| Un poco de mantequilla |
| 1/2 l de bechamel fina |

El salmón se cuece, aunque no demasiado para que quede jugoso; se machaca un poco en el mortero y se le mezcla la «panada» que tenemos preparada; se trabaja todo bien y se le agregan tres cucharadas de nata cruda y las dos yemas de huevo; se aromatiza con las especias y se pasa todo por la batidora hasta que quede bien triturado; se le echa una copita de Jerez y un poquito de sal.

En un molde alargado, previamente untado con mantequilla, se echa la mousse, se tapa con papel de plata y se mete al horno a cocer al baño maría unos quince minutos. Se saca, se deja enfriar y se desmoldea. Se acompaña con una bechamel fina, servida en otro recipiente.

También puede hacerse mousse de otros pescados y de carnes; en este caso han de estar asadas.

Cazuela de setas a la casera

Ingredientes

| Setas |
| Sal |
| Aceite de oliva |
| Jamón serrano con un poco de tocino, cortado en cuadraditos |
| Ajos |
| Un poco de guindilla |

Las setas se blanquean en agua hirviendo durante un minuto; se refrescan y se secan.

En una cazuela de barro de Pereruela se pone un poco de aceite, se echa el jamón troceado y bastante ajo finamente picado; se rehoga todo y se le agregan las setas, un poquito de guindilla y un poquito de sal; se saltea todo bien y se sirven muy calientes en la misma cazuela.

Revuelto de setas con jamón

Ingredientes

| Setas |
| 1 subís de cebolla (véase receta) |
| Aceite de oliva |
| Jamón serrano cortado en cuadraditos |
| Sal |
| Huevos batidos |
| Costrones de pan fritos |

Las setas se blanquean durante un minuto; se refrescan y se secan.

Se pone en una cazuela un poquito de aceite con la subís de cebolla y el jamón picadito; se agregan las setas, se saltea todo bien y se les echa huevo batido y un poquito de sal; se pone todo al baño maría.

Se sirve muy caliente y se acompaña con costrones de pan fritos.

Setas a la crema

Ingredientes

| Setas |
| Aceite de oliva |
| Sal |
| Subís de cebolla (véase receta) |
| Salsa bechamel |
| Queso rallado |
| Mantequilla |
| Jamón serrano picadito |

Las setas se blanquean durante un minuto; se refrescan y se secan.

En una cazuela se echa aceite con la subís de cebolla, el jamón picado y las setas; se saltea todo

un poco, se le agrega la bechamel y se deja cocer todo junto unos cinco minutos; se pasa todo a un plato de horno, se cubre con queso rallado y unos grumitos de mantequilla, se gratinan y se sirven al momento, muy calientes.

Setas Reineta

Ingredientes

Setas

Aceite

Sal

Mantequilla

Una subís de cebolla (véase receta)

Pimientos

Un poco de Concassé de tomate

Jamón serrano cortado en juliana fina

Manzanas reineta

Las setas se blanquean durante un minuto; se refrescan y se secan.

En una cacerola con aceite se echa la subís de cebolla, mezclada con pimientos, el jamón y a continuación las setas; se rehoga todo bien y se le añade el Concassé de tomate y un poquito de sal; por último se colocan sobre las setas las manzanas reinetas, fritas y cortadas en rodajas; por encima se les echa un poquito de mantequilla y se meten al horno unos cuatro o cinco minutos. Se sirven bien calientes.

Chipirones en su tinta a la Vizcaína

Ingredientes para 6 personas

72 chipirones (12 por ración)

Un poco de cebolla picada muy fina y frita

150 g de panceta cortada en cuadritos

Un majado de: 1 ajo frito, un poco de perejil, 4 almendras tostadas, una sopa de pan frito y un poquito de aceite

3 yemas de huevo cocido

1 cucharada de harina

1 cucharada de pan rallado

1 copita de Jerez

4 cucharadas de bechamel

2 cucharadas de Concassé de tomate

Elaboración de la salsa:

Se pone un poco de aceite en un recipiente; se le añade cebolla fileteada, dos ñoras o pimientos secos (previamente puestos a remojo), unos cuatrocientos gramos de tomates pelados, una cucharada de pimentón, tres cucharadas de harina, medio litro de caldo o de agua y un hueso de jamón; se deja cocer todo treinta minutos (a los quince minutos de cocción se le agrega la tinta). Cuando termina la cocción se pasa todo por un cedazo o chino, intentando aprovechar bien la salsa y que quede espesa.

Elaboración del relleno para los chipirones:

Primeramente se les quita la tinta a los chipirones y se deja aparte en una tacita; si no es suficiente se puede agregar más.

Se les quita la piel, se separan las patas, se lavan bien y se les da la vuelta. Las patas se blanquean en agua hirviendo durante dos minutos, se refrescan rápidamente y se echan en una cazuela que tendremos con cebolla picada muy fina y frita; además se agregan la panceta, el majado, las tres yemas de huevo cocido deshechas, una cucharada de harina, otra de pan rallado, una copita de Jerez, cuatro cucharadas de bechamel y dos de Concassé de tomate. Se rehoga todo un poco y, con esta mezcla, se rellenan los chipirones, los

cuales se atraviesan con un palillo para que no se caiga el relleno.

Una vez rellenos los chipirones se echan sobre la salsa que tendremos ya preparada en otro recipiente y se dejan cocer en ella unos doce o quince minutos.

Se sirven bien calientes y se pueden acompañar con arroz blanco.

Menestra de verduras naturales

Ingredientes para 6 personas

150 g de zanahorias tiernas
150 g de nabos
200 g de guisantes finos
150 g de judías verdes
200 g de alcachofas tiernas
(éstas deben frotarse con limón para que no se pongan negras)
16 cebollitas francesas
14 patatas nuevas pequeñas
350 g de espárragos limpios y tiernos
Unos ajos picados
150 g de panceta
70 g de mantequilla
Aceite
Sal
2 cucharadas de harina
6 escalopines de ternera
3 huevos cocidos
6 costrones de pan frito, grandes
1 l de consomé

En una cazuela amplia y baja pondremos unos veinte gramos de mantequilla, un poco de aceite, dos ajos picados y la panceta cortada en trocitos; se rehoga un poco y seguidamente se echan las

verduras troceadas, las cebollitas y las patatas enteras; se mojan con el consomé y se dejan cocer durante media hora más o menos (si es necesario se les añade agua). Se mezclan cincuenta gramos de mantequilla con una cucharada o dos de harina y se forma una bola, que debe deshacerse entre las verduras, dejándolo cocer otros cuatro o cinco minutos.

Se ponen en una legumbrera o plato hondo; por encima se colocan los escalopines, previamente rebozados y fritos, y sobre éstos los huevos cocidos cortados por la mitad. Se sirve todo bien caliente, acompañado de los costrones de pan frito.

Esta menestra también puede realizarse sustituyendo los escalopines por alones de pollo o por trozos de paletilla de corderito lechal.

Cazuela de fideos a la Granadina

Ingredientes para 8 ó 10 personas

1 kg de fideos
800 g de judías verdes, sin vaina
1/2 kg de bacalao
2 dl de aceite
1/2 cebolla finamente picada
4 pimientos picados
4 tomates pelados y picados
1 papel de azafrán
Unos granitos de cominos molidos
1 hoja de laurel
1 diente de ajo
Unas ramitas de perejil
Hierbabuena

Se pelan las habas verdes y se desgranan hasta obtener unos ochocientos gramos. Se ponen a hervir en una cazuela ancha, con tres litros de agua.

En una sartén aparte se forma un refrito con aceite, cebolla, los pimientos y los tomates, todo bien picado. Hecho este refrito y un poco reducido, se incorpora a la cazuela que tenemos. Se añade un poco de azafrán, unos cominos molidos, una hoja de laurel, un diente de ajo picado, perejil y hierbabuena; se deja cocer todo despacio en la cacerola bien tapada.

Mientras tanto, se pone en el horno o sobre la plancha de fogón el bacalao sin remojar; cuando está reblandecido por efectos del calor, se desmiga en fibras finas delgadas; después, tras retirarle la piel y las espinas, los hilitos se lavan en agua fría, dos o tres veces; se escurren bien y se mezclan con lo que tenemos en la cazuela.

Si las habas están cocidas, son suficientes cinco minutos para que esté en su punto el bacalao; luego se reparten por toda la cazuela los fideos y se prueba el conjunto por si hiciese falta añadir más sal; cinco minutos de cocción lenta y otros diez de reposo a un lado del fuego son suficientes para terminar el guiso.

Patatas guisadas «Mías»

Ingredientes para 6 personas

1.200 g de patatas
Aceite
Sal
1 cebolla
3 ajos
6 muslos de pollo deshuesados
6 langostinos de tamaño medio
2 pimientos verdes (a poder ser del Bierzo)
1 hoja de laurel
1 cucharada pequeña de pimentón
1 cucharada pequeña de harina
Perejil
1 copia de vino blanco
6 espárragos

En una cazuela de barro de Pereruela, pondremos aceite, una cebolla, dos ajos finamente picados y pimientos verdes troceados; se rehoga esto bien y se le echa una cucharada de harina y otra de pimentón; se deja un poquito más y a continuación se le agrega las patatas troceadas y se cubren con agua; cuando empiezan a hervir se les echa un majado hecho con ajo, perejil y vino blanco; a los ocho o diez minutos de cocción se les añade el pollo, que tardará en hacerse una media hora; ocho minutos antes de finalizar la cocción se le agregan los langostinos; una vez cocido todo, se retira del fuego y se deja en reposo diez minutos.

Se sirve bien caliente en la misma cazuela, tras colocar encima los espárragos.

Patatas guisadas a la importancia

Ingredientes para 6 personas

12 patatas de tamaño mediano
Sal
Aceite
Harina
Huevo batido
Para el majado: ajo
Perejil
Un poquito de hortelana (hierbabuena)
Aceite común
1 papel de azafrán
1 vasito de vino blanco
Un poquito de guindilla

Se cuecen las patatas con piel, se dejan enfriar, se pelan y se cortan en rodajas; seguidamente se salan, se rebozan en harina y huevo y se fríen.

Se hace un refrito con un ajo y harina; cuando está doradito se le agrega el majado, se moja con agua y se echa en una cacerola donde tendremos

las patatas ya fritas; se deja cocer todo junto unos ocho o diez minutos, añadiéndoles un poquito de guindilla.

Se sirven calientes, en la misma cazuela.

Si se quieren comer frías se sustituye esta salsa por una salsa alioli un poco clara.

Cocot Valenciana

Ingredientes para 4 personas

350 g de harina
Aceite (un poco más de 1/2 l)
Sal
500 g de merluza fresca
100 g de pimientos, a ser posibles rojos
15 g de piñones crudos
Un poco de nuez moscada (rallada)
1 huevo batido

En primer lugar, se hace una pasta con la harina, un decilitro y medio de aceite, un decilitro de agua y un poquito de sal. Esta masa ha de resultar consistente, no correosa y completamente lisa.

Se divide la masa en ocho trozos iguales, a los que se les da forma de bolas; después, con el rodillo, se lamina cada bola hasta que tenga forma oval y un espesor de medio centímetro aproximadamente.

Aparte, se cuece la merluza fresca; una vez cocida se limpia totalmente de piel y espinas y se corta en ocho trocitos. Se mezclan los pimientos picaditos (previamente asados y pelados), los piñones crudos, la nuez moscada rallada, un poquito de sal y aceite crudo y se reparte por igual, en buqués o montoncitos, junto con la merluza, en los ocho trozos de masa que ya tenemos en forma de óvalo. Los dos extremos de la masa se unen al doblarla, encerrando en ella el relleno; para que las dos partes de la masa se peguen hay que bañar los lados con huevo batido, procurando que

queden bien unidos para que durante la cocción no se salga el relleno.

Se colocan en una placa mojada con agua y se cubren con huevo batido; se cuecen al horno a temperatura moderada hasta que se doren.

Paella Valenciana

Ingredientes para 10 personas

1 kg de arroz
Un refrito hecho en la paellera con:
1 cebolla mediana picada muy fina
3 dientes de ajo también picados muy fino
100 g de tocino de panceta
100 g de jamón serrano
150 g de cuadritos de pimientos verdes
150 g de tomate sin pepitas
1 taza de aceite
1 pollo de 1.300 g. frito
300 g de magro de cerdo troceado y frito
1/2 kg de almejas previamente cocidas,
aprovechando su agua para el arroz
Un majado hecho con: ajo
Un poquito de sal gorda
Un poquito de perejil
4 papeles de azafrán
Un poquito de aceite
20 cangrejos de río
10 langostinos
1/2 kg de anguila troceada
1 lata pequeña de puntas de espárragos
1 lata pequeña de guisantes finos
12 trozos grandes de alcachofas (en conserva)
Unas tiras de pimientos morrones
3 medidas de agua hirviendo, por cada una
de arroz

En el *refrito* rehogamos el arroz; a continuación le agregamos el pollo deshuesado y frito, el magro de cerdo frito y el aceite de freír ambas cosas; seguidamente la mojamos con el agua que tenemos hirviendo, con un poco de sal y mezclándola el *majado* que tenemos preparado; cuando rompe a hervir su remueve un poco y se le agrega la anguila troceada, se tapa y que siga cociendo durante dieciocho minutos; a mitad de cocción, más o menos, se le agregan los langostinos, los cangrejos, las alcachofas, los guisantes, las almejas y, por último, los pimientos morrones y los espárragos.

Se retira del fuego y se deja reposar durante cinco o seis minutos, tapada con un paño blanco y muy limpio.

Se sirve en la misma paellera y se acompaña con diez rodajas de limón.

Consomés, cremas y caldos

Consomé «Dama Blanca»

Ingredientes para 4 personas

1 1/4 l de consomé de ave
1/2 pechuga de ave
125 g de tapioca
Un flan Royal

El consomé de ave se liga ligeramente a la tapioca, y se guarnece con flan Royal de leche de almendras sin azúcar, cortado en cuadros, con la pechuga de ave.

Consomé «Pequeña marmita»

Ingredientes para 4 personas

1 1/4 l de consomé
150 g de zanahoria
150 g de patatas a la cuchara
Queso rallado
Puerros
Repollo

El consomé se guarnece con repollo, puerros y zanahoria, cortados en cuadritos. Aparte se sirven unas lonchas de pan muy finas con queso rallado y gratinadas al horno.

Consomé Marmita de gallina

Ingredientes para 4 personas

1/2 gallina
150 g de guisantes
4 lonchas de zanahorias

Tendremos hecho un consomé «Pequeña Marmita»; se guarnece con media gallina cocida, que se sirve aparte, y se corta a la vista del comensal, más las cuatro lonchas de zanahorias y los guisantes.

Consomé nido de golondrinas

Ingredientes para 6 personas

6 golondrinas
1 l de consomé doble de ave

Se sirve el consomé doble de ave que tendremos preparado y aparte las golondrinas cocidas en nidos de patatas paja (véase receta).

Este consomé se sirve con poca frecuencia en Europa, pues las golondrinas usadas para realizarlo son de una raza especial que se encuentra en la India y en las costas de China; hay dos clases: blancas y negras; las primeras son las más solicitadas porque son un manjar muy exquisito; en Europa sólo se sirven en algunos restaurantes de París y Londres. Por todo esto, aconsejamos sustituirlas por pollos de codorniz.

Consomé frío especial

Ingredientes para 4 personas

150 g de pechuga de ave

100 g de trufa

Tendremos hecho un consomé doble de ave, muy concentrado; se sirve en tazas o platos soperos y va guarnecido con trufas y blanco de ave en juliana.

Consomé a la Rotschild

Ingredientes para 4 personas

100 g de trufas

300 g de quenefas de ave

100 g de jamón de York

La base de este plato la forma un consomé de caza al Madeira o al Oporto; se guarnece con quenefas de caza, trufas en dados y cuadraditos de jamón de York.

Consomé con huevo hilado

Ingredientes para 4 personas

200 g de huevo hilado (véase receta)

2 cucharadas de tapioca cocida aparte

Jerez seco

Ya tenemos un consomé preparado de antemano. Al huevo hilado se le debe quitar el sabor dulce de la siguiente forma: se remoja durante un cuarto de hora, se escurre bien y se seca.

El consomé se pone a cocer un momento con dos cucharadas de tapioca para que el huevo no se vaya al fondo de la taza y se aromatiza con un poquito de Jerez seco.

Consomé Tosca

Ingredientes para 4 personas

400 g en total de legumbres: zanahorias, nabos, trufas y guisantes

8 quenefas de pollo

La guarnición habitual de este consomé se compone de zanahorias, nabos, trufas y guisantes, todo cortado al tamaño de éstos; como complemento se sirven unas quenefas de tamaño muy pequeño (hechas con una manga pastelera o con una cucharadita de café).

Una variedad puede consistir en formar unas quenefas cocidas de mayor tamaño y en el medio de la farsa colocar una bolita de las legumbres indicadas. Debe servirse bien caliente.

Consomé a la Colosana

Ingredientes para 4 personas

150 g de lengua escarlata

150 g de trufas

Un poquito de pasta preparada como para freír gambas

Se prepara un consomé y se guarnece con una juliana de lengua escarlata y otra de trufas; se hacen unas bolitas de pasta muy pequeñas que se fríen aparte.

Consomé cazador

Ingredientes para 4 personas

150 g de trufas

150 g de champiñones

Unas hojas de estragón sueltas

16 piezas de profiteroles

Un poco de carne de caza

Vino de Oporto

Haremos un consomé con fumet de caza y el Oporto; se sirve guarnecido con juliana de champiñón, hojas de estragón y profiteroles rellenos de puré de carne de caza.

Consomé a la Celestina

Ingredientes para 4 personas

150 g de trufas

Un poquito de tapioca

Una tortillita de crepes

Se hace un consomé ligeramente ligado a la tapioca, guarnecido con los crepes (cortados finitos) a las finas hierbas y una lluvia de trufa picada también muy fina.

Consomé «A»

Ingredientes para hacer una olla de unos 3 l de consomé

4 l de caldo

1 kg de carne magra de vaca

50 g de zanahorias

50 g de nabos

50 g de puerros

Un poquito de apio (una hoja)

1/2 cebolla un poco quemada en la plancha por ambos lados

1/2 gallina

100 g de jamón serrano

20 g de sal

3 claras de huevo

Una hoja de repollo blanco

Se tritura la carne en crudo y se mezcla con tres claras de huevo crudas, un poquito batidas. Las legumbres, cortadas en rodajas y mezcladas en medio litro de agua fría se añaden a los cuatro litros de caldo frío que tendremos sin grasa alguna; se deja reposa diez minutos sobre la mesa, antes de acercarlo al fuego. Después hay que tener cuidado de que no cueza deprisa y de moverlo con una espumadera para que no se ahume.

Cuando rompa a hervir, se echa sobre él medio litro de agua fría en forma de lluvia; posteriormente, se puede quitar la espuma, pero no es indispensable.

Cuando se inicia de nuevo la ebullición, se deja cocer lentamente durante hora y media, hasta que esté plenamente clarificado. Luego se cuela a través de un paño blanco muy tupido, mojado en agua fría. Se deja reposar unos quince minutos.

Estos consomés se pueden aromatizar, si se quiere, con vinos secos olorosos; éstos se añaden cuando se sirven aquéllos.

Observación importante: Mientras el consomé está cociendo no se puede remover ni añadir nada. Se debe pasar por el paño con mucho cuidado, hasta que el consomé salga del color del vino blanco.

Después de colado se deja enfriar y luego se vuelve a colar con la estameña mojada en agua fría para eliminar toda la grasa.

El consomé es, pues, un caldo elevado a la máxima perfección, un caldo consumado según su nombre indica.

Consomé «B»

Requiere prácticamente la misma preparación que el anterior; el caldo se reemplaza por agua fría, con cinco gramos de sal por litro, se pone medio kilo más de carne de vaca y también se le agregan unos alones de pollo tostados al horno; de esta forma el consomé alcanza un magnífico color doradito.

Consomé de ave

Este consomé se prepara como el anterior, pero reemplazando la carne de vaca por aves de corral; también se puede obtener un buen consomé de ave cociendo en lo que empleamos para el «A» y el «B» una o varias pechugas de aves enteras, las cuales después pueden emplearse para cualquier plato frío o caliente.

Las legumbres para aromatizar este consomé son las mismas que se necesitan para los otros.

Gazpacho andaluz

Ingredientes para 8 personas

3 l de agua fría
300 g de miga de pan
2 cucharadas de pimentón
1 kg de pepinos
1 cebolla terciada
2 pimientos verdes
5 g de cominos
Sal
1 vaso de vinagre
1 vaso de aceite
1 kg de tomates (también sirven de conserva)
2 dientes de ajo
3 yemas de huevo cocido

Se ponen a remojo en maceración durante dos horas los pimientos, tomates, pepinos, cebolla, pimentón, un poquito de sal, vinagre y un diente de ajo.

Se tritura todo en una batidora y después se pasa todo por un chino y se deja en un recipiente. En un mortero pondremos un poco de sal gorda, un ajo, tres yemas de huevo cocido y tres cucharadas de mayonesa; se trabaja todo junto y se le echa un vasito de aceite fino y otro de vinagre, y todo esto se añade al gazpacho; se mezcla todo bien y se sirve muy frío (el gazpacho caliente no está bueno).

Crema Saint-Germain

Ingredientes para 6 personas

150 g de mantequilla de vaca
350 g de puerros
200 g de zanahorias
800 g de patata
1 cebolla pequeña
2 ajos
1 kg de guisantes muy verdes naturales
1 1/2 l de consomé
3 yemas de huevo crudas
8 cucharadas de nata de leche cruda
1 vasito de aceite fino

En una cazuela se ponen el aceite y la mantequilla para rehogar los puerros, las zanahorias cortadas muy finas, algunas patatas picadas y los guisantes naturales; luego se mojan con un consomé y se pone todo a cocer; una vez cocido se pasa por el pasapuré procurando que quede bastante ligadito. Después se pone de nuevo a cocer; cuando ha hervido y está suficientemente espeso para la crema, se vuelve a pasar por el chino más fino y se sazona de sal.

Momentos antes de servirla le añadimos las yemas de huevo y la nata cruda, se mezcla todo bien y se sirve muy caliente.

Aparte de pueden poner unos costrones de pan frito con mantequilla.

Velouté al fumet

Ingredientes para 4 personas

Una pechuga de pollo
125 g de lengua
1.200 g de champiñones
150 g de nata cruda
2 yemas de huevo crudas

Haremos un puré con un kilogramo de champiñones; cuando está bien caliente se liga con la nata y las yemas de huevo. Se presenta guarnecido con la pechuga de pollo, la lengua y los doscientos gramos restantes de champiñones, todo ello cortado en cuadritos finos.

Velouté Embajadores

Ingredientes para 6 personas

1/2 kg de guisantes verdes y finos
250 g de arroz
Una lechuga blanca
Sal

Se hace un puré con los guisantes y el arroz cocidos con anterioridad. Se guarnece con una lechuga que habremos blanqueado cociéndola un poquito, cortada en trozos.

Velouté Americana

Ingredientes para 4 personas

1/2 kg de tomates
150 g de tapioca
Sal

Se hace un puré de tomate bien condimentado y se prensa en el pasapuré; la tapioca se cuece aparte y luego se mezcla.

Crema de apio

Ingredientes para 4 personas

1 kg de patatas
1 pie de apio
6 cucharadas de nata cruda
Sal

Se hace un puré de apio y otro de patata que han de mezclarse a partes iguales; cuando está bien caliente se liga con la nata cruda.

Crema Bretona

Ingredientes para 4 personas

1 kg de judías blancas
1 manojo de puerros
1 cebolla
250 g de tomate
4 cucharadas de nata cruda
100 g de mantequilla
Sal

Se hace un puré con las judías blancas, la cebolla y los puerros; se mezcla ligeramente con el tomate, se liga con mantequilla y al servirlo se le añade la nata.

Crema o Bisqué de cangrejos

Ingredientes para 8 personas

100 g de mantequilla
18 cangrejos de río
150 g de zanahoria y cebolla (en total)
800 g de tomates
300 g de arroz cocido
300 g de patata
3/4 l de caldo de pescado
3/4 l de consomé
Sal
Nuez moscada
Pimienta blanca
Coñac
Vino blanco
6 cucharadas de nata cruda
6 yemas de huevo crudas
200 g de langostinos
Un poco de bechamel (véase receta)

Las legumbres, cortadas muy finas, se rehogan en mantequilla, junto con los cangrejos, un poquito de nuez moscada y pimienta blanca, se flamea al coñac y después se echa un poquito de vino blanco y se pone todo a cocer.

Posteriormente se moja con media parte de fumet de pescado y media de consomé blanco; se añaden los tomates frescos, un bouquet garni de hierbas y un poquito de arroz, y se deja cocer durante unos treinta y cinco minutos; luego se quitan las cabezas de los cangrejos (guardando los caparazones) y se pasa todo por un tamiz o un pasapuré.

Cuando está bien caliente se mezcla con la nata y las yemas, en el momento de servirlo. Aparte se ponen las cabezas de los cangrejos rellenas con los langostinos y un poco de bechamel espesa.

Crema María Teresa

Ingredientes para 4 personas

1 1/2 l de caldo de ave
200 g de tapioca
100 g de nata cruda
Unas puntas de espárragos

Se hace una crema de ave ligada con tapioca (cocida de antemano) y se guarnece con puntas de espárragos.

Vichyssoise especial

Ingredientes para 8 personas

2 kg de puerros muy finos
150 g de mantequilla de vaca
3 l de un buen caldo
1 1/2 kg de patatas nuevas
3 cucharadas de nata cruda
3 yemas de huevo
Sal
Un poquito de pimienta negra
Nuez moscada
Queso rallado
Unas rebanadas de pan

En una cazuela se rehogarán, junto con la mantequilla, sal, pimienta y nuez moscada, los puerros finamente picados; luego se añaden las patatas troceadas y se mojan con el caldo; se pone a cocer y cuando está hecho se pasa por un cedazo fino. Posteriormente, en otra cazuela o marmita, se mezcla bien y se vuelve a hervir; entonces se pone al baño maría para que se conserve bien caliente.

Antes de servirlo, se le añade la nata cruda y las yemas de huevo, también crudas, y se mezcla todo bien. Aparte se ponen unas rebanadas de pan con queso rallado y gratinadas al horno (cortadas en cuadritos).

Esta crema también puede servirse fría en taza. En cualquier caso, si resulta muy espesa, puede rebajarse añadiendo leche, fría o caliente según se sirva la crema.

Caldo corriente

Ingredientes para 6 personas

1 kg de huesos blancos de vaca
1/2 kg de carne de vaca
100 g de huesos de jamón
1 zanahoria
1 pequeño nabo
1 cebolla de unos 30 g
1 ramita de apio
Un poquito de clavo
2 puerros
5 l de agua fría
Sal
150 g de sopa de fideo

Se echan todos los ingredientes, excepto el fideo, en una olla y se pone al fuego; hay que retirar la espuma continuamente, hasta que quede el caldo limpio; se deja cocer lentamente durante tres o cuatro horas hasta que éste se reduzca a sus dos terceras partes. El caldo debe ser colado a través de un lienzo. Después, si se desea, puede añadirse sopa de fideo.

Caldo de pescado

Ingredientes para 6 personas

Restos de pescado: cabeza, pieles y espinas
200 g de legumbres: zanahorias, cebolla
y un tomate
1 hoja de laurel
1 ramita de apio
Sal
150 g de arroz
Si se desea, se pueden añadir unas almejas, gambas o cangrejos

Se ponen a cocer los restos de pescado con todas las legumbres durante veinte o treinta minutos; si se desea se refuerza con almejas, gambas o cangrejos.

Se pasa el caldo por un colador y al servirlo se guarnece, si se quiere, con arroz cocido.

Caldo Gallego

Ingredientes para 6 personas

3 1/2 l de agua
400 g de judías blancas
300 g de tocino graso ahumado
50 g de manteca de cerdo ahumada
300 g de patatas crudas
4 nabos medianos
1 col
Grelos
Se le puede añadir un hueso de jamón

Las judías se ponen a cocer en el agua fría; en cuanto empieza a hervir se le añade el tocino y la manteca y se continúa la cocción a fuego lento; dos horas después se le añaden las patatas peladas y troceadas; diez minutos más tarde se echan los nabos cortados en trozos, la col y los grelos. La sal se pone al final.

Cuando las hortalizas estén hechas, el caldo ya está listo.

Caldo de verduras

Ingredientes para 6 personas

3 l de agua (aproximadamente)
100 g de patatas
50 g de zanahorias
1 nabo pequeño
20 g de jamón
4 cucharadas de judías blancas
Sal

Se pone a cocer en una olla el agua fría con todos los ingredientes; se deja cocer hasta que las judías estén hechas y el caldo se haya reducido a la mitad. Éste se cuela con un lienzo y se sirve.

Caldo de gallina

Ingredientes para 6 personas

1/2 gallina
250 g de codillo de jamón
200 g de carnero o morcillo de tenera
50 g de zanahorias
50 g de puerros
50 g de garbanzos remojados
3 l de agua
Un poquito de sal

Se ponen todos los ingredientes en el agua a cocer durante dos horas; ésta llegará a reducirse a la mitad. Se cuela todo bien. El caldo se sirve solo. Como guarnición se puede poner cualquier tipo de pasta.

Sopa de cebolla gratinada

Ingredientes para 6 personas

1 l de consomé
100 g de mantequilla de vaca
2 cucharadas de aceite
1 cebolla grande
Queso rallado
Lonchas de pan
Un poquito de pimienta inglesa
Sal
1 cucharada de harina

En la mantequilla se rehoga bastante cebolla; cuando ésta está cocida se corta muy fina; en el momento en que esté bien estofada se le agrega una cucharada de harina, dejándola rehogar un poco más; después se moja con el consomé, se sazona bien con sal y un poquito de pimienta, se deja cocer unos veinte minutos.

En el momento de servir se la ponen encima unas rebanadas de pan finas que se cubren con una lluvia de queso rallado y se gratinan al horno fuerte.

Sopas de leche

Ingredientes para 4 personas

6 rebanadas de pan por ración
1 1/4 l de leche

Se cortan las rebanadas de pan a la mitad y se echan en cazuelas individuales. Con la leche hirviendo (con unos granitos de sal gorda) se mojan las sopas; se dejan en reposo unos diez minutos y se sirven.

Sopas cocidas «Correcillas»

Ingredientes para 8 personas

3 l de agua
1 kg de pan de hogaza
El callo de un cordero (que no sea duro)
2 dientes de ajo
1 hoja de laurel
Un poco de aceite
1 cucharada de manteca de cerdo
2 cucharadas de mantequilla
10 g de sebo fresco de la riñonada del cordero
1 cucharada grande de pimentón semi-dulce
Un poquito de pimienta negra y de clavo
1 vaso de vino blanco

Se pondrán a hervir en una cazuela el agua y el pan, cortado en rebanadas muy finas.

El callo de cordero se limpia bien, se cuece aparte y luego se trocea con unas tijeras en tiritas muy finas.

En una sartén aparte se fríen los dos dientes de ajo (hasta que estén bien doraditos), una rebanada de pan y una pequeña hoja de laurel. Todo esto se saca del aceite y se machaca en el mortero junto con tres granos de pimienta negra y tres granos de clavo.

En la cazuela que tenemos con el agua y el pan añadiremos los callos, que previamente freiremos con las dos cucharadas de aceite, la manteca de cerdo, la mantequilla y el sebo. Cuando todo esto está bien rehogado se le añade la cucharada de pimentón, junto con el majado que ya teníamos preparado, se echa a la cazuela de sopas; se añade

un vaso de vino blanco. Se deja cocer quince minutos más y se sirve.

Recomendamos acompañar esta sopa con una jarra de buen vino tinto.

Sopas de ajo al estilo cocinero

Ingredientes para 6 personas

1 1/2 l de agua
200 g de sopas de pan
1 diente de ajo
Sal
1 cucharada de pimentón
2 huevos crudos
1/4 l de aceite

Se cortan las rebanadas de pan lo más finas posible y se tuestan al horno hasta que estén doraditas.

En una sartén se fríe el diente de ajo; una vez frito se saca y se reserva; en ese mismo aceite se fríe ligeramente el pan que ya tenemos tostado. Sobre este refrito se le echa una cucharada de pimentón (dulde o picante, según el gusto). A continuación se mojan las sopas con agua, de forma que no queden demasiado espesas ni muy sueltas; se machaca el ajo frito con un poco de sal, y se echa en las sopas. Se dejan cocer unos diez minutos, se baten los huevos y se mezclan con ellas. Se sirven en sopera.

Sopas de ajo a la Murciana

Ingredientes para 4 personas

350 g de pan en sopas
2 pimientos verdes del tiempo
150 g de tomate limpio de piel y pepitas
1 l de agua
1 diente de ajo
Sal
1 cucharada de pimentón
1 vaso de aceite
2 chorizos
4 huevos crudos

Se preparan igual que la receta anterior; pero, junto con las sopas, se ponen a cocer los pimientos y los chorizos. Se sirven en cazuelas individuales y encima de cada una se echa un huevo crudo y unos cuadraditos de tomate.

Sopas de ajo a la Leonesa, tipo montañés

Ingredientes para 6 personas

2 l de agua
350 g de pan de hogaza (hecho 8 días antes)
2 dientes de ajo
Sal gorda
1 cucharada sopera de pimentón semi-dulce
1 vaso de aceite de oliva
6 huevos crudos
100 g de manteca de cerdo

Se corta el pan —a ser posible con navaja— en rebanadas largas y finas; con él se llenan hasta la mitad seis cazuelas de barro.

En un mortero de madera o bronce se machacan los ajos junto con unos granos de sal gorda, una vez machacados se le agrega una cucharada sopera de pimentón semi-dulce y un vasito de aceite; todo esto se mezcla con el agua que tendremos aparte, a punto de hervir.

Sobre las cazuelas con las sopas se rompe un huevo y, cuando el caldo que tenemos preparado rompe a hervir, se vierte sobre ellas hasta llenarlas, se tapan y se dejan reposar unos diez minutos.

En un sartén se pone aceite y manteca de cerdo (250 g en total) y se refríe un poco de pimentón, con cuidado que no se queme; luego, con una cuchara se va repartiendo este refrito por encima de las sopas, de forma que queden bien cubiertas, y se vuelven a dejar reposar unos tres minutos.

Se sirven en la misma cazuela bien calentitas. Se recomienda comerlas con cuchara de madera.

Sopa de ajo tostada

Ingredientes para 6 personas

1 1/2 l de agua
200 g de pan de hogaza
1 vaso (de los de vino) de aceite
2 dientes de ajo
1 cucharada de pimentón
Sal

Se cortan las rebanadas de pan muy finas y se tuestan en el horno en seco, sobre una placa, hasta que estén doraditas.

En una sartén con un poco de aceite se refríen los dientes de ajo; se sacan y se machacan bien; posteriormente se rehoga en el aceite una cucharada de pimentón y se echa todo en el agua que tendremos a punto de hervir; cuando hierva se echa sobre las cazuelas de barro que tendremos llenas de sopas hasta la mitad. A continuación se meten al horno hasta que estén totalmente tostadas y bastante secas. Se sirven muy calientes.

Sopa Marsellesa

Ingredientes para 6 personas

2 l de agua
2 cabezas de merluza
1 cabeza de congrio de tamaño mediano
Un poco de cebolla
1 hoja de laurel
1 ramita de perejil
3 granos de pimienta
3 granos de clavo
Unos hilos de azafrán
Un poco de aceite crudo
6 cigalas pequeñas
6 langostinos
12 almejas grandes
300 g de rape en lonchas

Pondremos el agua a cocer durante una hora con las cabezas de merluza, la cabeza de congrio, un casco de cebolla y una hoja de laurel.

Haremos un majado en el mortero con perejil, pimienta, clavo, unos hilos de azafrán y sal; esto lo echaremos rápidamente a la cocción anterior, junto con un chorro de aceite.

Pasaremos el caldo por un colador; en él pondremos a cocer durante quince minutos las cigalas, los langostinos, el rape y las almejas; una vez cocidos los sacamos del caldo y los cortamos todo en porciones pequeñas para agregarlo de nuevo a la sopa.

Se sirve en una sopera donde habremos puesto unas rebanadas de pan finas y tostadas. Debemos tener cuidado de que al esponjar el pan, la sopa no resulte demasiado espesa.

Sopa de rape tostada

Ingredientes para 6 personas

2 l de agua aproximadamente
1 1/2 kg de rape cocido y cortado en lonchas finas
1 cebolla
2 tomates (limpios de piel y pepitas)
Aceite
Sal
1 papel de azafrán
2 dientes de ajo
Laurel
Tomillo
Perejil
Romero
4 lonchitas de pan frito
150 g de pan en rebanadas
15 g de queso rallado

En una cazuela se pone aceite caliente y se echa media cebolla y un diente de ajo picados; cuando estén refritos se le añade un tomate sin piel ni pepitas.

Se ponen a cocer media cabeza, la piel y las espinas del rape; una vez cocido se le añade una hoja de laurel, un poquito de tomillo, romero, perejil y sal.

En un mortero se majan unas rebanadas de pan frito, unos hilos de azafrán y un diente de ajo; todo esto se mezcla con la cocción anterior; luego se pasa todo por un colador.

Tomamos la cazuela donde se ha de servir la sopa; en ella se ponen cuatro capas, alternando una de sopa de pan y otra de lonchas delgaditas de rape; luego se moja con el caldo que hemos preparado antes; a continuación se pone otra capita de pan con bastante queso rallado; se tuesta al horno fuerte y cuando esté dorado se sirve.

Sopas de centeno a la Gallega

Ingredientes para 6 personas

300 g de sopas de pan de centeno
(hecho dos o tres días antes)
1 1/2 l de agua
100 g de manteca de vaca
1 diente de ajo
Sal
Un poquito de pimentón

Tendremos unas cazuelas individuales que llenaremos, aunque no del todo, las rebanadas finitas de pan. En un puchero de barro se tendrá agua con unos granos de sal, pimentón y aceite (véase sopas de ajo a la leonesa); con ella se mojan las sopas y se dejan unos diez minutos en reposo; una vez secas se espolvorean con un poquito de pimentón.

En una sartén pequeña se ponen doscientos gramos de manteca de vaca y diente de ajo; después que esté bien dorado se vierte sobre las sopas, se cubren con una tapadera y se meten al horno durante quince o veinte minutos para que se sequen y tomen bien el condimento.

Este plato admite algunas variantes. Una consiste en estrellar un huevo sobre ellas unos minutos antes de estar en su punto y se deja cuajar; también se puede cocer con ellas un chorizo, cortado en rodajitas que se han de mezclar con el pan; en este caso se llaman SOPAS DE NOVIOS.

Sopa paisana

Ingredientes para 4 personas

1 l de caldo
2 patatas de tamaño mediano
1 zanahoria gruesa

1 nabo
2 puerros
1 cebolla
Judías verdes
Repollo
50 g de mantequilla
4 cucharadas de aceite fino
Un poco de queso rallado
Unas lonchas de pan
Sal
Un poquito de pimienta

Las legumbres han de cortarse en trocitos muy finos. Se rehogan con mantequilla y un poquito de aceite; se sazona con sal y pimienta y se moja con consomé blanco; a mitad de la cocción se le agregan dos patatas cortadas y se deja cocer hasta que éstas se hagan. Al servir se ponen aparte unas rebanadas de pan, cortadas muy finas, y queso rallado.

Sopa al «Cuarto de hora»

Ingredientes para 4 personas

1 l de caldo
5 langostinos
100 g de merluza
12 almejas grandes
1 cebolla pequeña
150 g de jamón
1 diente de ajo
1 tomate
Sal
1 huevo cocido
Guisantes
Aceite

En un poco de aceite se rehogan unos dados de cebolla, jamón, un diente de ajo y tomate; lue-

go se mojan con caldo y se incorporan unos cuadritos de langostinos pelados, unos trocitos de merluza, guisantes, huevo duro y almejas (todo ello cocido de antemano); se sazona bien, se deja cocer un poquito y se sirve.

También puede utilizarse el caldo de las almejas para mojar el rehogado.

Sopa de pan escaldada, al estilo aragonés

Ingredientes para 6 personas

1 1/2 l de agua
Un poco de aceite
Un trozo de pan de hogaza
Sal

Se corta el pan de hogaza en rebanadas que se van colocando en el fondo de la cazuela o plato sopero hasta cubrirlo; luego se rocían con aceite crudo.

Aparte, en un puchero, se tiene agua hirviendo sazonada de sal; cuando hierve se escaldan las sopas, se dejan empapar unos minutos y se sirven en el mismo plato.

Es costumbre servirlas en cazuelas individuales y hay que tener en cuenta que no deben resultar espesas sino caldosas. Este plato es típico de Aragón, donde también se toma como desayuno.

Sopa de cebolla con leche

Ingredientes para 4 personas

1 l de leche
50 g de mantequilla
1 cebolla de unos 150 g
1 cucharadita de harina
Sal

Un poquito de pimienta negra molida
Un poco de queso rallado

En la mantequilla bien fundida se pone a freír una cebolla fileteada en juliana muy fina, dejando que se haga lentamente sin que llegue a tomar color.

A continuación se le agrega una cucharadita de harina tostada de antemano e inmediatamente la leche; se le echa un poquito de sal y de pimienta negra molida. Se cuece durante ocho o diez minutos y se vierte sobre unas sopitas de pan finas (pocas) que tendremos en cada una de las cazuelas individuales; se espolvorea un poquito de queso rallado por encima y se pone a gratinar al horno hasta que toma un poquito de color y se sirven.

Sopa de habas

Ingredientes para 6 personas

3 l de agua
1 kg de habas verdes tiernas
Puerro, zanahoria y perejil (unos 300 g en total)
2/4 de ganso confitado
Unas rebanadas de pan tostado
Un poco de grasa de ganso

Se sacan las habas de la vaina y se ponen en una cacerola con un poco de grasa de ganso; se rehogan durante ocho o diez minutos y luego se añade el agua, el puerro, la zanahoria, el perejil y el ganso confitado. Se deja cocer todo durante una hora o más (ya que el ganso tarda en hacerse).

Sopa de cerveza

Ingredientes para 4 personas

1 l de cerveza
25 g de azúcar
1 huevo
30 g de harina
1/2 l de leche
Un poquito de mantequilla (como una nuez)
Un poco de ron
Un poquito de canela
Jengibre
Limón
Unas rebanadas de pan
Un poquito de queso

Se pone al fuego la cerveza con el azúcar, la canela, el jengibre y el limón; se deja cocer durante cinco minutos.

Aparte se diluye el huevo con la harina, la leche, la mantequilla y una cucharada de ron. Esta mezcla se vierte en la cacerola y, sin dejar de remover, se deja cocer diez minutos y se le agrega un vaso de leche hirviendo.

Se sirve con unas rebanadas de pan y queso tostado junto.

Bullabesa de pescado

Ingredientes para 10 personas

2 l de agua
1/2 l de vino blanco
2 kg en total de diferentes tipos de pescado: rape, salmonete, mero, congrio, lubina...
Aceite fino de oliva
1 yema de huevo cocida
Ajo
El zumo de un limón
Azafrán
Sal
Tomate
Cebolla
Tomillo
Laurel
Hinojo
Pimienta
Piel de naranja

En primer lugar, se limpian bien los pescados, se salan y se cortan en trozos de tamaño mediano; se dejan en maceración durante media hora con: aceite crudo, tomate, cebolla, ajo, tomillo, laurel, hinojo, pimienta, sal y piel de naranja.

Con las espinas y cabezas de los pescados haremos un fumet, poniéndolas a cocer con dos litros de agua y el vino blanco durante unos cuarenta minutos, a fuego vivo. Se cuela el caldo y se vierte un poco sobre el pescado que tenemos en maceración; éste se pone a cocer durante diez o doce minutos, también a fuego vivo; en este momento se le añaden unos hilos de azafrán y se retira del fuego.

Los trozos de pescado se sacan con cuidado, se colocan en una fuente y se les echa por encima una cucharada o dos del caldo para que no se sequen. Éstos se sirven acompañados de mayonesa o de salsa aromatizada con ajo.

El caldo se vuelve a colar sobre una sopera en cuyo fondo tendremos colocados unos trozos de pan tostados y finos, aunque este pan se puede servir aparte para que al servir la sopa resulte caldosa.

Purés

En términos culinarios se denomina puré a los alimentos que, después de cocidos, son pasados por el tamiz.

Presentan una gran variedad, pues además de los que se componen de una cosa sola, están los que se combinan con dos o más ingredientes, según sean para platos de carnes o pescados, aves y caza, legumbres y fritos.

Casi todo los purés pueden servirse solos o acompañados; generalmente se sazonan con mantequilla, leche, nata, sal o pimienta negra en polvo. Además en muchos casos se emplean como guarnición.

A continuación citamos algunos tipos y su composición:

Aldeana: de calabaza y patata; debe quedar muy espeso y es adecuado para acompañar a platos de caza.

Apio: de apio y bechamel, es un puré ligero.

Belgicana: de coles de Bruselas y bechamel; es puré ligero.

Castellana: de judías blancas y castañas; puré muy espeso propio para acompañar carnes de vaca.

Catalana: de nabos, patatas, coliflor y apio; puré muy espeso propio para acompañar platos de pescado.

Colomba: de habas frescas y coliflor; es un puré ligero.

Duquesito: de guisantes, zanahorias y coliflor; también muy ligero.

Japonesa: de remolacha, zanahoria y cebolla (la remolacha ha de ser roja, hervida y muy lavada); es un puré ligero.

Maintenon: de alcachofas y cebollas; es un puré ligero.

Palestina: de topinambours.

Princesa: de espárragos y guisantes; ligero.

Toscana: de brécol y patatas; puré ligero.

Turea: de berenjenas, cebollas y tomates; es un puré ligero.

Valenciana: de arroz, pimientos rojos y tomates; éste es un puré espeso.

Potaje escudilla

Ingredientes para 6 personas

1 1/2 l de caldo de puchero
300 g de patatas
150 g de repollo
150 g de nabos
100 g de zanahorias
150 g de puerros
250 g de judías blancas
150 g de jamón
100 g de fideos
150 g de arroz
Sal
Unos hilos de azafrán
Perejil

En el caldo se ponen a cocer todos los ingredientes en crudo, excepto las judías blancas que tendremos cocidas con anterioridad.

Veinte minutos antes de servir, se incorporan los fideos, el arroz (ambos cocidos antes) y el azafrán, y se hacen unos taquitos de jamón o tocino saladillo y se pica un poquito de perejil.

Se pasa todo por la batidora y se refina batiéndolo bien y pasándolo por un colador. Debe resultar caldoso y hay que servirlo bien caliente.

Potaje de langostinos y cangrejos

Ingredientes para 6 personas

6 cangrejos grandes, a ser posible de río
1 kg de langostinos
Un poco de zanahoria
Cebolla
Puerros
1 diente de ajo

Un poquito de apio

Perejil picado

Un poco de mantequilla

1 vaso grande de coñac

1 vaso de vino blanco oloroso

Un poquito de pimienta negra molida

Clavo

Nuez moscada

1 cucharadita de curry

1 hoja de laurel

3 cucharadas de salsa de tomate

1 cucharada de pimentón

4 cucharadas de nata cruda

3 yemas de huevo crudo

En la mantequilla se pone a rehogar la zanahoria, la cebolla, los puerros y los ajos; luego se echan los langostinos y los cangrejos en crudo (éstos han de estar vivos; se fríen en cinco minutos); se echa el vaso de coñac y se quema hasta que desaparece el alcohol (cuando se apaga la llama); a continuación se echa el vino blanco, se sala con cuidado y se le echa la pimienta negra, el clavo, la nuez moscada, el curry, una hoja de laurel, el tomate y el pimentón; luego se añade agua y se deja cocer dos minutos. Los langostinos y los cangrejos se sacan de la salsa para que enfríen, se pelan y se cortan en trocitos para servir aparte.

Todas las cáscaras se machacan bien en un mortero y se echan al cocido; se añade agua y se deja cocer algunos minutos más.

Tendremos preparado en una cazuela un poco de arroz, unas patatas, unos puerros y tres tomates; esto lo ponemos a cocer con el caldo que tenemos y durante unos treinta minutos más.

Cuando todo está bien cocido se pasa por el pasapuré o colador de forma que quede muy fino y un poco espeso; luego se pone a cocer en una cazuela unos ocho minutos más, se espuma bien y se agregan cincuenta gramos de mantequilla. Debemos conseguir un color rosado; para ello,

cuando esté cociendo, le podemos echar unas gotas de color rojo carmín, un poco de Cayena y un polvillo de paprika. Aparte pondremos los langostinos, los cangrejos y unas rebanadas de pan fritas.

Cuando se va a servir, se añaden las cuatro cucharadas de nata cruda y las tres yemas de huevo crudo.

Cocido a la Euskaldún

Ingredientes para 8 personas

En un puchero se pone:

2 1/2 l de agua

1 kg de carne de vaca

400 g de jamón serrano (desalado)

1 gallina pequeña

400 g de garbanzos remojados desde el día anterior

En otro puchero:

1 1/2 l de agua fría

1 kg de judías rojas

400 g de tocino salado

1 hueso de jamón

1/2 cebolla picada (puede ponerse en crudo o bien hacer el refrito aparte)

1 vasito de aceite

En el tercer puchero:

1 kg de repollo

4 chorizos o 400 g de longaniza

Una vez cocido el contenido de los tres pucheros, se escurre el caldo de los garbanzos y se mezcla con el del repollo, mitad y mitad, y con una pequeña parte del de las judías. En este caldo se hace la sopa, que puede ser de pan o de pasta; ésta constituye el primer plato.

Se sirven en fuentes diferentes los garbanzos, las judías y el repollo, que deben comerse al mismo tiempo, mezclándolos el comensal a su gusto.

Las carnes empleadas en los cocidos se sirven al final cortadas en trozos y mezcladas en una fritada o pimientos.

Cocido a la Madrileña

Ingredientes para 6 personas

1/2 kg de garbanzos
1/2 kg de carne de vaca (preferentemente de morcillo)
1/2 gallina
250 g de tocino salado o panceta ahumada
250 g de jamón serrano
3 chorizos
3 morcillas
3 manos de cerdo enteras (para después hacer 2 porciones de cada una)
1 kg de repollo
400 g de relleno de magro de cerdo y ternera
1 hueso de vaca
1 aderezo de 50 g de miga de pan
100 g de harina
3 huevos enteros
Especias
1 ajo machacado en el mortero
Un poquito de sal gorda
1 ramita de perejil
1 copita de vino blanco
4 1/2 l de agua
1 zanahora
1 cebolla de tamaño mediano en la que se claven 3 granos de pimienta negra y 3 clavos
10 patatas enteras en forma de huevo
6 huevos bien batidos mezclados con 200 g de miga de pan
Perejil picado
Sal
200 g de fideos o bien 150 g de arroz

Nota: si es posible los ingredientes derivados del cerdo deben estar curados al humo.

La olla para hacer el cocido ha de ser ancha y desahogada; ésta se coloca en el fuego con abundante agua fría. En ella se ponen a cocer la carne, el tocino, el jamón, las manos de cerdo y el hueso; cuando empieza a hervir y se forma espuma, se le quita con una espumadera; a la media hora se incorporan los garbanzos (éstos y las manos han de estar a remojo en agua templada unas diez horas).

Después de incorporados los garbanzos, la zanahoria y la cebolla, debe cocer todo lentamente y sin interrupción durante tres horas, o más si es preciso por la calidad del agua o la clase de componentes del cocido.

En una cacerola aparte se cuece la verdura, bien sea repollo o judías verdes; junto con ella se cuecen el chorizo y la morcilla.

Veinte minutos antes de servir el cocido, se agregan a la olla de los garbanzos unas doce patatas pequeñas, entera y peladas en forma de huevo, y el relleno que tendremos preparado, amasado y con forma de tortilla francesa.

Se hacen otras dos tortillas con seis huevos, mezclados con miga de pan y perejil picado; una vez cuajadas se ponen a cocer en la olla de los garbanzos unos quince minutos después de haber echado las patatas y el relleno.

Todo el caldo que tenemos en la olla se pasa por un colador o paño fino, en ese caldo haremos la sopa —de pan, fideos o arroz— que se ha de servir al principio de la comida.

A continuación se sirve el cocido en dos fuentes bastante amplias: una con los garbanzos completamente escurridos y sobre ellos, colocados lo más estéticamente posible, la carne cortada en porciones, el jamón, el relleno, las manos de cerdo y las tortillas referidas.

En la otra fuente se sirve la verdura (sobre la que habremos echado con anterioridad un refrito hecho en una sartén con unos dientes de ajo y un poco de aceite), el chorizo, la morcilla y el tocino cortados en trozos.

Con este plato se puede acompañar con un Concasé de tomate.

Cocido con bola catalana

Se hace de la misma forma que el Cocido a la Madrileña, pero, una vez cocida la carne, se saca y se pasa por la máquina junto con un diente de ajo y perejil. Luego se sazona con sal y especias y se le añaden dos huevos; con esto se hacen unas bolas grandes que se pasan por harina, se fríen, se incorporan a la marmita donde está el cocido y se dejan cocer bien.

Cocido Maragato

Ingredientes para 8 personas

900 g de garbanzos (deben estar en remojo en agua templada durante doce horas)
4 patas de cerdo saladas
1 gallina de tamaño mediano
500 g de carne de cordero o morcillo de novilla fresca
1/2 kg de tocino salado
Orejas
Lacón
400 g de jamón
8 chorizos
4 morcillas de la región
200 g de fideos
400 g de magro de cerdo picado
200 g de harina
3 huevos
400 g de cecina de oveja o vaca
10 patatas del tamaño de un huevo
1 kg de repollo

Todas las carnes saladas se han de tener a remojo veinticuatro horas, cambiándoles el agua dos o tres veces, se cuecen aparte.

En un recipiente bastante amplio se ponen cuatro litros y medio de agua; en ella se coloca la carne fresca, el tocino, la gallina y un relleno hecho con el magro de cerdo, harina y tres huevos; se deja cocer unos quince minutos y se espuma; a continuación se le añaden los garbanzos y se deja cocer dos horas.

Aparte se cocerá el repollo junto con los chorizos y las morcillas durante una hora. Cuando están casi hechas las carnes saladas se pueden mezclar con el resto y dejarlo cocer todo junto unos veinte minutos más.

Se servirá en varias fuentes: en una los garbanzos, patatas, berzas, tocino y morcilla; en otra todo lo demás debidamente cortado y colocado. Es típico en este cocido servir la sopa de fideo al final, hecha con el caldo resultante de cocer todas las carnes y verduras.

Fabada Asturiana

Ingredientes para 6 personas

600 g de judías blancas
300 g de lacón o brazuelo
300 g de cabeza de cerdo con oreja
250 g de rabo de cerdo
2 morcillas asturianas
2 chorizos
1 andoya (parte del cerdo en adobo especial)

En una marmita de barro se ponen a cocer las judías blancas con agua fría (se tendrán en remojo desde la noche anterior); en cuanto den un hervor, se tira el agua y se ponen a cocer de nuevo en agua fría durante unas dos horas.

Todo lo salado se tendrá a remojo desde la noche anterior y se pondrá a cocer durante dos horas; a mitad de cocción se añaden las morcillas y los chorizos.

Cuando está todo cocido se mezcla y se deja cocer unos diez o quince minutos más; se separa de nuevo la carne de las judías.

Las judías han de quedar enteras, pero bien cocidas; se sirven con su caldo en una sopera. En una fuente se sirven las carnes y embutidos.

Lacón con grelos

Ingredientes para 4 personas

500 g de lacón gallego
400 g de rabo de cerdo salado y ahumado
250 g de chorizo
300 g de retoño de col (grelos)
300 g de patatas

En primer lugar han de desalarse el lacón y el rabo, por lo menos durante doce horas; luego hay que lavarlo, rasparlo y quemarlo para que todo esté bien limpio. Seguidamente se ponen a cocer, en una olla que se pueda tapar, cubiertos con agua hasta que hayan ablandado; entonces se agregan los grelos y media hora después los chorizos y las patatas que tendremos cortadas; todo debe seguir cociendo hasta que el lacón esté completamente tierno, lo cual llevará unas dos horas.

Se sirven en una fuente el lacón, el rabo y el chorizo, y en otra las hortalizas, berzas y patatas.

Pote Gallego

Ingredientes para 6 personas

1/4 kg de judías gallegas
1 morcilla
150 g de tocino
1 cebolla tamaño regular

1 cabeza de ajos
1/2 repollo o grelos
1/4 kg de patatas
150 g de codillo de jamón
1 chorizo
1 trozo de lomo de vaca o ternera
1 trozo de morcillo
50 g de manteca de cerdo
1 diente de ajo
1 cucharada de pimentón

Se tendrán las judías a remojo; se ponen a cocer con todos los ingredientes menos los grelos, el chorizo y las patatas. Se retira el agua y se ponen de nuevo a cocer con agua fría abundante; se le añade el chorizo y, una vez cocidas las judías, se le añaden los grelos cortados y las patatas; cuando todo está bien cocido, se le echa un refrito hecho con manteca, ajo y pimentón; se deja reposar.

Cuando lleva codillo de carne de vaca, éste se pone a cocer a la vez que las judías. Se sirve en el mismo pote o puchero en que se cocieron los ingredientes.

Repollo a la Madrileña

Ingredientes para 4 personas

1 kg de repollo
400 g de patatas
Sal
2 dientes de ajo
1 vaso de aceite

Ponemos a cocer el repollo; cuando está a media cocción se le agregan las patatas cortadas en trozos medianos; en el momento en que está todo cocido se tira el agua y se vierte por encima aceite con ajos fritos fileteados, que tendremos ya preparados en una sartén; se mezcla todo bien y se sirve muy caliente.

Menestra de verduras a la Española

Ingredientes para 4 personas

200 g de zanahorias
200 g de guisantes
200 g de judías
200 g de espárragos
300 g de alcachofas
350 g de patatas
100 g de aceite
100 g de mantequilla
200 g de jamón serrano

1 lechuga fileteada
1 cebolla tamaño mediano
2 huevos cocidos

Tendremos todas las verduras y las patatas cocidas.

En una cazuela grande ponemos el aceite, la mantequilla, la cebolla en juliana, la lechuga fileteada y el jamón en dados; todo esto se rehoga bien y luego le añadimos las zanahorias, los guisantes, las judías, los espárragos, las alcachofas y las patatas que tendríamos moldeadas a la cuchara; esta mezcla se moja con un poquito de buen caldo.

Se coloca todo en una legumbrera y por encima se adorna con los huevos cocidos cortados en trozos.

Alcachofas en fondos naturales

Ingredientes para 4 personas

16 alcachofas
100 g de mantequilla
100 g de jamón
Sal
Limón
Un poquito de harina

Tendremos una cazuela preparada con agua, limón exprimido, un poco de harina batida en agua fría y sal.

Se limpian todas las hojas de fuera y se corta la mitad de delante. Se ponen a cocer unos treinta y cinco minutos; una vez cocidas se pueden saltear con mantequilla y jamón.

Nota: al limpiar las alcachofas se les quita con una cucharilla la pelusa que tienen por dentro.

Nabos tiernos a la Gallega

Ingredientes para 4 personas

550 g de nabos

250 g de lacón

1/2 kg de grelos

550 g de patatas

50 g de pimentón

1 vaso de aceite

Se pelan los nabos, se cortan en rodajas un poco gruesas y se blanquean en agua durante diez minutos; se retira ese agua y se ponen de nuevo a cocer con un trozo de lacón y los grelos; a media cocción se le agregan unas patatas cortadas en trozos grandes; cuando está todo cocido (una hora y media más o menos), se retira el agua, se les echa un poco de aceite mezclado con un poquito de pimentón y se sirven.

Zanahorias salteadas a la Española

Ingredientes para 4 personas

1.200 g de zanahorias tiernas

200 g de jamón

50 g de mantequilla

1 ajo

Sal

Perejil

Las zanahorias se pelan y se ponen a cocer con agua y sal durante cincuenta minutos; cuando están cocidas se sacan del agua.

En una sartén se fríen con mantequilla, el ajo picado muy fino y el jamón serrano cortado en cuadritos; a esto se le añaden las zanahorias cortadas en lonchas, se espolvorean con perejil picado y se rehoga bien. Se sirven.

Guisantes cocidos frescos

Ingredientes para 6 personas

1 1/2 kg de guisantes tiernos y verdes

50 g de mantequilla

250 g de jamón serrano

Sal

Se cocerán los guisantes en abundante agua con sal y un poquito de bicarbonato, durante unos veinte minutos; se les quita todo el agua, se refrescan bien con agua fría y se escurren.

En una sartén se echa la mantequilla, el jamón y, por último, los guisantes y se saltean durante unos minutos.

Guisantes finos a la Parisina

Ingredientes para 4 personas

1/2 kg de guisantes naturales, verdes y tiernos

1/2 lechuga de buen tamaño

1/2 cebolla pequeña

300 g de jamón serrano

100 g de mantequilla

1 l de consomé

75 g de harina

4 huevos escalfados durante 3 1/2 minutos

4 rebanadas de pan

Sal

En una cacerola se rehogan cincuenta gramos de mantequilla con la lechuga (previamente lavada y escurrida) y la cebolla, cortadas muy finas en juliana y el jamón cortado también en juliana, pero más grueso; después de unos minutos se le agregan los guisantes, se mojan con el consomé y se ponen a cocer unos treinta minutos.

Con cincuenta gramos de mantequilla y setenta y cinco gramos de harina se prepara una bola que se añade al final de la acción, procurando que se disuelva bien. Se deja cocer con todo unos cinco minutos más.

Se sirven en una legumbrera; aparte se ponen unas rebanadas de pan rebozadas y fritas y sobre cada una de ellas se coloca un huevo escalfado.

Se sirve todo bien caliente.

Judías verdes fileteadas

Ingredientes para 4 personas

1.250 g de judías verdes tiernas
2 ajos terciados
Un poco de aceite
Salsa de tomate
Un poco de bicarbonato

Hemos de filetear las judías a lo largo en dos o tres trozos cada una; luego se ponen a cocer en abundante agua hirviendo, sal y un poco de bicarbonato (poquito, para que conserven el color verde), durante unos cincuenta minutos; se les quita el agua y se lavan bien.

En una sartén se fríen los ajos y el aceite; se echan las judías y se saltean.

La salsa de tomate se servirá aparte.

Lombarda Navideña

Ingredientes para 6 personas

1 lombarda de 1.200 g
300 g de lacón
300 g de panceta
3 ajos
1 copa de vinagre
1 vasito de aceite

Tendremos la lombarda cortada en juliana gruesa y bien lavada.

Tendremos agua hirviendo en dos cazuelas; en una ponemos la lombarda a cocer durante veinte minutos, luego se retira todo el agua, se lava con agua caliente y se pone a cocer en la otra cazuela con el lacón y la panceta, durante cuarenta minutos más; luego se sacan el lacón y la panceta y se tira todo el agua.

En una placa colocamos la lombarda; por encima echaremos bien repartida la copa de vinagre y se mezcla bien; luego se vierte sobre la lombarda un vasito de aceite con los ajos fileteados y fritos, se mezcla bien y se deja en el horno unos ocho o diez minutos (a media temperatura).

Se sirve acompañada del lacón y la panceta, cortados en porciones.

Apio braseado

Ingredientes para 6 personas

5 pies de apio (escogiendo la parte más blanca)
100 g de mantequilla
3 tacitas pequeñas de jugo de carne o de salsa bechamel
Sal
Limón

Se quitan bien todos los nervios del apio, teniendo cuidado de no romper los pies; éstos se lavan muy bien en agua abundante y se untan con limón para que no se pongan negros; se ponen a cocer en un recipiente que tendremos preparado con agua hirviendo, veinticinco gramos de mantequilla y sal, durante cincuenta minutos. Cuando están cocidos se sacan con mucho cuidado para que no se deformen y se colocan sobre un paño limpio blanco para que escurran. Una vez escurridos, se cortan por la mitad a lo largo; con el mismo paño se doblan por la mitad y se aprietan bien para sacarles todo el agua; luego se desdobla el paño por arriba y con un cuchillo se cortan en posiciones de unos diez centímetros de ancho y doce de largo.

En una cazuela se coloca el resto de la mantequilla; en ella se ponen los trozos de apio, se cubren con un juego de carne o bechamel y se dejan cocer unos ocho minutos.

Se sirven a la mesa en una legumbrera.

Endibias Belgas

Ingredientes para 4 personas

8 pies de endibias
50 g de mantequilla
2 tacitas pequeñas de salsa bechamel

La preparación es exactamente igual que la del «Apio braseado», pero las endibias han de cubrirse con bechamel y no con jugo de carne.

Coles de Bruselas salteadas con jamón serrano y mantequilla

Ingredientes para 4 personas

1 kg de coles de Bruselas
50 g de mantequilla
150 g de jamón serrano
2 dientes de ajo
Sal

Se retiran las hojas estropeadas, se lavan bien las coles y se cuecen en abundante agua con sal durante unos cincuenta minutos; se les quita el agua y se escurren bien.

Tendremos el ajo picado muy fino y el jamón serrano en trocitos; en una sartén se pone la mantequilla, y se echa el ajo a freír; cuando empieza a dorarse se le agregan las coles y se rehogan bien; por último se le añade el jamón; se mezcla todo bien y se sirven.

Acelgas a la Española

Ingredientes para 4 personas

1.600 g de acelgas
400 g de patatas
3 ajos
Sal
Un poco de aceite

Se limpian bien las acelgas y se pican en porciones pequeñas, se cuecen en abundante agua con sal durante una hora más o menos; a media cocción se les cambia el agua y se ponen a cocer de nuevo en agua hirviendo. Una vez cocidas se escurren bien.

En otra cazuela tendremos las patatas cocidas, que mezclaremos con las acelgas; por encima echaremos un refrito de aceite con unos ajos fileteados y bien doraditos; se mezcla todo bien y se sirven calientes.

Berenjenas fritas a la Andaluza

Ingredientes para 4 personas

2 berenjenas de tamaño mediano
1 huevo batido
Un poquito de harina
Aceite
Sal

Se cortan las berenjenas en rodajes no muy delgadas, sin quitarles la piel; se sazonan con sal y se pasan por harina y huevo batido, se fríen en aceite y se sirven.

Calabacines a la Toledana

Ingredientes para 4 personas

2 calabacines de tamaño mediano
Un poco de harina
Aceite
Sal
Salsa de tomate

Se pelan los calabacines y se cortan en dados gordos, se cuecen en agua con sal unos cinco minutos; luego se escurren y se refrescan en agua fría. A continuación se pasan por harina y se fríen en aceite fuerte hasta que tomen color.

Se colocan en una fuente en cuyo fondo habremos puesto salsa de tomate y se sirven a la mesa.

Espárragos de Aranjuez con nata

Ingredientes para 4 personas

3 kg de espárragos
Zumo de 2 limones
1 chorro de aceite
4 cucharadas de nata natural
2 yemas de huevo crudas
Un poco de salsa bechamel
(si se van a servir calientes)
Un poco de salsa vinagreta o mayonesa
(si se sirven fríos)
Sal

Se limpian los espárragos uno por uno cortándoles la parte de atrás; se meten en agua fría con un poquito de zumo de limón; cuando están limpios se hacen unos manojos pequeños que se atan con cuerda de bramante.

En una cazuela con agua abundante, sal, zumo de limón y un chorro de aceite, se ponen los espárragos a cocer durante unos treinta y cinco o cuarenta minutos. Se dejan en el agua hasta que vayan a servirse; en el ese momento se sacan a escurrir a un paño y se quitan las cuerdas.

Se emplatan y, si se sirven fríos, se acompañana con salsa vinagreta o mayonesa. Si se ponen calientes se acompañan con salsa bechamel a la que se le agregará la nata cruda y las dos yemas, bien mezcladas en momento de servir.

Espinacas a la crema

Ingredientes para 4 personas

1 1/2 kg de espinacas
50 g de mantequilla
300 g de salsa bechamel espesa (véase receta)
Sal
Un poquito de bicarbonato

Se lavan bien las espinacas cambiándoles varias veces el agua hasta que no les queda ningún residuo; se ponen a cocer en un recipiente con agua caliente abundante, sal y un poquito de bicarbonato (para que conserven su color verde) durante unos treinta y cinco minutos; se escurren y se refrescan con agua fría; luego se aprietan bien con la mano para que no les quede nada de agua, se pican muy finas (como el perejil), se mezclan con la bechamel y se deja cocer todo junto durante cinco minutos. A continuación, se sirven.

Cardo glaseado

Ingredientes para 4 personas

1 1/2 kg de cardo
El zumo de dos limones
2 cucharadas de harina
1 chorro de aceite
100 g de mantequilla
2 cacillos de salsa española (véase receta)
1 copa pequeña de manzanilla olorosa
Sal

En primer lugar se limpian bien los cardos, eliminando la parte hueca; se cortan en trozos de unos ocho centímetros, se les quitan todos los nervios y piel por ambos lados, se echan en una recipiente con agua caliente abundante, el zumo de los limones, 2 cucharadas de harina y un chorrito de aceite, todo bien batido para que se disuelva la harina; se dejan cocer durante unos cincuenta y cinco minutos, se sacan y se ponen sobre un paño para que escurran. Luego se colocan en una placa untada con la mantequilla y se cubren con salsa española; se dejan bien tapaditos y se aromatiza con una copita de manzanilla olorosa; así deben cocer otros quince minutos; luego se sirven bien calientes en una legumbrera y se sirven cubiertos con la salsa.

Apio en rama braseado «Media-Glasa»

Ingredientes para 6 personas

3 pies de apio de buen tamaño
1/2 l de jugo o 1 l de caldo
250 g de zanahorias
Un poco de pimienta negra en grano
Unas cortezas de tocino de jamón
1/2 cebolla
Sal
Un poco de salsa Media-Glasa al Madeira

Se pelan los pies de apio, se cortan en dos trozos a lo largo, se lavan cuidadosamente, y se blanquean durante veinte minutos en agua hirviendo con sal; luego se refrescan y se brasean al horno unos quince minutos.

Al jugo o caldo se le echa un poco de pimienta negra en grano, unas rodajas de cebolla y de zanahoria y unas cortezas de tocino de jamón; se deja cocer todo con el apio durante una hora más; después se saca éste del fuego y se pone a escurrir.

Se sirve en una legumbrera y se cubre con salsa Media-Glasa al Madeira.

Macarrones a la Italiana

Ingredientes para 4 personas

400 g de macarrones
1 cebolla pequeña
100 g de hígado
150 g de jamón
50 g de mantequilla
150 g de carne asada de ternera
400 g de salsa de tomate
Sal

Se ponen los macarrones a cocer en abundante agua caliente con sal durante unos dieciocho o veinte minutos. Entretanto ponemos la mantequilla en una sartén; en ella se rehoga un picadillo de hígado, jamón, carne asada, la cebolla muy picada y luego se le añade un picadillo de hígado, jamón y carne asada de ternera.

Tendremos preparada una buena salsa de tomate que mezclaremos bien con los macarrones y el picadillo rehogado; en un plato de horno, se cubren con mantequilla y queso rallado y se gratinan al horno.

Ñoquis a la crema

Ingredientes para 4 personas

4 huevos
50 g de mantequilla
350 g de harina
50 g de queso rallado
1/2 l de salsa bechamel
150 g de jamón picado muy fino
Sal

La pasta de los ñoquis se prepara de la siguiente forma: se disuelven cien gramos de mantequilla en un vaso de agua, se le va agregando la harina, 25 gramos de queso rallado y los huevos uno a uno bien trabajados. Una vez hecha la pasta la pondremos en una manga con una boquilla redonda de tamaño mediano. Sobre una sartén o cazuela grande, que tendremos con agua hirviendo, se echa la pasta en porciones largas de unos siete centímetros; se dejan cocer lentamente durante unos ocho o diez minutos y cuando están bien cuajados se sacan a un recipiente con agua fría y un poco de sal.

En un plato de horno untado con mantequilla se pone la bechamel y el picadillo de jamón serrano y queso; sobre él echamos los ñoquis que se cubren con bechamel, queso y mantequilla y se gratinan al horno.

Lasaña con espinacas

Ingredientes para 4 personas

400 g de pasta de canelones
2 yemas de huevo
Unas pocas de espinacas a la crema
1/2 l de bechamel (véase receta)
1 cacillo de jugo de carne
50 g de mantequilla
25 g de queso rallado
Sal

Se cuecen la pasta al dente (en su punto) durante dieciocho o veinte minutos.

Tendremos un plato de horno bien untado de mantequilla y el fondo abierto con unas espinadas a la crema; en él se coloca la pasta. Tendremos también una salsa bechamel mezclada con las yemas de huevo y un cacillo de jugo; esto lo echamos por encima de la pasta; sobre ellos se pone un poco de queso rallado y mantequilla y se gratinan al horno.

Canelones a la financiera

Ingredientes para 4 personas

16 ó 18 planchas de canelones
1 cebolla pequeña
200 g de hígado de ternera
Un poquito de pan rallado
1 huevo cocido
1 cucharada de harina
1/2 l de bechamel
30 g de queso rallado
Un poquito de mantequilla
Un poco de salsa de tomate
Sal

Se han de cocer las planchas de canelones en abundante agua hirviendo con un poco de sal y un chorro de aceite durante unos dieciséis minutos aproximadamente; se refrescan con agua hasta que enfríen y luego se van colocando estirados uno a uno en un paño blanco limpio.

Tendremos preparado un buen encebollado de hígado de tenera, un poquito de pan rallado, un huevo cocido, una cucharada de harina y una cucharadita de bechamel, todo bien picado y bien mezclado; se coloca un poco de esta farsa en cada canelón y se envuelven cuidadosamente uno a uno.

Tendremos un plato de horno untado con mantequilla cuyo fondo se cubre con salsa de tomate; se colocan los canelones ordenadamente y se cubren por encima con bechamel, queso rallado y unos grumitos de mantequilla; se gratinan al horno y, cuando tomen color, se sirven.

Espaguetis «al dente»

Ingredientes para 6 personas

1 kg de espaguetis
75 g de mantequilla
150 g de queso Chester
1 chorro de aceite
2 ó 3 cucharadas de jugo de carne asada
Sal

Tendremos un recipiente con agua abundante, sal y un chorro de aceite; cuando está cociendo se echan los espaguetis enteros y se dejan cocer unos dieciocho o veinte minutos; se escurren, se ponen en una legumbrera y se espolvorean con queso rallado y un poco de mantequilla, se revuelven y se sirven.

Aparte se sirve la mantequilla restante, el queso y un poco de jugo de carne asada para que el mismo comensal se sirva.

Tallarines al gratín

Ingredientes para 6 personas

1 kg de tallarines
75 g de mantequilla
200 g de jamón de York
100 g de queso rallado parmesano
250 g de salsa de tomate bien tamizada
1 taza de consomé
Un poquito de nuez moscada
Un poquito de pimienta negra molida
Sal

Tendremos un recipiente con agua abundante y un poco de sal; cuando está cociendo se le agregan los tallarines partidos en cuatro partes, se remueven bien para que no se peguen, se dejan cocer unos veinte minutos y se escurren. Se tendrá un plato de horno bien untado de mantequilla, se echan en él los tallarines y se cubren con la salsa de tomate y queso rallado; encima del queso se ponen unas porciones pequeñas de mantequilla y el jamón de York troceado; se ponen en el horno a gratinar unos diez o quince minutos y se sirven a la mesa.

Ensalada catalana

Ingredientes para 4 personas

4 tomates terciados
4 patatas tamaño mediano
Unas cortezas de pan esponjoso
1 escarola grande
1 cebolla mediana
1 pimiento rojo
Sal
Aceite
Vinagre
Ajos

Se pelan el pimiento, los tomates y se cortan en trozos; las patatas se cuecen, se pelan y se cortan en discos; la cebolla se corta en tiritas delgadas y se escalfa un minuto en agua hirviendo y se refresca en agua fría; la escarola se lava bien y se trocea, y las cortezas de pan se frotan por ambos lados con ajo crudo cortado en trozos pequeños como dados de un centímetro de lado.

Se aliñan bien todos los componentes con aceite, vinagre y sal excepto el pan con ajo y la escarola.

Éstos se ponen en un buqué en el fondo de una fuente amplia; en distintos grupos se ponen los pimientos, los tomates, la cebolla y las patatas. Luego se sirve.

Ensalada sevillana

Ingredientes para 4 personas

2 escarolas terciadas
Unos granos de comino
2 dientes de ajo
1 vasito de vinagre
1 dl de aceite fino
Sal
Un poquito de pimienta negra y de guindilla
2 huevos cocidos
250 g de bonito en escabeche
Aceitunas

Se cortan las escarolas finitas, se ponen en un recipiente con agua fría y luego se escurren bien.

En un mortero se machacan unos cominos y el ajo; cuando están bien machacados se deslíen con un poco de vinagre, se cuela por un colador, se le echa un poco de sal y se mezcla todo bien; se le agrega un poco de pimienta negra y guindilla, con cuidado que no resulte muy picante.

Se coloca la escarola en una ensaladera y encima se ponen el bonito, los huevos cocidos, las aceitunas, y se le echa por encima el majado que ya teníamos preparado más el aceite y vinagre; se remueve y se sirve.

Ensalada japonesa

Ingredientes para 4 personas

400 g de zanahorias
450 g de piña
El zumo de 4 limones
15 g de azúcar
Sal
2 naranjas
4 filetes de arenques
1 patata cocida con piel cortada en rodajas
Trufas
8 ostras
Un poquito de nata ácida

Se cortan las zanahorias en dados y se sazonan con azúcar, sal y jugo de limón. La piña se corta en dados y se impregna en jugo de limón. Las naranjas se trocean en dados y se aliñan con nata ácida y zumo de limón.

La patata se corta en dados y se sazona con sal y limón.

Todos los componentes se aliñan por separado y se colocan en bouqués garni individuales. Luego se incorporan las ostras, que tendremos escalfadas, limpias y aliñadas con zumo de limón, y los arenques cortados en dados y mezclados con un poquito de jugo de limón.

Ensalada «Brillant Savarín»

Ingredientes para 4 personas

350 g de patatas cocidas con piel
4 trozos de cogollo de lechuga
4 huevos cocidos
4 nueces en trozos
1 copa de Jerez
Sal
Aceite
Vinagre

Las patatas se cuecen, se pelan, se cortan en rodajas y se aliñan con aceite, vinagre, sal y Jerez; los cogollos de lechuga se cortan en trozos alargados y se aliñan también.

Se colocan las patatas en el fondo de la ensaladera formando un montón; a los lados los cogollos de lechuga, puestos de pie, y entre los cogollos los huevos cocidos cortados a la mitad, con un poquito de sal y, salpicados por encima, los trozos de nuez.

Farsa para galantina o pavo trufado

Ingredientes para 6 personas

500 g de carne de pavo
400 g de magro de cerdo
250 g de miga de pan
1 vaso mediano de leche
4 yemas de huevo
2 huevos enteros
Sal
Hierbas aromáticas
5 g de pimienta
5 g de nuez moscada
1 copa de Jerez
2 ajos picados
Zanahorias
Cebollas

Haremos una farsa muy fina de carne de pavo y magro de cerdo adobados con sal, hierbas, pimienta y nuez moscada, y con miga de pan, el Jerez, las yemas y los dos huevos; esto se pasa por la batidora para triturarlo y mezclarlo perfectamente. Con esto se puede rellenar cualquier tipo de ave.

Para hacer la galantina, esta misma pasta se enrolla en un paño, en forma alargada, se cierra por las dos puntas, se ata alrededor con hilo bramante, y se pone en un recipiente a cocer con agua, sal, zanahoria, cebolla, laurel y perejil; se deja cocer durante una hora.

Después, se saca, se deja enfriar y cuando está casi fría se prensa durante varias horas; se desenvuelve y se va cortando en rodajas. También se puede tomar como fiambre.

Masa para blinis

Ingredientes para 4 personas

1/2 l de leche o 250 g de nata cruda
400 g de harina
4 yemas de huevo
4 claras de huevo montadas a punto de nieve
20 g de levadura prensada
Sal

Se hace una masa semilíquida con la levadura desleída en un cuarto de litro de leche templada; se espesa con ciento cincuenta gramos de harina, y se remueve hasta que quede todo bien mezclado y sin grumos; se deja fermentar en sitio templado una hora; después se añade otro cuarto de litro de leche fría, las yemas de huevo, doscientos cincuenta gramos de harina y una pizca de sal y se forma con todo ello una especie de masa cremosa, que se deja reposar una hora; después esta masa se mezcla bien con las claras de huevo montadas (sin batir la masa).

Ésta se va echando en porciones extendidas como los crepes, a una sartén muy pequeñita, ligeramente untada con mantequilla o aceite; una vez hechos los blinis, se sirven muy calientes y recién hechos, con caviar extendido por encima. También pueden servirse con foie-gras natural.

Guarnición a la jardinera

Ingredientes para 6 personas

300 g de zanahorias
200 g de nabos
6 ramitos de coliflor
300 g de guisantes verdes
300 g de judías verdes
300 g de patatas
100 g de mantequilla
Sal

Se preparan las zanahorias y nabos con la cucharilla rizada y se cuecen por separado en agua con un poquito de sal; igualmente se cuecen las patatas que tendremos torneadas a la cuchara.

Se cuecen los guisantes con agua y un poquito de bicarbonato (para que conserven el color verde), se escurren, se refrescan con agua fría y se rehogan con un poco de mantequilla; de la misma forma se preparan las judías, que previamente hemos cortado en rombos. Por último, los ramitos de coliflor también se mecen y se saltean con mantequilla.

Preparadas las legumbres por separado, se colocan en montoncitos alrededor de la carne a la que guarnecen, en forma alternativa.

Esta guarnición se emplea para toda clase de carnes y algunas aves blancas, aunque para estas últimas no es muy adecuada.

Ensalada especial

Ingredientes para 4 personas

1 kg de rabanitos
1 remolacha roja tamaño mediano
400 g de pepinos
Un poquito de aceite
Vinagre
Sal
1 cucharadita de mostaza

Hemos de lavar bien la remolacha y cocerla con piel, la cual se retira después de cocida. Los rabanitos y los pepinos se cortan en rodajas, se juntan con la remolacha y se sazona todo con el aceite, vinagre, sal y la mostaza. Se coloca en buqués individuales.

Patatas «Monte Dorado»

Ingredientes para 4 personas

500 g de puré de patata
50 g de queso rallado
40 g de mantequilla

Se hace un puré de patata debidamente sazonado, se coloca en un plato de horno y se alisa en forma de cono; sobre él se espolvorea el queso rallado y la mantequilla en porciones pequeñitas, se tuesta al horno y se sirve recién hecho y muy dorado. Es una guarnición adecuada para pescados y huevos.

Patatas a la holandesa

Ingredientes para 4 personas

5 patatas un poco grandes
Un poco de queso rallado
30 g de mantequilla
Sal
Un poquito de pimienta
Nuez moscada
Un poco de harina
1 huevo

Las patatas se cortan en forma de rodajas alargadas de unos seis centímetros de grueso; se cuecen al vapor con un poquito de sal, dejándolas un poquito duras. Se sacan y se aderezan con un poquito de pimienta, nuez moscada, queso rallado y mantequilla; luego se dejan enfriar, se pasan por harina y huevo y se fríen. Pueden acompañar cualquier plato de carne, preferentemente ternera y aves.

Patatas en pijama

Ingredientes para 6 personas

6 patatas medianas
200 g de mantequilla fundida
Sal

Se escogen unas patatas más bien alargadas, de unos seis centímetros, se lavan bien y se asan al horno o se cuecen al vapor con piel.

Se pelan y se sirven en una fuente muy calientes y tapadas con una servilleta, o papel de aluminio; se acompañan con una salsera, en la que pondremos mantequilla fundida caliente, y un salero para salarlas entonces.

Guarnición muy apropiada para asados de vaca y también para pescado.

Croquetas de patata

Ingredientes para 4 personas

500 g de puré de patatas espeso, debidamente sazonado con sal
Un poquito de pimienta
Nuez moscada
1 huevo batido
Pan rallado
Harina
Un poquito de queso rallado o unos trocitos de jamón (si se desea)

Una vez hecho el puré de patatas se le puede añadir un poquito de pan rallado, queso rallado o unos trocitos de jamón. Con esto se forman las croquetas sobre una mesa con harina, se bañan en huevo batido y se rebozan en pan rallado; a continuación se fríen. Estas croquetas acompañan a asados tanto de carnes como aves y también a algunos pescados.

Patatas Chateau

Ingredientes para 4 personas

16 patatas pequeñas
Un poquito de sal fina
Un poco de aceite y mantequilla en cantidades iguales

Las patatas, previamente peladas y torneadas en forma de huevo, se ponen en un recipiente con agua; cuando rompe a hervir se quitan del fuego, se escurren, se espolvorean con sal fina y se colocan en un plato de horno con aceite y mantequilla; se ponen en el horno a dorar a fuego lento. Deben quedar doradas y blandas.

Se emplean para acompañar a los Chateaubriands, cuando éstos no tienen otra guarnición indicada.

Patatas Fondantes

Ingredientes para 4 personas

8 patatas grandes
Un poco de mantequilla
Un poco de caldo y jugo
(mitad y mitad) del asado
Sal

Las patatas se cortan en forma y tamaño de huevo y luego a la mitad. En una cacerola ancha y poco alta, untada con mantequilla, se colocan las patatas, se cubren un poquito de caldo y jugo y se dejan cocer tapadas; a mitad de cocción se les da vuelta con cuidado de no romperlas, y se siguen cociendo. Deben quedar bien hechas y sin caldo, pero muy jugosas y enteras. Pueden acompañar carnes y caza.

Patatas «Maître d'hotel»

Ingredientes para 4 personas

8 patatas grandes
1/4 l de consomé
1/4 l de leche
Una cucharada de mantequilla
Sal
Un poquito de pimienta molida
Una pizca de nuez moscada

Las patatas se cuecen enteras y con piel, se escurren y antes de que se enfríen se pelan y se cortan cuatro trozos alargados y redondeados.

En una cacerola se ponen el consomé y la leche, se añade una cucharada de mantequilla, se sazona con un poco de sal, pimienta molida y nuez moscada.

Sobre esta mezcla se echan las patatas, se de-

jan cocer otros quince minutos muy despacio y se retiran del fuego. Sirven de guarnición para pescados y huevos.

Patatas a la polonesa

Ingredientes para 6 personas

12 patatas medianas
1 cebolla
1/2 l de bechamel ligera (véase receta)
Un poco de mantequilla
Un poquito de pimienta molida
Nuez moscada
Sal
Perejil picado (una cucharada)
1 cucharada de harina
4 cucharadas de nata cruda
Un poco de queso rallado

Las patatas se cuecen con piel; entre tanto, se refríe con mantequilla una cebolla cortada en juliana, se aderaza con un poquito de pimienta molida, nuez moscada, sal y una cucharada grande de perejil picado; cuando está hecha la subís, se le agrega una cucharada de harina, se moja con la bechamel y se pone a hervir durante cinco minutos.

Después de cocidas las patatas, se pelan y se cortan en rodajas finitas; se colocan en un plato refractario capas alternativas de patatas y salsa. Por último se cubren con una capa de nata cruda y por encima se espolvorea queso rallado; en el momento de servir se gratina al horno y se procura que estén bien dorados y calientes. Esta guarnición debe acompañar exclusivamente a platos de pescado.

Patatas Duquesa

Ingredientes para 4 personas

4 patatas grandes
Sal
Pimienta
Nuez moscada
Cayena
1 vaso de leche pequeño
30 g de mantequilla
2 yemas crudas
200 g de harina
100 g de maicena

Se asan las patatas; una vez asadas, se vacían con una cuchara y se pasa la pulpa por el cedazo antes de que se enfríe; luego se echa en una cazuela aparte y se sazona de sal, nuez moscada y cayena; se le añade el vaso de leche pequeño, la mantequilla y las yemas de huevo crudas y se mezcla todo bien.

En una mesa se extienden la harina y la maicena; con esto se envuelve bien el puré, se hace un rollo, que luego se corta en porciones del tamaño de un costrón un poco grande y se aplanan con la mano hasta darles forma de una galleta de unos cuatro centímetros de grosor; se pasan por huevo batido y pan rallado y se fríen en un poco de aceite.

Se sirven acompañando a platos de huevos, pescado y también aves.

Nidos de patatas paja

Se pelan las patatas y se cortan largas y muy finas. Se meten dentro de un molde apropiado (unos moldes de alambre que se introducen uno dentro del otro, dejando las patatas en el medio) y se fríen en aceite abundante; cuando han tomado color, se desmoldean y ya quedan hecho el nido.

Cebollitas francesas braseadas

Ingredientes

1 kg de cebollitas francesas
Sal
50 g de mantequilla
1 copita de aceite
1 cucharada de azúcar molido

Se pelan bien las cebollitas y se blanquean poniéndolas a cocer en agua, con un poquito de sal, durante quince minutos; se les tira el agua y se ponen en una sartén o cazuela que tendremos con mantequilla y aceite; se doran durante unos cinco minutos y a continuación se espolvorean con un poco de azúcar molido; se siguen rehogando otros ocho o diez minutos.

Sirven para guarnecer asados de vaca, aves, ternera y pescados.

Mantequilla «Maître d'hotel»

Ingredientes

100 g de mantequilla
Un poquito de sal
Perejil picado muy fino
Un poquito de pimienta molida
Una pizca de mostaza
Jugo de limón

A la mantequilla se le agregan todos los ingredientes y se mezclan bien. Se hace un rollito largo, se envuelve en papel plata y se mete en el frigorífico.

Cuando se va a usar se corta una loncha un poco gruesa y se acompaña con una rodaja delgadita de limón.

Esta mantequilla es ideal para acompañar a pescados, tournedós y algunas aves.

Si se va a utilizar caliente, debe derretirse la mantequilla antes de añadir los otros ingredientes; además se le agregan dos cucharadas de la salsa de asado al cual va a acompañar.

Subís de cebolla

Ingredientes

2 kg de cebolla
50 g de mantequilla
Sal
2 cucharadas de manteca de cerdo
1 vasito de aceite
2 dientes de ajo
1 hoja de laurel
1 hueso pequeño de jamón

Se pone en una cazuela el aceite, la mantequilla y la manteca de cerdo; cuando está todo fundido se echan las cebollas fileteadas finamente, los ajos, el laurel, la sal y el hueso de jamón. Se deja cocer todo lentamente hasta que la cebolla esté bien cocida. Se pasa todo por un tamiz o por un chino aprovechando bien el puré, que debe quedar bastante espeso.

Se recoge, a ser posible, en un recipiente de cristal y se guarda en sitio fresco.

Huevos

Huevos escalfados

Se pone agua abundante y un vaso de vinagre en un recipiente; cuando está hirviendo se echan los huevos (que han de ser muy frescos) sin cáscara, y se dejan cocer lentamente durante cuatro minutos.

Se sacan del agua con mucho cuidado de que no se rompan, y se ponen en un recipiente con agua fría y sal; se dejan unos minutos que se enfríen y se les corta una especie de colgantes que quedan de las claras; hecho esto, se pueden servir de varias formas.

Huevos Mollets

En una olla amplia pondremos bastante agua a cocer con dos cucharadas de sal gorda.

Colocamos doce huevos en una cesta de alambre que quepa dentro de la olla de agua; cuando ésta empieza a hervir se meten los huevos (que han de ser muy frescos) y se dejan cocer durante seis minutos y medio. Se saca la cesta del agua y se refrescan enseguida en agua fría, luego se pelan con cuidado para que no se rompan y se pasan a un cacharro con agua fría y un poquito de sal. Se guardan en un lugar fresco y cuando se necesitan, se ponen en agua caliente para que se templen; una vez templados, secan con un paño blanco.

Huevos pasados por agua

En un recipiente se pone agua a cocer, cuando rompe a hervir se meten los huevos y se dejan du-

rante tres minutos y medio; para servirlos, se envuelven en un paño o servilleta y se mandan calientes a la mesa.

Tortilla de trufas y foie-gras

Ingredientes para 2 personas

5 huevos
100 g de trufas
50 g de foie-gras
Pan de molde
Un poco de puré de patata
Un poquito de salsa Bearnesa (véase receta)
Un poco de Concassé de tomate

Con los huevos bien batidos se hace una tortilla francesa. Al envolverla se le pone en el medio las trufas y el foie-gras; una vez hecha se coloca sobre una rebanada de pan de molde del tamaño de la tortilla y ligeramente frito.

Colocada en el plato, se bordea con puré de patata, y entre el puré y la tortilla se ponen montoncitos de salsa Bearnesa y de Concassé de tomate, alternativamente.

Estas tortillas también pueden hacerse con: mariscos, jamón, verduras, riñones, sesos, etc.

Tortilla Holandesa

Ingredientes para 2 personas

5 huevos
1 patata mediana asada
Un poco de foie-gras
Salsa holandesa
Sal

La patata asada se hace puré y, en el medio de éste, se mete una loncha de foie-gras. Se echan los huevos batidos en una sartén, para hacer una tortilla francesa; a medio envolver se le pone dentro el puré con el foie-gras, se remata la tortilla y se sirve acompañada de salsa Holandesa.

Huevos a la flamenca

Ingredientes por persona

2 huevos
Guisantes
Pimientos
1 raja de chorizo
1 de jamón
Espárragos
Riñones al Jerez
4 trozos gruesos de patata frita (tipo picatostes)

Se unta con mantequilla un plato de horno individual; sobre él se cascan los huevos y se guarnecen con montoncitos de cada uno de los ingredientes, excepto las patatas y se meten al horno hasta que están los huevos cuajados.

Se saca del horno y se colocan las patatas ya fritas encima, en forma de cuadro.

Huevos Mollets a la financiera

Ingredientes para 4 personas

8 huevos
1/2 l de bechamel (véase receta)
75 g de mantequilla
150 g de hígado
150 g de riñones
150 g de pan frito
1 cebolla
Sal gruesa

Se ponen a cocer los huevos en agua con sal durante seis minutos y luego se pelan. Se hace una financiera con el hígado, los riñones, la cebolla y el pan frito. Se fondea un plato de horno con la mantequilla y encima se coloca la financiera, y sobre ella los huevos; se salsean con la bechamel bien caliente.

Huevos moldeados Embajadora

Ingredientes para 4 personas

8 huevos
1/2 l de bechamel
1/2 l de salsa de tomate
300 g de arroz
Un poquito de mantequilla
Sal
Azafrán

Se baten los huevos como para hacer una tortilla; tendremos unos moldes de flanes o cocotas untados con mantequilla que rellenaremos con el huevo. Éstos se cuecen al baño maría, como si fueran flanes, y una vez cuajados se desmoldean sobre una fuente alargada.

El arroz se cuece y se condimenta con azafrán; cuando está hecho, se le da forma en los mismos moldes.

Para servir se colocan alternativamente el huevo y el arroz. Los huevos se salsean con bechamel y el de arroz con salsa de tomate. Se sirven bien calientes.

Huevos al nido

Ingredientes para 4 personas

16 huevos de codorniz

4 nidos de patatas paja (véase receta)

100 g de champiñones

100 g de jamón de York

1 cebolla mediana

4 cucharadas de salsa Demiglás

1/2 l de salsa Bechamel

1 yema de huevo cocido

Sal

Se cuecen los huevos durante seis minutos en agua con sal, se pelan y se dejan en un recipiente con agua hasta que vayan a usarse. Se tienen hechos unos nidos de patatas paja y se fondean con una juliana hecha de: jamón de York, champiñones y un poquito de subís de cebolla, todo esto mezclado con la salsa Demiglás; sobre esto se colocan los huevos; cuatro dentro de cada nido.

La bechamel se colorea con la yema de huevo deshecha; luego con ella se cubren bien los huevos, aunque con poca cantidad para que queden bien definidos.

En una fuente con blonda se colocan los nidos; el resto de la salsa Bechamel se sirve aparte.

Huevos montados cisnes

Ingredientes para 6 personas

12 huevos

100 g de lengua escarlata

100 g de trufas

100 g de jamón serrano

100 g de cebolla picada

Un poco de perejil picado

300 g de salsa Demiglás

300 g de salsa Bearnesa (véase receta)

12 moldes de petit choux con tapa (hechos en pastelería), de unos 8 centímetros de largo, de forma oval

6 cuellos imitando los del cisne también hechos de pasta petit choux

Sal

Se cuecen los doce huevos en agua con un puñado de sal gorda durante seis minutos y medio, se pelan con cuidado que no se rompan y se ponen en un recipiente con agua fría y un poquito de sal.

Tendremos hecha una financiera con: la lengua escarlata, las trufas, el jamón, la cebolla y el perejil, todo picado muy fino y mezclado con dos cucharadas de salsa Demiglás; se echa un poquito en cada molde (que habremos encargado en la pastelería) y encima se pone el huevo.

Una vez colocados, los huevos se salsean con salsa Bearnesa, sin manchar el molde; a continuación se coloca un cuello de petit choux (petisús) entre cada dos moldes y se sirven lo más calientes posible.

Este plato fue premiado en el Club «Puerta de Hierro» de Madrid.

Huevos pochés Archiduque

Ingredientes para 6 personas

12 huevos

12 tartaletas de hojaldre en forma de huevo

400 g de hígado de pollo

Unas crestas de pollo

Trufas

30 g de mantequilla

Un poco de coñac

1 vaso de vinagre

Para la salsa Húngara:

Suprema de ave

Alcaparras picadas

Un poquito de paprika

1 cucharada pequeñita de curry

Se escalfan los huevos (véase receta). Con mantequilla y un poquito de aceite se saltean: el hígado, las crestas (que tendremos cocidas, peladas y cortadas en trocitos) y las trufas; luego se quema con un poco de coñac.

Se pone cada huevo en la tartaleta, se colocan alrededor de una fuente en cuyo centro, en pirámide, ponemos la guarnición salteada.

Se salsean los huevos y la guarnición con la salsa húngara.

Huevos escalfados en plato de metal a la Turca

Ingredientes para 4 personas

8 huevos

200 g de hígado de ternera o cordero lechal

1 cebolla de tamaño mediano

200 g de champiñones

1/2 l de bechamel

75 g de mantequilla

50 g de queso rallado

1 vaso de vinagre

Se escalfan los huevos según receta; en la mantequilla derretida se saltea el hígado bien picadito y se le agrega una subís de cebolla y los champiñones también picados.

Se untan con mantequilla cuatro platos, en cuyo fondo se pone el salteado; encima se colocan los huevos (dos en cada plato), se cubren con salsa Bechamel y sobre ella se espolvorea un po-

quito de queso rallado y se pone un montoncito de mantequilla; se gratinan ligeramente al horno a fuego fuerte y se sirven.

Huevos Mollets Mousseline Suflé

Ingredientes para 6 personas

6 huevos

6 crepes grandes (véase receta)

Pasta suflé (véase receta)

50 g de mantequilla

Ñoquis (véase receta)

1/2 l de bechamel

30 g de queso rallado

Los huevos se cuecen en agua con sal durante seis minutos. Sobre cada crepe se pone una capa de suflé, luego el huevo y por encima más suflé; se hace un paquete con cada crepe, en forma cuadrada. En una fuente de metal, untada con mantequilla, se van colocando los paquetes de crepes con la parte lisa hacia arriba. Se meten al horno hasta que esponjen los paquetes, en lo que tardarán unos doce o quince minutos.

Como guarnición se pueden servir unos ñoquis del tamaño de avellanas, los cuales se cubren con bechamel y queso rallado, y se gratinan. Si no se tienen ñoquis también constituyen una buena guarnición los tallarines, pero para estos últimos la bechamel ha de ser un poco más ligera.

Huevos Guillatinées

Ingredientes para 6 personas

6 huevos

6 volovanes pequeños (hechos en pastelería)

50 g de mantequilla

| 125 g de hígado de tenera cocido |
| 125 g de lengua escarlata |
| 6 lonchas de jamón de York |
| 1/4 l salsa Bearnesa (véase receta) |

Los huevos se escalfan según receta. En la mantequilla se saltea un picadillo de lengua escarlata e hígado de ternera cocido; con ello se fondean los volovanes, en los cuales se ponen los huevos.

Éstos se cubren con la salsa Bearnesa, y encima de cada uno se coloca una loncha de jamón abrillantada (con un poquito de aceite). Se sirven acompañado con salsa Bearnesa en recipiente aparte.

Huevos fritos a la Americana

Ingredientes para 4 personas

| 8 huevos |
| 40 g de mantequilla |
| 200 g de jamón de York |
| 1 cebolla grande |
| Unas lonchas de panceta |
| Un poco de curry |
| Tomates y pimientos (unos 200 g en total) |
| Aceite |

Se fríen los huevos. Se hace una buena subís de cebolla y se pone a rehogar con mantequilla, unos cuadritos de jamón de York y una juliana fina de pimientos y tomate; todo esto se aromatiza con curry y se coloca en un plato de metal; encima se ponen los huevos fritos, que se cubren con unas lonchas de panceta. Se sirven bien calientes.

Huevos pochés Condal

Ingredientes para 6 personas

| 6 huevos |
| 6 tomates de buen tamaño y consistentes |
| 1/2 l de salsa de tomate espesa |
| 300 g de arroz |
| 150 g de judías pintas |
| Sal |

Se cuecen los huevos durante seis minutos, con un puñado de sal en el agua. Se pelan los tomates, se les retiran las pepitas y se ponen al horno a fondear durante cuatro minutos; luego con cuidado, en el centro del tomate se introduce el huevo, y se salsean con la salsa de tomate.

Se cuecen las judías pintas y el arroz y se mezclan bien; esta mezcla, convenientemente moldeada, se coloca en medio de la fuente y alrededor se ponen los huevos. Se sirven bien calientes.

Tartaletas de huevos Marquesina

Ingredientes para 4 personas

| 5 huevos |
| 300 g de gambas grandes |
| 200 g de jamón serrano |
| 8 lonchas de jamón serrano estrechitas |
| 30 g de mantequilla |
| 1 cebolla mediana |
| 1 cucharada de nata cruda |
| 8 tartaletas alargadas de medio hojaldre |
| (de pastelería) |

En una cacerola se fondea con mantequilla un picadillo de jamón serrano, la subís de cebolla, las gambas crudas picadas, los huevos batidos y la nata, se rehoga todo bien hasta que estén los huevos cuajados. Con esto se rellenan las tartaletas, de forma que el relleno sobresalga en forma de pirámide; por encima se cruzan las lonchas de jamón serrano (abrillantadas con aceite templado), procurando que sea vea el picadillo por ambos lados. Se sirven muy calientes.

Huevos Aranjuez

Ingredientes para 4 personas

8 huevos
1/2 l de bechamel
300 g de espárragos
Un poquito de Concassé de tomate
75 g de mantequilla

Se tienen cuatro platos de horno bien untados con mantequilla; se hace una crema de espárragos no muy espesa con la bechamel y los espárragos picados; ésta se echa en los platos y sobre ella los huevos estrellados. Se pone todo en el horno hasta que queden los huevos cuajados.

Al sacarlos del horno se pone en el centro de cada uno un montoncito pequeño de Concassé de tomate, y se sirven.

Huevos a «Peles Mestres»

Ingredientes para 4 personas

8 huevos
50 g de mantequilla
200 g de setas
300 g de jamón de York
8 setas grandes en conserva
4 riñones de cordero
Aceite

En un recipiente con un poquito de mantequilla, se revuelven los huevos con las setas y el jamón todo picado muy fino. Las setas grandes en conserva se saltean aparte con un poquito de aceite y un poco de ajo picado; al final se les añaden unas gotitas de vinagre. En el centro de cada seta grande se coloca el revuelto que tenemos preparado y luego, encima de cada montoncito, se coloca medio riñón de cordero que habremos hecho a la parrilla. Se sirven.

Huevos a la Bearnesa

Ingredientes para 4 personas

8 huevos
4 fondos de alcachofas
1 flan de espinacas
150 g de trufas
1/4 l de salsa Bearnesa
Bechamel

Se escalfan cuatro huevos durante cuatro minutos en agua con un vasito de vinagre.

En la fuente de servirlos se ponen las alcachofas, previamente estofadas; dentro de cada alcachofa se echa una cucharada de bechamel y encima se coloca el huevo. Se salsean bien con salsa bearnesa y se salpican con una lluvia de trufas.

En el centro de la fuente se coloca un flan de espinacas que se hace como sigue: a una crema de espinacas con bechamel se le agregan cuatro huevos crudos batidos y un poquito de pimienta negra molida; se cuecen en molde como los flanes.

Huevos a la Bizantina

Ingredientes para 4 personas

7 huevos
400 g de pasta de croquetas de huevo cocido (3 huevos) espesa
200 g de jamón de York
1/4 l de salsa Bearnesa (véase receta)
Aceitunas rellenas

Se escalfan cuatro huevos y se coloca cada uno sobre una tortillita de pasta de croquetas, que habremos hecho con tres huevos cocidos, empanada y frita. Se colocan los huevos en una fuente formando círculo, en el centro unas croquetas de huevo y alrededor unas aceitunas rellenas y una juliana de jamón de York. Los huevos se salsean con salsa Bearnesa.

Tortilla de marineros

Ingredientes para 4 personas

8 huevos
200 g de anchoas en puré
300 g de gambas cocidas
100 g de salmón ahumado en lonchitas
200 g de Concassé de tomate
Unos dientes de ajo
Perejil picado
Pimienta
2 cucharadas de nata cruda
Un poquito de mantequilla
Aceite

Se frota el fondo de una cazuela con unos dientes de ajo cortados; en ella se echa el puré de anchoas saladas y gambas (se hace pasándolas con un pasapuré); se añade dos cucharadas de nata cruda, los huevos batidos, el perejil picado y un poquito de pimienta; una vez hecha la tortilla (con un poco de aceite), se pasa a un plato ovalado untado con un poquito de mantequilla; se corona la tortilla con unas láminas de salmón ahumado abrillantadas con aceite templado y alrededor se pone un cordón de concassé de tomate.

Huevos a la Archiduquesa

Ingredientes para 4 personas

8 huevos
200 g de jamón de York
200 g de champiñones
350 g de patatas duquesa (véase receta)
Un poco de puré de cebolla sazonado con paprika
1/4 l de salsa Holandesa (véase receta)
1/2 kg de espárragos verdes o trigueros
4 cucharadas de nata cruda

Se escalfan los huevos. Las patatas duquesa se fríen y se ahuecan un poco; la cavidad formada se rellena con puré de cebolla sazonado con paprika. Sobre cada costradita así preparada se coloca un huevo y se salsea con salsa Holandesa.

Se hará un revuelto de jamón cocido y champiñones, cortado todo en tiritas delgadas, con la nata cruda con una pizca de paprika; todo esto se coloca en el centro de la fuente y alrededor se ponen los huevos.

Se sirven aparte puntas de espárragos.

Huevos Haleby

Ingredientes para 4 personas

8 huevos
300 g de pasta de croquetas con huevo cocido

200 g de jamón de York

200 g de foie-gras

400 g de arroz blanco

1/4 l de salsa atomatada

Un poco de curry

Se preparan los huevos a la poal: en una sartén, con poco aceite se echan los huevos, se meten al horno hasta que se cuaje la clara; luego se corta la clara dejando sólo un aro alrededor de la yema. Tendremos un arroz blanco cocido con un poquito de curry; con él formamos un zócalo redondo moldeado con un aro; sobre este zócalo se colocan los huevos en forma de pirámide. El huevo se cubre con la salsa atomatada y alrededor se ponen unas croquetas pequeñitas (que tendremos hechas con anterioridad). Por encima del huevo se echa una lluvia de foie-gras picado y unos cuadritos de jamón. Se sirve todo bien caliente.

Huevos «Gran Hotel»

Ingredientes para 4 personas

8 huevos

8 costrones (especie de rebanadas) de patatas duquesa (ver receta)

8 discos de jamón de York del tamaño del costrón

1/4 l de salsa Holandesa (véase receta)

Un poco de foie-gras

Se escalfan los huevos. Sobre los costrones de patatas duquesa, hechos en forma de croqueta redonda y grande, se ponen los discos de jamón de York y sobre éstos los huevos.

Se cubren con salsa Holandesa bien caliente y se guarnecen con unos trozos pequeños de pan con foie-gras encima.

Se sirve aparte el resto de la salsa Holandesa.

Huevos escalfados a la Tirolesa

Ingredientes para 4 personas

8 huevos

8 tartaletas de medio hojaldre (de pastelería)

1/4 l de salsa Alemana (véase receta)

1/4 l de salsa de tomate

400 g de arroz

150 g de espinacas

Se escalfan los huevos y se colocan sobre las tartaletas.

Se mezclan la salsa suprema y la salsa de tomate, y se pasa la mezcla por una estameña procurando que quede bien ligada.

El arroz se cuece y se mezcla con las espinacas naturales; en el centro de la fuente se pone esto y alrededor se colocan las tartaletas con los huevos, que se salsean con la mezcla de las salsas.

Huevos Villeroy

Ingredientes para 4 personas

9 huevos

1/2 l de salsa Villeroy espesa (véase receta)

Aceite

Sal

Harina

Pan rallado

1/4 l de salsa de tomate

1 cebolla de tamaño mediano

Se escalfan ocho huevos durante cuatro minutos, se limpian bien y se escurren después de refrescados; luego se sazonan con un poquito de sal.

Tendremos la salsa Villeroy espesa y caliente, se bañan bien los huevos con ella y se ponen a

enfriar en una placa untada con un poquito de aceite; cuando están fríos se pasan por harina, huevo y pan rallado; una vez empanados se fríen como si fuesen croquetas.

Se prepara un bouquet garni de cebolla cortada en aros, con un poquito de sal, pasada por harina y frita en aceite abundante hasta que se dore. Este bouquet se pone en el centro de la fuente, los huevos alrededor y se sirven todo muy caliente. Aparte se pone la salsa de tomate.

Huevos fritos «Tascón»

Ingredientes para 6 personas

6 huevos
200 g de espinacas cocidas y escurridas
200 g de champiñones
200 g de jamón de York
150 g de garbanzos cocidos
1 cebolla pequeña
Un poquito de mantequilla
Aceite
6 lonchas de panceta
Sal

Se tendrán las espinacas cocidas y escurridas; los champiñones y los garbanzos cocidos y escurridos y una subís de cebolla hecha; todo este preparado se saltea un poco en una sartén con un poquito de mantequilla y aceite y se le añade el jamón cortado en dados; se coloca como fondo en una fuente y sobre ello se colocan los huevos fritos abuñuelados (hechos en aceite abundante y bastante caliente), que se cubren con lonchas de panceta muy finas y fritas.

Se sirve bien caliente.

Huevos Navacerrada

Ingredientes para 6 personas

12 huevos
150 g de jamón de York
150 g de foie-gras
Unos costrones de pan frito del tamaño del huevo
750 g de ensaladilla rusa
150 g de gelatina (véase receta)
Mayonesa
Sal gorda

Se cuecen los huevos durante diez minutos con sal gorda, se pelan y se cortan por la mitad; se les saca la yema y se pasa por un tamiz; se pica el jamón muy fino y se mezcla con la yema y el foie-gras; con esto se rellenan los huevos; éstos se colocan sobre un costrón de pan frito (uno para cada trozo de huevo) y se cubren con mayonesa ligera.

En el medio de la fuente se coloca una pirámide de ensaladilla rusa decorada con gelatina.

Tortilla guisada Órbigo

Ingredientes para 6 personas

350 g de patata
12 huevos
150 g de cebolla
200 g de jamón serrano
25 g de chorizo
10 g de mantequilla fresca
1 l de salsa de tomate un poco picante
2 docenas de cangrejos de río
Aceite
Sal

En una sartén con un poquito de mantequilla y aceite se hace la tortilla a la española con los ingredientes que se señalan, excepto la salsa y los cangrejos; una vez hecha, la pondremos en una cazuela amplia (a poder ser de barro de Pereruela), se cubre bien con la salsa de tomate, se tapa y se pone a cocer durante diez minutos. Se cuecen los cangrejos y se reparten por la cazuela dejándoles dar un hervor.

Salsas

Ligazón o trabazón

Estos nombres designan a un compuesto de naturaleza variable, que se agrega a diferentes platos (salsas, farsas, guisos) para espesarla y darles homogeneidad y consistencia.

Las *salsas* pueden trabarse en frío o en caliente. En el primer caso está la mayonesa, cuya trabazón se hace con yemas crudas bien mezcladas. Las salsas calientes se traban con yemas mezcladas con leche o nata hirviendo; después se pasan por una estameña y ya pueden emplearse.

Para ligar *caldos o sopas* debe mezclarse una taza pequeña de harina, dos yemas de huevo crudas y un decilitro de nata o leche por cada litro de leche. Esta mezcla, que ya no debe hervir, se cuela a una sopera y cuando va a servirse se remueve con un batidor.

Las *farsas,* tanto de carne como de pescado, se ligan para darles solidez; para ello se emplean huevos (enteros, claras o yemas) crudos, que deben cocer con la farsa.

Los *guisos y menestras de verduras* se traban con una amalgama de mantequilla y harina, a partes iguales, que se echa al guiso cuando éste está hirviendo. Si el guiso es de pescado es preciso retirar los trozos de éste y espesar sólo el caldo, agregando la mezcla de mantequilla y harina y dejándola hervir; luego este caldo se cuela sobre los trozos de pescado.

Los *jugos* deben espesarse sin que pierdan su transparencia; para ello se usan las féculas de patata, maicena o maíz, mezclando una cucharada de fécula con cuatro o cinco cucharadas de vino blanco o agua fría; esta mezcla se va agregando poco a poco en el jugo hirviendo sin dejar de remover con el batidor.

Todas las salsas se derivan de dos fondos principales: el blanco y el dorado.

El fondo blanco es la base de las salsas ligadas y de salsas blancas ligadas al huevo y terminadas a la nata. El fondo dorado (o salsa española) es el fundamento de numerosas salsas como la demiglás, madera, etc. En la actualidad se usa habitualmente el fondo de ternera ligado, que se señala como un importante avance de la cocina moderna.

Las salsas, una vez terminadas, deben ponerse al baño maría y colocarles encima unas bolitas de mantequilla hasta que vayan a usarse para que no formen costra.

Salsa española

Esta salsa rara vez se utiliza como tal, ya que su principal función es servir de base para la realización de otras salsas.

El uso de jugos trabados ha restringido en la actualidad el de la salsa española ya que su preparación es muy lenta.

Se hace un caldo poniendo a hervir en cinco litros de agua fría dos kilogramos de huesos de ternera tostados al horno, junto con una cebolla grande fileteada, cuatro cucharadas de harina, una hoja de laurel, dos ajos y doscientos gramos de mantequilla; cuando hierve el agua, se espuma con frecuencia y se le añaden una zanahoria, dos tomates pequeños, puerros, una ramita de apio, unos clavos, unos granos de pimienta, romero, tomillo, media botella de Jerez y un poquito de sal.

Cuando ha cocido, despacio pero sin interrupción, durante tres o cuatro horas y se ha reducido a la mitad, se cuela a través de una estameña y se deja reposar.

Al día siguiente se retira la corteza de grasa que se habrá formado sobre el caldo y se pone de nuevo a cocer; en cuanto da un hervor se pone a enfriar.

Aparte, en una sartén, se ponen cien gramos de manteca de vaca o de cerdo; cuando está derretida se le agregan al mismo tiempo cien gramos de zanahorias, cien gramos de jamón y dos cebollas picadas, una ramita de apio, una hoja de laurel, un poquito de tomillo y romero. A esto se le añaden cien gramos de harina y con una espátula de madera se mezcla bien, hasta que toma un color dorado; se retira del fuego y se sigue moviendo a intervalos.

Cuando se ha enfriado se mezcla con el jugo, también frío. Se pone todo a calentar y se remueve bien; se deja hervir despacio, espumándolo cuidadosamente y se añaden dos tomates maduros en trozos.

Cuando ha hervido durante dos horas se rectifica de sal y se pasa por un colador; se remueve hasta que enfría.

Esta salsa dura hasta ocho días en el frigorífico, pero debe cocerse cada dos días durante diez minutos, agregándole un vaso de caldo.

Jugo natural

Se hace con el fondo resultante de asar carnes, aves o pescados. Se escurre el aceite del asador para un recipiente; luego se echan dos vasos de agua sobre los restos pegados y se le deja dar un hervor; esto se cuela bien y si se quiere se disuelve una cucharada de maicena en agua o vino y se añade a la salsa.

Salsa Bechamel Financiera
Ingredientes para 4 personas

1/2 l de leche
40 g de mantequilla
50 g de harina
Nuez moscada
Una pizca de pimienta blanca molida
Sal

En una cacerola se pone a fuego lento la mantequilla; cuando está derretida se añade la harina y se mezclan las dos cosas formando una masa que se dejará rehogar un minuto sin que llegue a quemarse; se retira del fuego y se deja entibiar.

En otra cacerola se pone a cocer leche y cuando hierve se retira; aún caliente, se va mezclando poco a poco con la harina y la mantequilla hasta que cuece y alcanza el espesor deseado; se añade la sal y las especias, se deja cocer unos minutos, removiendo constantemente, y ya puede emplearse.

La leche que se use para cualquier salsa debe hervir antes de ser utilizada por si no estuviera en buenas condiciones.

En todos los casos que hayamos de mezclar un líquido (bien sea leche o caldo) con un rehogo de mantequilla y harina, éste tiene que estar casi frío y el líquido muy caliente, pues así obtendremos una salsa lisa, mientras que mezclando calientes o frías las dos cosas, resulta una pasta granulada.

Esta salsa se emplea como elemento de trabazón para ciertos preparados: croquetas, relleno de pastelillos, canelones, etc., y como salsa propiamente dicha. Sirve como acompañamiento adecuado para carnes, pescados, legumbres, huevos y pastas como macarrones o tallarines. Por su composición, a base de leche, es recomendable para estómagos débiles o delicados.

Salsa de tomate

Ingredientes

2 kg de tomates
1 cebolla pequeña
100 g de zanahoria
100 g de panceta o jamón
1 ajo
1/2 hoja de laurel
Sal

1 vaso pequeño de aceite
1 cucharada de pimentón
1 cucharada de harina
Un poquito de azúcar

En una cazuela se pone aceite y en ella se echa la cebolla picada, las zanahorias, el jamón o panceta y media hoja de laurel, hasta que esté todo bien frito; luego se echa una cucharada de harina, se rehoga un poco más y se agrega una cucharada de pimentón y una pequeñita de azúcar.

En todo el rehogado se echan a cocer los tomates pelados y picados y un poquito de sal; puede echarse, si se desea, un pequeño hueso de jamón o una corteza de tocino. Se deja cocer todo durante una hora o más; durante la cocción se añade un vaso de agua.

Puede servirse así o pasado por la batidora o un pasapuré muy fino.

Concassé de tomate

Ingredientes

4 kg de buenos tomates
1 vaso de aceite
100 g de mantequilla de vaca
1 cebolla mediana
3 dientes de ajo
Unos cuadritos de tocino de panceta
1/2 hoja de laurel
Pimienta negra
Tomillo
1 cucharada de pimentón
3 cucharadas de azúcar
1 vaso de vino blanco

En una cazuela se pone el aceite y se añade la mantequilla, la cebolla, ajos, los cuadritos de tocinos, media hoja de laurel, un poquito de pimienta, romero, tomillo (una pequeña cantidad de cada especia), una cucharada de pimentón y el azúcar, y se deja rehogar bien; a continuación se echan los tomates pelados, sin pepitas y cortados en trocitos; se moja con un vaso de vino blanco (o un cacillo de caldo), se echa un poquito de sal y se deja cocer todo lentamente durante hora y media.

Se retira del fuego y cuando esté frío se pone en un recipiente inoxidable o de cristal y se guarda en el frigorífico. Conviene tener preparada una buena cantidad de esta salsa, pues suele usarse como base de otras y de numerosos platos.

Gelatina o áspic

Ingredientes

Colas de pescado
Consomé

Se utiliza para dar brillo a todos los platos fríos; también se usa para canapés y a veces en pastelería.

Para hacerla hay unas planchas transparentes que se llaman «cola de pescado». Necesitamos seis de estas planchas para la cantidad que vamos a hacer.

Tendremos dos litros de consomé rebajado con un vaso de agua; se pone a cocer y cuando está hirviendo se echan estas planchas que habrán estado a remojo dos o tres horas, una a una, batiendo con la varilla despacio para que se vayan disolviendo; se cuecen durante diez minutos y se espuma si es necesario; se pasa por un paño fino a un recipiente, se deja enfriar del todo y se mete en el frigorífico, donde ha de estar, al menos, un día antes de su utilización.

Cuando se va a usar se saca la cantidad que se desee y se calienta hasta que se deshaga. Hay que tener en cuenta que se enfría pronto; por lo tanto, antes de que vuelva a solidificarse, con un pin-

cel muy limpio se abrillantan las piezas deseadas y se meten frigorífico para que la gelatina cuaje del todo.

Salsa Bearnesa

Ingredientes para 6 personas

3 yemas de huevo crudas
150 g de mantequilla
Unos gramos de pimienta
1 chalote
8 hojas de estragón
4 cucharaditas de vinagre
4 cucharadas de salsa bechamel
Sal

En una cacerolita pequeña se pone el chalote picado, los granos de pimienta partidos, las hojas de estragón y el vinagre.

Se pone a fuego lento y se deja hervir hasta que esté completamente evaporado el líquido, pero sin que llegue a quemarse la reducción; se aparta del fuego y se deja enfriar. Luego se ponen en la misma cazuela las yemas de huevo crudas y la mantequilla y poco a poco se trabaja con la varilla o batidor sin parar hasta que quede espesa como la mayonesa; esto se hace al baño maría, preferentemente, aunque también puede hacerse a fuego lento. Cuando está espesada, se cuela por un cedazo muy fino o una estameña, se recoge de nuevo en la cacerolita y se espesa un poco más para emplearla.

Esta salsa, cuando se enfría, queda dura y para usarla hay que tenerla un rato antes al baño maría. Se corta con mucha facilidad, y para evitar este contratiempo, se pueden añadir, al mismo tiempo que las yemas y la mantequilla, cuatro cucharadas de salsa bechamel, teniendo en cuenta que está estropeada la pureza de la salsa.

Salsa Bordalesa

Ingredientes para 6 personas

1/4 l de vino tinto de Burdeos o Rioja
1 escalonia o 1 cebollita
50 g de mantequilla
1 cucharadita de maicena
Sal
1 vaso de salsa Española
150 g de carne de vaca asada

En una cacerola se pone el vino al fuego, junto con una cucharadita de escalonia picada muy fina; cuando está reducido a la mitad, se aumenta con la salsa Española, de forma que haya la misma cantidad de ésta que de vino, se deja cocer unos minutos y se echa la mantequilla; si está muy ligera se le añade una cucharadita de maicena (previamente disuelta en agua) y se deja dar un último hervor; a continuación se pasa por la estameña.

Aparte, en agua con sal, se cuece, durante quince minutos, la carne de vaca, que tendremos asada de antemano. Se saca y se escurre; luego se corta en trocitos o lonchas, se mezcla en la salsa y ya está dispuesta para servirla.

Esta salsa es adecuada para acompañar a un buen entrecot de cebón.

Salsa Cardinal

Ingredientes para 6 personas

1/2 l de salsa Bechamel (véase receta)
3 cucharadas de salsa Demiglás (véase receta)
1 copa de manzanilla olorosa
150 g de coral de langosta o de cangrejos
Jugo de trufas
Un poquito de caldo de pescado
Sal

La salsa Bechamel espesa se pone a punto con jugo de trufas y caldo de pescado (si es necesario aclararla un poco). Se colorea con el coral de la langosta pasado por un tamiz o un colador (en caso de no disponer del coral se colorea con una gota de rojo vegetal) y se aromatiza con un poquito de manzanilla olorosa.

Cuando la salsa está roja y fluida, se prueba y si está bien sazonada se sirve.

Esta salsa es deliciosa para acompañar a pescados finos.

Salsa Cazadora

Ingredientes para 4 personas

200 g de champiñones
1 vaso pequeño de salsa Española
1/3 del mismo vaso de salsa de tomate
50 g de cebolla
1 copa de coñac
3 cucharadas de mantequilla
Sal

Pondremos un recipiente sobre el fuego con la mantequilla y la cebolla picada muy fina; cuando empieza a secarse la cebolla, se añaden los champiñones crudos que tendremos bien lavados y cortados en rodajitas delgadas; en el momento en que se ha consumido el agua que habían soltado ellos mismos, se moja el conjunto con la copa de coñac, a la cual se le prende fuego dentro de la misma cazuela; cuando se ha apagado, se moja con salsa Española y salsa de tomate (en proporción, tres partes de española y una de tomate). Se pone a hervir unos diez minutos y ya está dispuesta para servir. Es una salsa muy adecuada para acompañar a aves y caza.

Salsa Diplomática

Ingredientes para 4 personas

1/4 l de salsa Bechamel (véase receta)

2 cucharadas de nata cruda

1 copita de Jerez

4 cucharadas de langosta o bogavante picado en trocitos pequeños

Esta salsa es igual que la salsa Cardinal, pero para servirla se mezclan bien la langosta o bogabante picadito, la bechamel y la nata cruda aromatizada con el Jerez.

Salsa blanca o Velouté

Ingredientes

200 g de harina

200 g de mantequilla

3 l de caldo blanco (de ternera, cerdo, etc.)

Esta salsa es la base de las salsas «Alemana» y «Suprema», por ello la cantidad de los ingredientes es sólo orientativa.

Se pone en un recipiente la mantequilla a fundir, se echa la harina y se deja que se refría batiéndola con la varilla, y se moja con el caldo blanco. Se deja cocer lentamente durante una hora, se pasa por la estameña y se echa en una cazuela de barro.

Salsa Alemana

Ingredientes

1 l de fondo blanco o Velouté (véase receta)

2 dl de esencia de champiñones

3 dl de nata fresca y espesa

100 g de mantequilla

3 cucharadas de maicena

En un recipiente se pone al fuego el fondo blanco con la esencia de champiñones, y se deja reducir hasta que quede la tercera parte de la cantidad, removiendo constantemente con una espátula de hierro; se agrega la nata fresca y espesa y se reduce de nuevo hasta que la salsa cubra la espátula, se pasa por la estameña y en seguida se incorporan la mantequilla y la maicena (disuelta previamente en un vasito de agua fría), para que espese un poquito más.

Esta salsa sirve de base para hacer otras salsas; además es adecuada para cubrir los pollos después de asados, fríos y sin piel, y también para carnes en caliente.

La salsa Alemana, si es ligera se llama salsa «Suprema». La salsa «Suprema» mezclada con un poco de tomate se denomina salsa «Aurora».

Salsa Banquera

Ingredientes

3 l de fondo blanco de ave o Velouté

2 dl de fondo de tenera oscuro

1 1/2 dl de vino de Madeira

100 g de mantequilla

En un recipiente se ponen el fondo blanco de ave y el fondo de ternera oscuro. Se dejan reducir un tercio a pleno fuego, y se incorporan poco a poco la nata fresca, el vino Madeira y la mantequilla; se cuela por la estameña. Si queda demasiado ligera se le echan tres cucharadas de maicena, disueltas previamente en un vaso de agua fría.

Salsa Chaud-Froid

Ingredientes para 4 personas

1/2 l de cualquier salsa de carnes
2 dl de fumet (caldo) de caza muy concentrado
125 g de mantequilla
1 cucharada de harina
1 copa de manzanilla olorosa
2 cucharadas de salsa Española (véase receta)

Se pone la salsa ordinaria en un recipiente al fuego; a mitad de reducción se le incorpora el fumet de caza, muy concentrado, que habremos obtenido de los restos de la caza.

En una cazuela aparte pondremos a rehogar la mantequilla con una cucharada de harina; luego se moja con el fumet reducido y se aromatiza con la manzanilla olorosa. A esto se le agregan dos cucharadas de salsa Española o un jugo de carnes de caza.

Esta salsa es específica para platos de caza.

Salsa Chambertin

Ingredientes para 4 personas

1 pato de buen tamaño, pero tierno
Vino Chambertin
50 g de mantequilla
1 cucharada de maicena
2 cucharadas de nata cruda
2 cucharadas de salsa de tomate

El fondo para esta salsa es el jugo obtenido de la cocción del pato braseado al vino Chambertin; una vez reducido más de la mitad, se desgrasa mucho y se liga con la maicena (disuelta en un vasito de agua fría) y la mantequilla; si resulta espesa se moja con un poquito de agua y se pasa por un colador.

En el momento de servirla se le añaden la nata cruda y la salsa de tomate.

Esta salsa sólo puede acompañar platos cuya base sea la carne de pato.

Salsa fría o roja

Ingredientes para 6 personas

4 dl de salsa de tomate
3 planchas de gelatina

La gelatina se pone a remojo en agua fría durante dos horas, se saca y se mezcla con la salsa de tomate caliente, previamente reducida. La mezcla se pasa por una estameña, teniendo cuidado de que no llegue a cuajar. Esta salsa sirve para abrillantar diferentes platos, bien con una cucharadita pequeña o con un pincel.

Salsa Froide a la naranja

Ingredientes para 4 personas

8 cucharadas de Velouté
3 cucharadas de salsa Española
El jugo de 2 naranjas
La corteza de una naranja
Unas cucharadas de fumet hecho de los restos de la caza

La salsa Velouté se pone al fuego; en el proceso de reducción se le añaden unas cucharadas de fumet de caza y tres cucharadas de salsa Española; antes de pasarlo a la muselina se le agrega el jugo de dos naranjas y por fin se cuela la salsa. La corteza de la naranja se blanquea cociéndola durante veinte minutos, se tira el agua, se escurre bien, se corta muy finita y se añade a la salsa. Si ésta queda ligera se liga con un poco de maicena.

Esta salsa es especial para patos y en general para toda clase de caza de agua. Se sirve fría pero, si se desea, puede tomarse caliente.

Salsa de corzo

Ingredientes para 6 personas

100 g de mantequilla
Cebolla, repollo y jamón serrano
(300 g en conjunto)
Tomillo
Romero
1 diente de ajo
1 vaso mediano de vinagre
1/4 l de salsa Española
2 cucharadas de jalea de grosella
1 vaso mediano de Oporto
3 cucharadas de tomate

Se hace una paisana fina de repollo, cebolla, jamón, tomillo, romero y ajo. Se pone todo esto a brasear con la mantequilla, se moja con el vinagre, se reduce hasta que esté seco y se le agrega la salsa Española. Se deja cocer durante veinte minutos, se retira y luego se agregan el vaso de Oporto, la jalea de grosella y el tomate.

Es una salsa idónea para platos de corzos, venados y rebecos.

Salsa de pan frito

Ingredientes para 4 personas

50 g de miga de pan frito
1/4 l de consomé
50 g de mantequilla
150 g de jamón serrano
2 chalotes

Jugo de limón
Perejil
3 cucharadas de salsa de tomate

Se pone la mantequilla en un recipiente al fuego hasta que esté fundida, se le echa la miga de pan frito y a continuación el consome, dejándolo cocer diez minutos; luego se le añade el jamón cortado en dados pequeños y los chalotes picados, y al final se agrega el perejil picado, el jugo de limón y el tomate.

Es una salsa adecuada para pequeños pájaros asados.

Salsa de manzana

Ingredientes para 4 personas

3 manzanas reinetas grandes
1 vaso pequeño de vino blanco
Una pizca de canela
Un poquito de Cayena
25 g de mantequilla

Se cuecen las manzanas con el vino blanco, la canela y la Cayena y se le añade la mantequilla. Queda como una mermelada de manzana. Se sirve con cerdo asado, pato, oca, etc.

Salsa Menta

Ingredientes para 4 personas

4 cucharadas de salsa Española
50 g de mantequilla
1 copita de vinagre
Un poquito de azúcar
Menta
Pimienta
Sal

Se mezcla el vinagre, el azúcar, la pimienta, la sal y una cucharadita pequeña de menta picada muy fina, y se deja durante una hora más o menos.

Se pone la mantequilla en un recipiente al fuego; cuando está fundida se le añade la salsa Española y a continuación la mezcla que tenemos en reposo, y se deja cocer durante diez minutos.

Es una salsa especial para asados.

Salsa Raifort caliente

Ingredientes para 4 personas

1/4 l de salsa Normanda (véase receta)
3 cucharadas de salsa Demiglás (véase receta)
1 trocito de raifort
(es una raíz parecida a la batata, pero muy picante)

A la salsa Normanda se le añade la salsa Demiglás, dos cucharadas de raifort bien picada y rallada. Se deja la mezcla al baño maría y se pasa por un chino antes de servirla.

Si no disponemos de salsa Normanda se puede sustituir por salsa bechamel.

Salsa Raifort con mayonesa

Ingredientes para 4 personas

1/4 l de mayonesa
1 cucharada de raifort bien picada

En la mayonesa se echa una cucharada de raifort bien picada y después rallada, y se mezcla bien.

Salsa apropiada para pescados y carnes frías.

Salsa Ravigote

Ingredientes para 6 personas

1/2 l de salsa Velouté
2 dl de vino blanco
1 dl de vinagre
50 g de mantequilla
20 g de estragón o perifollo
Un poco de cebollino
2 cucharadas de maicena
4 cucharadas de salsa Española
2 escalonias

El vino y el vinagre se ponen al fuego; cuando se reducen a la mitad se añade la Velouté y se deja hervir; luego se incorporan la mantequilla, las escalonias y las hierbas picadas, así como la maicena (previamente disuelta en un poquito de agua fría) y la salsa Española.

Esta salsa se emplea para carnes frías y calientes, y platos fríos de aves, gansos y ocas.

Salsa Cumberland

Ingredientes para 4 personas

2 charlotas picadas
Las pieles de una naranja y de medio limón en juliana fina
200 g de gelatina de grosella (ya se compra hecha en conserva)
2 copitas de vino de Oporto
El zumo de media naranja y unas gotas de limón
Mostaza en polvo Sabora
3 cucharadas de salsa de tomate
4 cucharadas de salsa Española

Se blanquea bien la juliana de las cortezas de naranja y limón, se escurre y se mezcla con la mostaza, el zumo de naranja y de limón, la grosella y las dos copitas de Oporto; se deja todo en maceración unas horas. Después se cuela y se mezcla con la salsa Española y la salsa de tomate.

Esta salsa es especial para patés de caza fríos, patés de hígado de ternera y platos de jamón frío.

Salsa Poivrade

Ingredientes para 6 personas

100 g de mantequilla
150 g de zanahorias
150 g de cebolla
1 ramita de hierbas
1 hoja de laurel
50 g de harina
1 vaso de vinagre
1 dl de vino blanco
1/2 l de salsa Española
5 gramos de pimienta blanca

En una cacerola se ponen doscientos gramos de mantequilla y se rehogan con las zanahorias, las cebollas, las hierbas y el laurel; cuando los ingredientes se doran, se echa la harina, luego se moja con el vinagre y se deja sobre el fuego hasta que se haya reducido del todo; se añaden el vino blanco, la salsa Española y la pimienta y se deja cocer durante media hora; a continuación se pasa por un tamiz, volviéndola otra vez a la cacerola; si queda muy espesa, se aclara con un cacillo de jugo; se deja cocer lentamente, espumándola cuidadosamente hasta que esté en su punto; entonces se pasa por la estameña o cedazo muy fino, se le agregan cincuenta gramos de mantequilla, se trabaja bien con la varilla y se sirve.

Salsa Media-Glasa

Ingredientes

2 l de jugo de salsa Española o
jugos de asados de carnes de vaca
100 g de manteca de cerdo
2 cucharadas de harina
Una pequeña cantidad de salsa de tomate

Se hace una pasta compuesta de grasa (nunca mantequilla) y de harina, que se dejará cocer muy lentamente, moviéndola de vez en cuando hasta que haya tomado un color oscuro; esto se mezcla con el jugo oscuro en cantidad suficiente para obtener una salsa más ligera, a la cual se le agrega una pequeña cantidad de salsa de tomate; se remueve la mezcla sobre el fuego y luego se deja cocer lentamente sin revolverla durante dos horas, espumándola de vez en cuando para quitar las grasas y espumas que la vuelven indigesta y de aspecto turbio.

Después se pasa por un colador y puede conservarse durante unos días en sitio fresco, pues esta salsa sirve de base para la elaboración de otras.

Salsa picante

Ingredientes para 4 personas

50 g de mantequilla de vaca
Cayena o guindilla picante
1 pepinillo pequeño en vinagre
Perejil
2 dl de salsa Demiglás (véase receta)
1 dl de vinagre

En un recipiente se pone la mantequilla a fundir y en ella se echa la Cayena o guindilla picante, cuidando que no resulte muy fuerte; luego se moja con el vinagre y se deja reducir; se agrega la salsa Demiglás y se deja cocer a fuego lento durante un cuarto de hora.

En el momento de servirla se le echa el pepinillo picado y el perejil también picado.

Salsa Ruanesa

Ingredientes para 4 personas

50 g de mantequilla
2 dl de salsa Demiglás (véase receta)
2 chalotes
1 vasito de vino tinto
Perejil
2 ó 3 hígados de pato crudos

Se fríen los chalotes con un poco de mantequilla, se agrega el vino tinto y se deja reducir casi por completo; esta reducción se moja con la salsa Demiglás, se le echa el perejil picado y se deja cocer lentamente. En el momento de servir se incorporan los hígados de pato crudos, pasados por el tamiz, y se sazona el conjunto, que ya no debe cocer más.

Salsa Normanda

Ingredientes para 6 personas

1 l de Velouté hecha con caldo de pescado (véase receta)
1 cacito de jugo de champiñones
1 cacito de caldo de ostras, almejas o mejillones
5 yemas de huevo crudas
1 dl de nata cruda o leche
50 g de mantequilla de vaca

En una cacerola ponemos la Velouté, el jugo de champiñones y el caldo de marisco; se pone al fuego y se reduce; a mitad de reducción se traba con las yemas de huevo desleídas en la nata cruda o leche y se continúa reduciendo hasta que espese lo suficiente para empañar la espátula de madera. Entonces, se pasa por estameña o colador muy tupido y se le da el toque final incorporándole la mantequilla en pequeñas cantidades mientras se trabaja la salsa con el batidor.

Se deja al baño maría hasta su empleo, con un trocito de mantequilla encima para que no forme corteza.

Esta salsa se destina únicamente para acompañar pescados.

Salsa Parisina

Ingredientes para 6 personas

1/2 l de Velouté (véase receta)
2 yemas de huevo crudas
2 cucharadas de leche y unas gotas de zumo de limón (mezclado)
50 g de manteca de vaca cruda

Es una variante de la salsa Velouté. En una taza pondremos las yemas de huevo crudas, la leche y las gotas de zumo de limón; todo esto se bate bien en frío y se va incorporando a la salsa Velouté que tendremos sobre el fuego, sin dejar de remover con el batidor para que las yemas se mezclen y no se coagulen. Esto espesa algo la salsa y le da color amarillo. En cuanto se reanuda la ebullición se pasa por colador o estameña y después se refina batiéndolo muy seguido mientras se le incorpora poco a poco la mantequilla cruda.

Una vez terminada se pone al baño maría con un poco de mantequilla encima, y antes de usarla se agita con el batidor.

Salsa Americana

Ingredientes para 4 personas

1/4 l de jugo de carne
1 langosta de 400 g viva
2 cucharadas de aceite
100 g de mantequilla
1 ajo
Laurel
Un poco de guindilla
Cebolla
Pimentón
Un poquito de apio
3 cucharadas de Concassé de tomate
2 cucharaditas de curry
Un poquito de nuez moscada
Pimienta negra
1 cucharada grande de harina
1 vaso de coñac
4 cucharadas de salsa Demiglás
1 copita de Jerez seco
3 cucharadas de nata cruda

Se ponen en una cazuela el aceite, cincuenta gramos de mantequilla, el ajo, el laurel, la guindilla, el apio, el Concassé de tomate y una cucharadita de curry; se rehoga todo y luego se le echa un poquito de harina y pimentón más una copa de Jerez seco y se moja con la salsa Demiglás y el jugo de carne; se deja cocer diez minutos.

Se corta la langosta viva en trozos pequeños y se echa toda en la sartén con cincuenta gramos de mantequilla; cuando está un poco frita se le echa el coñac y se quema para eliminar el alcohol.

Todo esto se vuelca sobre la salsa que está cociendo y se deja al fuego quince minutos más. Se extraen todos los trozos de langosta a un recipiente y a la salsa se le echa un majado con un poquito de ajo, perejil, nuez moscada, pimienta negra y una cucharadita de curry; se deja dar un hervor y se pasa todo bien por un cedazo.

En una cazuela aparte se echa la salsa, se pone al fuego y se deja cocer otros diez minutos trabajándola con la varilla; antes de servirla se le mezclan tres cucharadas de nata cruda.

Esta salsa es exquisita para acompañar a pescados y mariscos.

Salsa de anchoas

Ingredientes para 6 personas

1/2 l de salsa Holandesa (véase receta)
100 g de manteca de anchoas
4 files de anchoas
2 cucharadas de nata cruda

En un recipiente se pone la salsa Holandesa y se le incorpora la manteca de anchoas, se remueve bien y se le añade la nata; se mezcla todo bien y en el momento de servirla se le añaden cuatro filetes de anchoas cortados y desalados.

Esta salsa especial para platos de pescado.

Salsa Italiana

Ingredientes para 4 personas

100 g de jamón serrano
1 cucharada de grasa de cerdo
100 g de champiñones
2 tomates grandes
Una copa de vino blanco
1/2 l de salsa Española
Vino Marsala o Madeira

En un recipiente se rehoga la grasa de cerdo con el jamón y los champiñones cortados en cuadritos; se añaden los tomates (previamente pelados, sin pepitas y sin su jugo) picados finamente; una vez rehogado todo, se le echa el vino blanco y cuando éste está reducido se aumenta con la salsa Española bien depurada. Se deja hervir durante media hora y se espuma. Si se ha espesado demasiado, se pone a punto con vino de Marsala o Madeira. Al final se le añade una cucharadita de hierbas aromatizadas y se retira poniéndola al baño maría.

Salsa Lionesa
Ingredientes para 6 personas

50 g de mantequilla de vaca
250 g de cebolla
1 vaso de vinagre
1 vaso de vino blanco
1/2 l de salsa oscura con base de Española
1 copita de Jerez oloroso y seco

En una cacerola pequeña, sobre el fuego, se pone la mantequilla y la cebolla finamente picada; se rehoga y sin que llegue a tomar color, se moja con el vinagre y el vino blanco y se deja reducir hasta que esté todo el líquido evaporado; entonces se moja con la salsa oscura y se deja hervir quince o veinte minutos. A continuación se pasará por un chino o tamiz y de nuevo se pone a hervir; se termina aromatizándola con una copita de Jerez oloroso y seco.

Salsa Holandesa
Ingredientes para 4 personas

3 yemas de huevo
4 cucharadas de bechamel
1 cucharada de nata cruda
Sal
150 g de mantequilla
Un poquito de mostaza
Unas gotas de zumo de limón

En una cacerola pequeña echamos la bechamel, las yemas de huevo, la sal y tres cucharadas de agua fría; la cazuela se pone al baño maría y con un batidor se trabajará sin parar, mientras se le va agregando la mantequilla en porciones pequeñas; una vez añadida toda la mantequilla, se retira del baño maría y se le añaden unas gotas de limón y un poquito de mostaza; al final se le agrega la nata.

Es muy importante que la salsa esté espesa, pero si está demasiado se rebaja con unas gotas de agua. Hay que procurar que no llegue a hervir ya que en ese caso se estropea.

Esta salsa resulta finísima y es especial para platos de huevos y pescados.

Salsa de gambas
Ingredientes para 4 personas

1/2 l de caldo de pescado
1 cucharada de harina
100 g de mantequilla
Unas colas de gambas cocidas
Un poco de limón
Nuez moscada
Un poco de pimienta negra molida
1 cucharada de mostaza
2 cucharadas de nata cruda
250 g de gambas cocidas
2 cucharadas de Concassé de tomate
1/2 copa de licor Fernet

En un recipiente ponemos el caldo de pescado y se deja reducir. Luego se machacan en el mortero las gambas cocidas, la mantequilla, la harina y el Concassé de tomate; se pasa todo por el tamiz y se mezcla al caldo, con lo cual nos queda hecho el Velouté. Seguidamente le añadimos un poquito de limón, nuez moscada, pimienta negra molida, la mostaza, unas colas de gambas cocidas y fileteadas, la media copa de Fernet y la nata cruda bien caliente; así ya se sirve.

Esta salsa es especial para pescado.

Salsa Mornay

Ingredientes para 4 personas

1/2 l de bechamel
La tercera parte (de bechamel) de nata cruda
20 g de queso rallado parmesano
50 g de mantequilla

A la bechamel se le mezcla la nata cruda muy espesa y el queso rallado; se reduce un poco a fuego lento sin dejar de moverla y, ya retirada del fuego, se le incorpora la mantequilla.

Esta salsa se usa para platos al horno como filetes de lenguado, huevos, carnes blancas o legumbres.

Salsas Madeira (o Demiglás) y Peregueux

Ingredientes para 4 personas

1/2 l de salsa Española
50 g de mantequilla
2 trufas con su jugo
1 copita de vino Madeira o Perigueux

Las salsas «Madeira» o «Demiglás» y la «Perigueux» son la misma, pues sólo se diferencian en el modo de aromatizarlas.

En realidad son una variante de la salsa Española muy depurada, reducida y espumada; cuando está reducida, se aclara con el vino Madeira o Perigueux y un poquito de agua hasta que alcan-

za una consistencia de salsa; se cuela y se le añade la mantequilla y la trufa fileteada, con su jugo; se le da un hervor y se deja al baño maría (caliente) hasta que se sirva.

Estas salsas se usan mucho para carnes y también, en algunos casos, para pescados, tournedós y para caza.

Salsa Villeroy

Ingredientes para 6 personas

3/4 l de caldo o leche
100 g de mantequilla
150 g de harina
Sal
Un poquito de pimienta
Nues moscada

Puede hacerse con leche o caldo de carne o pescado. Su preparación es igual que la bechamel; se ponen en un recipiente a rehogar la mantequilla y la harina; luego se moja el conjunto con el caldo, pero ha de quedar muy espeso, como si fuese para hacer croquetas, y se sazona bien con sal, pimienta y nuez moscada. Más que una salsa es un preparado con el que se cubren platos de carnes, pescados y huevos.

Salsa Nantua

Ingredientes para 4 personas

1/2 l de bechamel
3 cucharadas de tomate (en salsa fina)
12 cangrejos cocidos durante 6 minutos
50 g de mantequilla
Un poquito de Cayena

Se hace un machacado con las cáscaras y des-

perdicios de los cangrejos más la mantequilla y se pasa bien por el cedazo; esto se mezcla con la bechamel y el tomate y se pone a cocer un poquito batiéndole con la varilla. Se sazona el conjunto con un poquito de Cayena y se le agrega después la carne de los cangrejos.

Salsa Marfil

Ingredientes para 4 personas

| 1/2 l de bechamel espesa y reducida |
| 1/4 l de caldo de aves |
| 1 cucharadita de salsa de tomate |

En un recipiente ponemos la bechamel bien cremosa, se le añade el caldo de aves (bien desgrasado) y el tomate; se deja reducir poco a poco hasta que la salsa embadurne la cuchara. Esta salsa sirve para acompañar aves y pescados, y también a algunos platos de huevos.

Salsa Mousseline

Ingredientes para 4 personas

| 4 yemas de huevo crudas |
| 100 g de mantequilla |
| Un poquito de sal fina |
| Pimienta blanca molida |
| Nuez moscada |
| Una cucharadita de zumo de limón |
| 4 cucharadas de nata cruda |
| 4 cucharadas de salsa bechamel |

Se echan en una cacerola las yemas de huevo, sal fina, pimienta blanca molida, nuez moscada, treinta gramos de mantequilla y una cucharadita de limón; se pone al baño maría en agua fría y fuego lento, revolviendo vivamente las yemas con un

batidor hasta que se produzca una crema espesa y consistente que se adhiera a las ramas del batidor. Es preciso evitar sobre todo que el agua del baño maría esté demasiado caliente; en cuanto el agua queme se retira la cazuela del baño maría.

A la mezcla le agregamos el resto de la mantequilla en porciones pequeñas, batiendo constantemente con el batidor pequeño. Tan pronto como la mantequilla tome cuerpo se vuelve a colocar la cacerola en el baño maría a fin de mantener la salsa caliente; un poquito antes de servirla se le añade la nata cruda batida y la bechamel que ha de ser ligera; se mezcla bien y se sirve.

Esta salsa, que no ha de servirse demasiado caliente, acompaña a pescados, legumbres o huevos.

Salsa Maltesa

Ingredientes para 4 personas

| 1/2 l de salsa Holandesa (véase receta) |
| El jugo de una naranja |
| Las cortezas de 2 naranjas sin nada blanco |

En un recipiente se mezclan bien la salsa Holandesa y el jugo de la naranja. Las cortezas de las naranjas se cortan muy finas y se cuecen en agua durante cinco minutos, se escurren y se lavan; luego se añaden a la salsa.

Esta es una salsa muy delicada para acompañar a platos de pescados, huevos e incluso espárragos.

Salsa de champiñones «Sierra Blanca»

Ingredientes para 6 personas

| 1 kg de champiñones |
| 2 vasos de champán |

| 3 cucharadas de nata cruda |
| 2 yemas de huevo crudo |
| 3 cucharadas de salsa Española o |
| jugo de carne |
| 2 cucharadas de harina |
| Sal |
| El zumo de un limón |
| 1 copita de vino blanco |

Los champiñones frescos se limpian cuidadosamente quitándoles la parte extrema del pedúnculo, que siempre tiene arena y se lavan en varias aguas.

Se ponen en una cazuela (que no sea de aluminio porque se ponen negros) con cincuenta gramos de mantequilla, el zumo de limón, la copita de vino blanco, unos granos de sal gorda y un poquito de agua; se tapan y se ponen a cocer durante unos diez minutos.

En una cacerola aparte se pone el resto de la mantequilla y las dos cucharadas de harina; cuando está refrita, se le echa el champán (que previamente habríamos reducido a la mitad), el jugo de las cocción de los champiñones y el jugo de carne (de asado de vaca) o salsa Española. Se mezcla bien y se deja cocer unos minutos; a continuación se le agregan la nata cruda y las yemas de huevos crudas, y se mezcla todo bien. La mezcla debe estar caliente, pero ya no puede cocer más porque en ese caso se corta y se estropea.

Esta salsa se sirve con los champiñones, o bien para platos de huevos, truchas, aves y ternera blanca.

Es una salsa exquisita para presentar champiñones dentro de un volován de hojaldre que se cubre con la salsa.

Salsa chorón

Ingredientes para 4 personas

| 300 g de salsa Bearnesa (véase receta) |
| 50 g de salsa de tomate refinada y espesa |
| 25 g de mantequilla |

A la salsa Bearnesa se le suprime la adición final del estragón picado, reemplazándolo por mantequilla y una salsa de tomate (la mitad que de Bearnesa). Debe mezclarse todo muy bien.

Esta salsa puede servirse fría o caliente, para pescados y huevos.

Salsa diabla

Ingredientes para 4 personas

| 1/4 l de salsa Española o jugo de carne ligado |
| 6 granos de pimienta negra machacados |
| 1 escalonia o chalote |
| 4 cucharadas de vinagre |
| 50 g de mantequilla |
| 1 cucharadita de perejil picado |
| Un poco de Cayena |

En una cacerolita pequeña se ponen los granos de pimienta machados y el chalote picado, con las cucharadas de vinagre; se pone la cacerola sobre el fuego hasta que el líquido está casi consumido; entonces se le agrega la mantequilla y la salsa Española o caldo, dejándola hervir durante cinco o seis minutos y se pasa por un colador. Se vuelve de nuevo a la cacerola limpia y se le añade el perejil picado y un poquito de Cayena.

Esta salsa es apropiada para acompañar carnes de vaca o caza.

Salsa Colbert

Ingredientes

2 chalotes picados
Hojitas de hortelana
1 copita de vinagre
50 g de mantequilla
1 vasito de vino blanco
1 cucharada de harina
El zumo de medio limón
1 vaso de caldo o agua
1 cucharada pequeña de mostaza
1 cucharada de nata
1 cucharada de salsa Española

Se ponen en una cazuela los chalotes picados, la hortelana también picada y una copita de vinagre; se deja cocer hasta que está reducido, cuidando que no se queme y se le agrega la mantequilla, el vino blanco, el zumo de limón, un vaso de caldo o agua, la mostaza, la nata y la salsa española. Si resulta ligera se liga con un poquito de maicena disuelta en un poco de agua. Todo ello se mezcla bien.

Esta salsa sirve para acompañar carnes y pescados.

Salsa rosada

Ingredientes para 1/2 l de salsa

3 partes de mayonesa y 1 parte de salsa de tomate muy fina
Un poco de tabasco
1 cucharadita de mostaza

Se mezclan bien todos los ingredientes.

Sirve para acompañar mariscos, pescados y huevos, pero siempre deben ser platos fríos.

Salsa Meunière

Ingredientes

1 copita de vinagre
50 g de mantequilla
Unas gotas de limón
Un poquito de Jerez
Un poquito de perejil picado
Sal
2 cucharadas de salsa Española

En un reciente se pone un poco de aceite y sobre ella se echa una copita de vinagre, la mantequilla y unas gotas de limón; se aromatiza con un poquito de Jerez, perejil picadito y un poco de sal, y se añade la salsa Española; todo esto bien fundido y bien caliente se echa por encima del plato que queremos que acompañe.

Salsa Alioli

Ingredientes para 1/2 l de salsa

1/2 l de mayonesa
Ajo
Sal gorda
1 yema de huevo cruda
2 yemas de huevo cocidas
Un poquito de mostaza
Pimienta blanca
Un poco de aceite común
1 copita de vinagre

Se hace un majado con todos los ingredientes y se le agrega la mayonesa; se mezcla todo bien.

Esta salsa acompaña preferentemente platos fríos de pescados, mariscos, etc.

Salsa Tártara

Ingredientes

400 g de mayonesa
1 huevo cocido
Alcaparras
Perejil
Pepinillo en vinagre
1 cucharadita de mostaza

A la mayonesa se agrega un huevo cocido picado muy fino, unas poquitas de alcaparras picadas, un poquito de perejil y un pepinillo en vinagre también picados muy finos, además una cucharadita de mostaza y se mezcla todo muy bien.

Esta salsa acompaña platos fríos preferentemente de pescados y huevos.

Salsa Vinagreta

Ingredientes

1/4 l de aceite
1 vaso de vinagre terciado
1 cebolla mediana picada muy fina
2 tomates terciados pelados y sin semilla
1 pimiento pequeño
1 huevo cocido
1 pepino en vinagre
Aceitunas deshuesadas
Sal

Todos los ingredientes se pican muy finitos y se mezclan con el aceite y el vinagre. Esta salsa acompaña a platos fríos de pescados y marisco, y también huevos y algunas carnes.

Salsa Caviar

Ingredientes

1/4 l de salsa rosada (véase receta)
1 cebollita
Gotas de zumo de limón
2 cucharadas grandes de caviar

Todos los ingredientes se mezclan bien. Acompaña platos fríos de pescados y mariscos.

Chipichurri para asados a la parrilla

Ingredientes

3 ajos
Sal
Perejil
Un poquito de hortelana
Un poquito de tomillo
Romero
Orégano
Guindilla
1/2 pimiento seco
1 vaso de aceite
1 vaso de vino blanco
1/2 vaso de vinagre
1/2 vaso de limón

Se hace un majado con ajos, sal, perejil, hierbas aromáticas y pimiento seco. El majado se mezcla con el aceite, vino blanco, vinagre y limón. La salsa resultante se agita bien y una botella tapada que debe guardarse en sitio fresco.

Se utiliza para regar asados mientras se están haciendo.

Carnes

Mouton chop

Ingredientes para 4 personas

4 chuletas de unos 300 g cada una
Sal
1 kg de patatas fritas
1/2 kg de habas verdes salteadas

Se denomina «Mouton chop» a una chuleta de carnero bastante gruesa. Las chuletas deben ser cortadas de la parte de la riñonada; luego se enrolla su molla en la falda, dándole forma redonda, y se atraviesa cada una con una espadita o broche para que no se deforme; se salan y se hacen a la parrilla.

Se guarnecen con patatas fritas y habas verdes.

El Mouton chop también puede hacerse de otra forma: se coge todo el carré deshuesado y envuelto entero, se asa y se corta el trozo ya del tamaño del chop y ensartado en la aguja; se rocía con su propio jugo y se guarnecen con patatas y alguna legumbre. Aparte se sirve salsa a la menta (véase receta).

Cordero Pascual asado

Ingredientes para 4 personas

1 pierna de cordero Pascual de 2 1/2 kg
Manteca de cerdo
2 dientes de ajo
1 hoja de laurel
2 ó 3 cascos de cebolla
1 vaso de vino blanco
1 1/2 kg de tomates para ensalada
Sal

Se denomina cordero pascual al que tiene tres o cuatro meses.

Se elimina bien todo el sebo de la pierna, se sala y se pone en una cazuela o placa que tendremos un poco embadurnada con manteca de cerdo y se mete al horno bastante fuerte; se riega con frecuencia con su misma grasa y se da vuelta de vez en cuando para que se vaya dorando por los dos lados; una vez dorado se le agregan dos dientes de ajo, una hoja de laurel y unos cascos de cebolla. Tarda en asarse algo más de una hora.

Cuando está asado se saca el cordero de la placa, se escurre bien toda la grasa y en la misma placa se echa un vaso de vino blanco, con el fin de que se despeguen los residuos del asado para completar la salsa.

Se sirve a la mesa trinchado y salseado con su propia salsa. Aparte se sirve ensalada de tomate.

Caldereta de cordero aragonesa

Ingredientes para 6 personas

1.200 g de cordero macaco, preferiblemente de espaldilla, ya que resulta más jugosa
1/2 kg de judías blancas cocidas
Pan rallado
Perejil
Ajo
10 g de queso rallado
1/4 l de salsa de tomate
Sal
1 vasito de vino blanco
Aceite

La carne se deshuesa y se corta en trozos del tamaño de una nuez aproximadamente, se sala ligeramente y se pone en una cazuela que tendremos con un poquito de aceite, un vaso de agua, un vasito de vino blanco y la salsa de tomate; se deja cocer y cuando ya está casi hecho se le mezclan las judías blancas ya cocidas con anterioridad; se deja que todo junto dé un hervor unos cinco minutos más. Se hace una mezcla con pan rallado, perejil picado, ajo y queso rallado, y se espolvorea por encima de la carne procurando que tome color gratinado.

Se sirve a la mesa en la misma cazuela, que ha de ser amplia.

Cochifrito de corderito

Ingredientes para 6 personas

2 kg de cordero macacao
50 g de manteca de cerdo
2 cebollas pequeñas
3 dientes de ajo
Perejil
1 cucharada de pimentón
Pimienta negra molida
Vinagre
6 costrones de pan fritos
Sal

Se corta la carne en trozos pequeños y se dora bien en una sartén con manteca de cerdo; se añaden las cebollas finamente picadas, los dientes de ajo enteros y el perejil picadito; se fríe todo y, cuando la cebolla toma color, se espolvorea el conjunto con una cucharada de pimentón y un poquito de pimienta molida; luego se moja con dos o tres cacillos de agua y se pone a cocer a fuego vivo hasta que el caldo esté completamente reducido; con su misma grasa se vuelve a refreír un poco el cordero y se rocía con unas gotas de vinagre. Puede servirse en la misma cazuela en que se guisa o bien en una fuente, decorado con costrones de pan fritos.

Cordero a la Pastora

Ingredientes para 4 personas

1 1/4 kg de carne de lechal
Aceite
Pimienta
Clavo
2 cucharadas de vino blanco
2 cucharadas de vinagre
Unas ramitas de tomillo y de romero
Laurel
2 cucharadas de harina
1 kg de patatas pequeñas
1/4 l de leche
Sal
Ajos

Se corta el cordero en trozos de tamaño regular, se adoba bien con un majado de sal, un diente de ajo, pimienta, clavo, un poquito de aceite, dos cucharadas de vino blanco y dos cucharadas de vinagre; se deja en maceración unas dos horas.

Se pone en el fuego una cacerola con un decilitro de aceite y cuando está caliente se rehoga el cordero, con la cacerola tapada y a fuego lento, para que la carne no se dore. Se añade al guiso unas ramitas de tomillo y de romero y un poco de laurel.

Cuando los trozos de carne están endurecidos por el calor se espolvorean sobre ellos dos cucharadas de harina, se mezcla bien y se moja el guiso con medio litro de agua; se deja a fuego lento y cuando empieza a hervir se le añaden las patatas pequeñas enteras y peladas; cuando éstas están cocidas se retira del fuego; la salsa del guiso habrá espesado o casi se habrá consumido y entonces se le añade un cuarto litro de leche, se deja dar un hervor y se mezcla bien; se prueba de sal y se sirve muy caliente.

Pascualina de cordero

Ingredientes para 12 ó 14 personas

1 corderito lechal de unos 4 kg
500 g de castañas peladas
2 manzanas reinetas
1 lata de trufas
Manteca de cerdo
2 vasos de vino blanco
1 copita de Jerez
2 dientes de ajo
Un poco de perejil
Granos de pimienta
El zumo de medio limón
Aceite
1 1/2 kg de patatas
Para la farsa:
300 g de magro de cerdo
200 g de magro de ternera
100 g de tocino de jamón
2 cucharadas de harina
2 huevos crudos
Ajo
Sal
Perejil
Un poquito de pimienta molida

Se hace una farsa con los ingredientes señalados bien picados y mezclados entre sí.

Se abre el cordero en canal, se limpia bien y se rompen las costillas por dentro sin sacarlas, cerca del espinazo, para poderlo trinchar; también se corta por dentro el espinazo. Se sala un poco por el interior y se rellena con la farsa que tendremos preparada, y con las castañas peladas y las manzanas cortadas en trozos; todo ello bien repartido de atrás hacia adelante y bien regado con una copita de Jerez. Y de manera que el relleno no que-

de apretado. Se cose la abertura, se embadurna con manteca de cerdo, se espolvorea de sal y se pone a asar entero.

Cuando se está asando se da la vuelta para que se dore por los dos lados; después de una hora se rocía con el vino blanco y se riega repetidas veces con todo su jugo.

Se tiene preparado un majado de ajo, perejil, pimienta, zumo de limón y aceite. Cuando el cordero está casi asado se riega varias veces con este preparado, hasta consumirlo.

Tardará en hacerse una hora y media o dos horas. Se sirve entero a la mesa y allí se trincha y se sirve, repartiendo el relleno. Debe servirse bien caliente y salseado con su propia salsa.

Se acompañan unas patatas torneadas grandes, en forma de huevo, y risoladas en la misma grasa donde se asó el cordero, hechas aparte.

Como postre para este plato se sirven los típicos huevos de Pascua.

Caldereta del Condado
Ingredientes para 4 personas

1 1/2 kg de cordero lechal
1 cebolla terciada
1 pimiento verde
1 diente de ajo
2 tomates
Aceite de oliva
1 ramita de prejil
Sal
Laurel
Granos de pimienta
Un poco de miga de pan
1 nuez natural
2 clavillos
1 cucharada de pimentón
Una pizca de comino
1/2 taza de agua

Se corta la carne en trozos regulares y se colocan en una olla; se cubre con agua fría y se pone a hervir; a lo largo de la cocción se espuma bien y se le añaden los tomates y pimientos cortados en trozos grandes, laurel, ajo, sal y aceite.

Se deja cocer despacio y cuando está la carne tierna se le añade un majado hecho con los granos de pimienta, miga de pan, nuez, los clavillos, el pimentón y una pizca de comino, todo ello desleído en media taza de agua. Se deja hervir dos minutos, se separa del fuego y se sirve bien caliente.

Chuletas de cordero Marsala

Ingredientes para 4 personas

12 chuletas de cordero macaco
Aceite
Zumo de limón
Sal
Pimienta
Perejil
Nuez moscada
50 g de mantequilla fundida
Miga de pan (o pan rallado)
1/2 kg de guisantes salteados con un poquito de aceite y mantequilla
200 g de setas fileteadas y salteadas
1 latita de trufas fileteadas
1/4 l de salsa Holandesa (véase receta)

Las chuletas se aplastan bien y se embadurnan con un majado hecho de perejil, un poquito de pimienta, sal, un poco de nuez moscada, zumo de limón y aceite. Se dejan en maceración una hora.

Se enjugan las chuletas con un paño, se bañan en mantequilla fundida y se rebozan en miga de pan; a continuación se marcan un poco en la pa-

rrilla para que tomen color por ambos lados y se meten al horno unos minutos hasta que terminen de hacerse.

En una fuente se colocan los guisantes, las setas y las trufas en forma de pirámide en el centro y alrededor se ponen las chuletas cubiertas con salsa holandesa.

Cordero Pascual al estilo israelita

Ingredientes para 10 personas

1 cordero lechal de unos 3 1/2 kg
El hígado y el corazón del cordero
1/2 kg de arroz
1 cebolla grande dulce
2 dientes de ajo
Pimienta
Clavo
Comino
Un poquito de orégano
Un poquito de nuez moscada
Sal
Limón
3/4 l de salsa de tomate

Se abre el cordero en canal, se limpia bien y se rompen las costillas por dentro, sin sacarlas, a raíz del espinazo; éste también se corta un poco por el interior, para poder trinchar después el cordero. Se sala. El arroz se pone a cocer con el hígado y el corazón bien picaditos. Se rellena el cordero con ésto y con la cebolla y dos dientes de ajo salteados, junto con las hierbas aromáticas, un poco de sal y un poco de limón; se cose bien y se mete a asar al horno en una placa untada con un poco de aceite. Tarda en asarse una hora y media o algo más; se salsea varias veces con su propio jugo.

Aparte se sirve salsa de tomate.

Barón de cordero lechal

Ingredientes para 6 personas

1 barón de cordero lechal
Sal
Ajo
Perejil
Aceite
Un poquito de pimienta
Orégano
Unas lonchas finas de tocino salado
1 dl de vino oloroso blanco y seco
El jugo de un limón
1/2 coliflor pequeña
6 fondos de alcachofas rellenos con puré de cebolla
6 croquetas de huevo
Zanahorias torneadas muy finas
Mantequilla

Se le da el nombre de barón a la silla y las dos piernas traseras juntas de un cordero lechal; por ello conviene buscar un cordero de no más de cinco kilogramos.

Se condimenta el interior del barón con un majado de sal, ajo, perejil, un poquito de pimienta, un poquito de orégano y un poco de aceite; por fuera se forra con las lonchitas de tocino y se ata con un bramente procurando que quede debidamente formado.

Se mete a asar al horno un poco fuerte, rociándolo de vez en cuando con la grasa que va soltando, durante hora y media más o menos; media hora antes de terminar se asarse, se echa en la grasa al vino oloroso blanco y seco y el jugo de un limón. Una vez asado se deja reposar un momento, tapado para que sude.

Se trincha la pieza de la siguiente forma: se empieza cortando la parte superior de los muslos unos trozos bastante gruesos, que se dejan unos al lado de otros en la misma posición que tenían, y se separa la parte inferior de la silla, que se corta y se vuelve a colocar en su sitio de manera que la pieza tenga el aspecto de entera.

Se desgrasa el fondo del asado y se moja con un poquito de agua; con este jugo se salsea la carne una vez trinchada.

Se sirve en una fuente grande y se guarnece con bouquet grani de cabecitas de coliflor rebozadas en huevo y fritas, los fondos de alcachofas rellenos de subís de cebolla y sobre cada uno una croqueta de huevo, montoncitos de zanahoria previamente salteada con mantequilla.

En el hueso de cada pata del cordero se pone un adorno de papel blanco.

Se sirve bien caliente, acompañado con el fondo del asado en una salsera aparte.

Salteados de corderito

Ingredientes

Espalda, cuello alto de las costillas y pecho de cordero
Sal
Ajo
Perejil
Pimientos
Pimentón
1 vaso de vino blanco

En una cazuela se rehoga un poco de cebolla, ajo, perejil y un pimiento, todo ello bien picado; se le añade un poco de pimentón y un poco de tomate más un vasito de vino blanco; se echan sobre esto los trozos de cordero un poco fritos y se deja cocer, mojándolo con el agua que necesite. Hay que procurar que no presente demasiada grasa y que queden cociditos sin que se deformen.

Corderito lechal asado a la Castellana

Ingredientes

1 corderito de unos 4 kg de peso
Sal
Aceite
3 dientes de ajo
Perejil
2 hojas de hortelana
Romero
Tomillo
1 copita de vinagre
Un poco de manteca de cerdo
2 cebollas
1 hoja de laurel
1 vaso de vino blanco
2 kg de patatas nuevas y pequeñas

Se tendrá el corderito bien limpio, se le quita la cabeza y se abre de atrás hacia adelante, rompiéndole por dentro las costillas a ras del espinazo, pero sin contarlas del todo, para que no quede muy aplastado; se le da también unos cortes al espinazo.

Se adoba con un majado hecho con: tres dientes de ajo, un poquito de sal, las hierbas aromáticas, un vaso de aceite, una copita de vinagre; con todo esto se embadurna bien y se deja en maceración unas tres horas.

Tendremos una placa amplia donde quepa el cordero extendido; ésta se unta un poquito con manteca de cerdo y en ella se coloca el cordero, también embadurnado con manteca; se pone a asar al horno; se echan las cebollas cortadas en trozos gruesos y una hoja de laurel. A los veinte minutos se saca el cordero y se riega con un vaso de vino blanco. Las patatas bien peladas y lavadas, se salan un poco, se mojan en aceite común y se ponen a asar con el cordero; éste se mete de nuevo al horno hasta que esté hecho. En este momento se saca del horno y se riega con un chorrito de vinagre, se tapa con un paño blanco y se deja sudar unos quince minutos.

Se sirve entero a la mesa y allí se trincha hábilmente. Las patatas y la cebolla sirven de guarnición.

Se acompaña con pan de Castilla y una jarra de buen vino de la región.

Corderito lechal asado «Ruta Jacobea»

Por este plato fue premiado el autor en el año 1965 con el «Primer Premio Nacional de destreza en el oficio, como Jefe de Cocina», entregado en Madrid por el General Franco y el Gobierno en pleno.

Ingredientes

1 corderito lechal de 4 1/2 kg
200 g de jamón serrano finamente picado
Ajo
Perejil
150 g de mantequilla de vaca
50 g de manteca de cerdo
Un poco de aceite de oliva
1 vasito de Oporto
1 vasito de coñac
1 kg de patatas a la cuchara risoladas (un poco fritas y luego asadas al horno)
1 kg de cebollitas risoladas
300 g de jamón de York
Patatas paja muy finas
Patatas grandes asadas
Un poco de picadillo de champiñones y jamón de york
1 coliflor pequeña muy blanca, cocida

1 majado hecho con:
Ajo frito
Laurel frito
1 costrón de pan frito
1 trocito de hígado de cordero, también frito
Un poquito de tomillo salsero
Un poquito de romero
Unas ramitas de perejil
Un poco de sal
1 vasito de aceite de oliva
1 copita de aguardiente

Se tiene el corderito entero, incluso con la cabeza, bien limpio y se adoba con el majado, se deja en maceración durante seis horas.

Se hace un picadillo de jamón serrano, ajo, perejil, y cien gramos de mantequilla de vaca; con esto se hace un rollo, se envuelve en un papel y se pone a congelar; cuando está congelado se corta en tiritas, se mete en la aguja de mechar y se mechan las piernas, las paletillas y la riñonada del cordero.

Se rellena el cordero (se rompen previamente un poco las costillas por dentro) con las patatas a la cuchara y risoladas, las cebollitas risoladas, el jamón de York en cuadritos y el hígado también cortado en trocitos, procurando que el relleno quede desahogado; se cose el cuerpo del cordero con bramante; se embadurna con manteca de cerdo, mantequilla de vaca y un poco de aceite de oliva, y se aromatiza con una mezcla de Oporto y coñac. Se mete a asar al horno, al principio fuerte para que tome buen color y después más lentamente, mientras que se va regando con su propio jugo varias veces; tardará en hacerse entre hora y media y dos horas.

Presentación: en una bandeja amplia y grande se colocan las patatas paja que tendremos fritas y coloreadas con verde vegetal, imitando una pradera; sobre ellas se coloca tumbado el cordero ya asado, al cual, en la parte del lomo se colocan

las motitas de coliflor imitando la lana; alrededor del cordero se colocan las patatas grandes asadas y rellenas con el picadillo de champiñones y jamón de york, más su propio puré y gratinadas cuidadosamente; estas patatas imitan las piedras de la pradera.

Colgando del cuello del corderito se pueden colocar una campanilla como la que llevan en el campo.

Pata de carnero a la vinagreta

Ingredientes para 4 personas

1 pata de carnero más bien pequeña
Sal
1 hoja de laurel
Cebolla
Perejil
Hierbabuena
Salsa vinagreta (véase receta)

Se cuece la pata en agua con sal, laurel, unos cascos de cebolla, perejil y hierbabuena. Una vez cocida se deshuesa y se corta en trozos grandes.

Cuando está cortada y caliente, se cubre con salsa vinagreta (ésta, si se desea, puede rebajarse con un poco de caldo de la cocción) y se sirve.

Carnero a la Polonesa

Ingredientes para 4 ó 6 personas

1 pata pequeña o mediana de carnero
1 kg de manzanas agrias
Mantequilla
Queso rallado
1/4 l de salsa de tomate

La pata se deshuesa, se adoba, se pone a asar y se corta en lonchas.

En un plato de horno untado con mantequilla se coloca una capa de manzanas bien lavadas y sin pelar, cortadas en rodajas un poco gruesas y también untadas con mantequilla; encima de las manzanas se pone la carne cortada en lonchas y sobre éstas otra capa de manzanas y así sucesivamente, cuidando que la última capa sea de manzanas; por encima se echa un poco de queso rallado y un poquito de mantequilla y se mete al horno.

Se sirve en el mismo plato de horno. Se acompaña con Concassé de tomate en recipiente aparte.

Chuletas de cordero a la Italiana

Ingredientes para 4 personas

12 chuletas de cordero
Sal
Mantequilla
Queso rallado
Huevo batido
Pan rallado
1/4 l de salsa de tomate
Puré de patata espeso

Las chuletas se limpian, se deshuesan y se aplastan, se salan y se embadurnan con un poquito de mantequilla fundida tibia; luego se pasan por huevo batido y por último por pan rallado con un poquito de queso rallado; se asan a fuego moderado o a la parrilla.

Se colocan en fuente redonda, en forma de pirámide y aparte se servirá la salsa de tomate y el puré de patata.

Galantina de ternera

Ingredientes para 12 personas

1 1/2 kg de ternera fina de Castilla
300 g de magro de cerdo
Sal
Un poquito de pimienta
Nuez moscada
1 copa de Jerez
4 huevos crudos
250 g de harina
1 picadillo de lengua escarlata
3 almendras y 2 nueces (machacadas)
Unas tiritas de tocino blanco curado
y de jamón de York
1 cebolla pequeña
1 zanahoria
Perejil
Laurel
Apio
Tomillo
Romero
1 hueso de jamón

Se pica bien la carne de ternera y el magro de cerdo, se le mezcla un poquito de pimienta, nuez moscada, sal, los huevos, harina, la lengua escarlata, las almendras y nueces machacadas y un poquito de aceite; se mezcla todo bien. Con esta masa se va haciendo un rollo alargado y en su interior se le van poniendo las tiritas de tocino salado y de jamón de York; cuando está enrollado se envuelve en un paño o estameña, se ata por las dos puntas, se brida para que no se deforme (con hilo bramante) y se pone a cocer en un recipiente con agua suficiente para que quede cubierto, sal, unos cascos de cebolla, zanahoria y perejil.

Se deja cocer una hora y media, más o menos, se saca del agua y se deja enfriar un poco, cuando esté templado se desenvuelve, se aprieta de nuevo con la misma estameña, se vuelve a atar y se mete en una prensa hasta que enfríe del todo (si no hay prensa se le pone un peso de ocho o diez kilogramos durante dos o tres horas); se saca, se le quita la estameña y se corta en lonchas.

Si se sirve frío se acompaña con salsa Tártara (véase receta). Si se desea caliente se le echa salsa Española bien caliente por encima de las lonchas.

Ternera gratinada

Ingredientes para 4 personas

8 filetitos de ternera muy finos
Sal
Pimienta
Nuez moscada
Aceite
Harina
300 g de zanahorias cocidas
Un picadillo de jamón de York y champiñones
Un poco salsa Chaud-Froid con color un poco cubierto (véase receta)
1/4 l de salsa bechamel (véase receta)
Queso rallado
Un poco de mantequilla
8 fondos de alcachofas
Un poco de nata cruda
8 patatas en forma y tamaño de huevo
12 cebollitas francesas

Se tendrán los filetitos de ternera cortados bastante finos y limpios de todo nervio o grasa; se salan y se aromatizan con un poquito de pimienta y nuez moscada, se pasan ligeramente por harina y se fríen.

Las zanahorias cocidas y cortadas en lonchas se mezclan con tres cucharadas de bechamel y una de nata cruda. Esto se pone como fondo en el pla-

to de horno y encima se colocan los filetes; sobre ellos se echa un poco de salsa Chaud-Froid mezclada con una cucharada de nata cruda, se extiende el picadillo de jamón y champiñones y se cubren con salsa bechamel; por encima se echa un poco de queso rallado y unas pizquitas de mantequilla; se mete al horno a gratinar hasta que esté tostadito.

Se sirve bien caliente y como guarnición se presentan los fondos de alcachofas cocidas, las patatas un poco fritas y risoladas al horno y las cebollitas francesas cocidas con un poco de mantequilla y azúcar y terminadas de hacer en el horno.

Popietas de ternera a la Madrileña

Ingredientes para 4 personas

8 filetes de ternera de unos 100 g cada uno
8 salchichas blancas
Sal
Aceite
Un poco de harina
1/4 l de salsa Española (véase receta)
1/2 kg de puré de patata condimentado con mantequilla y un poquito de nuez moscada
1 ensalada de tomate
8 costrones de pan frito

Los filetes limpios de grasa se salan, se pasan por harina y se enrolla en cada uno una salchicha blanca (previamente cocida), se pinchan con un palillo y se fríen; se colocan en un plato de cobre o acero, se cubren con salsa española y se dejan dar un hervor.

En el centro de una fuente se coloca el puré de patata y alrededor las popietas sobre los costrones de pan fritos.

Se sirven muy caliente, acompañado de una ensalada de tomate.

Carré de ternera «Mimosa»

Ingredientes para 4 personas

1 kg de chuletas de tenera en un trozo
100 g de mantequilla
Sal
Aceite
300 g de hígado de ternera
350 g de champiñones
1/2 l de bechamel
4 tomates
Picadillo de jamón y cebolla
Queso
1 cebolla pequeña
Patatas

El carré (costillar) se brasea con cincuenta gramos de mantequilla y un chorrito de aceite, unos cascos de cebolla y laurel. Se deja enfriar y se trincha.

Se hace un salteado con un picadillo de hígado de ternera, champiñones y cebolla; se pone como fondo en una fuente de horno y sobre este fondo se coloca el carré trinchado; se cubre con bechamel, se echa por encima queso rallado y unas pizcas de mantequilla, se mete al horno a gratinar y se sirve muy caliente.

Los tomates se rellenan con un picadillo de jamón y cebolla y se gratinan al horno con un poquito de queso y mantequilla. Las patatas se cuecen. Ambas cosas se sirven como guarnición del carré.

Lengua estofada a la Española

Ingredientes para 5 personas

1 lengua de vaca
Sal
1/2 cebolla
Zanahorias
Tomates
Puerros
Ajos
Tomillo
Perejil
Pimienta negra en ramo
Clavillo
Pimentón
Aceite
50 g de mantequilla
1/2 l de vino blanco ajerezado
1/2 kg de puré de patata espeso
10 alcachofas
Ensalada de lechuga

Se desangra la lengua en agua fría durante dos horas; a continuación, en un cacharro con agua, se blanquea hirviéndola durante unos doce minutos y se limpia bien; luego se pondrá en maceración durante dos horas con cebolla, zanahoria, tomate, puerro, ajos, tomillo, perejil, pimienta, clavillo y un poco de aceite crudo.

Se pone a brasear en un recipiente tapado, en el horno a media temperatura, con aceite, cincuenta gramos de mantequilla, sal y una cucharada de pimentón, durante unas dos horas; a media cocción se le agrega medio litro de vino blanco.

Cuando está hecha, se saca y mientras se enfría se pasa la salsa por un pasapuré. Se pela bien la lengua, se corta y se sirve; se baña un poco con su salsa y el resto se sirve en salsera aparte.

Como guarnición se pone puré de patata, alcachofas salteadas y ensalada de lechuga.

Lomo o tapa de ternera en cazuela a la Bordalesa

Ingredientes para 6 personas

1.200 g de lomo o tapa de ternera
Sal
50 g de mantequilla
Aceite
Cebolla
1 zanahoria
2 dientes de ajo
1 puerro
Laurel
Especias
1 vaso de coñac
2 kg de champiñones
200 g de jamón de York
1 cucharada con nata

La carne se dora a fuego lento con un poco de mantequilla, aceite y harina; se le agrega una cebolla, la zanahoria, dos dientes de ajo, el puerro, las especias, un poco de sal y un vaso de coñac; cuando esto está bien dorado, se moja con el caldo de cocer los champiñones, se tapa y se deja cocer lentamente hasta que la carne esté hecha; esto se comprueba pinchándola. Si al pincharla con un cuchillo, sale una gota de líquido claro como agua, es que ya está.

Una vez trinchada se coloca en un plato de horno o una cazuela y se aderaza con los champiñones salteados con mantequilla y jamón y se rocía con su jugo colado, al que habremos añadido una cucharada de nata cruda.

Salteado de ternera Marengó

Ingredientes para 4 personas

1 kg de carne de magro de ternera
Sal
Un poco de mantequilla
Aceite
Ajo
Harina
1 vaso de vino blanco
2 cucharadas de salsa de tomate
Pimienta
1 ramillete de tomillo
1 docena de cebollitas pequeñas
300 g de tomates frescos
250 g de champiñones
Perejil
4 picatostes

La ternera se corta en trozos y se fríen con un poco de mantequilla y aceite hasta que estén dorados; sobre éstas se espolvorea harina y se agregan una cabeza de ajos machacados (tamaño mediano), un vaso de vino blanco y agua hasta que cubra la carne, dos cucharadas de salsa de tomate, sal, un poquito de pimienta, un ramillete pequeño de tomillo, una docena de cebollitas pequeñas ligeramente doradas y los tomates frescos pelados, cortados y salteados ligeramente con aceite; se cuece lentamente durante una hora y cuarto, se desgrasa la salsa y se agregan los champiñones crudos; se deja al fuego otro cuarto de hora.

Se aderaza con perejil picado por encima y picatostes alrededor. Se sirve bien caliente.

Bistec a la Cibeles

Ingredientes para 4 personas

4 filetes de ternera de unos 300 g cada uno
Sal
1 cucharada de cebolla picada
1 cucharada de jamón serrano picado
200 g de menudillos de pollo picados
1 cucharada grande de guisantes cocidos
200 g de champiñones
2 cacillos de salsa Española (véase receta)
4 pimientos morrones pequeños
2 huevos cocidos

Se salan los filetes, se hacen a la plancha y se colocan en la fuente. Se realiza una financiera con un rehogado de cebolla y jamón picaditos; cuando estén semifritos, se añaden los menudillos de pollo, una cucharada de guisantes y los champiñones cortados en filetes, con dos cacillos de salsa Española. Esta financiera se extiende sobre los filetes; además, sobre cada uno se coloca un pimiento morrón abierto hacia arriba y en el fondo de éste medio huevo cocido, para que sostenga el pimiento de pie.

Bistec de solomillo de ternera especial

Ingredientes para 4 personas

1 solomillo de ternera de 1.200 g
Sal
Nuez moscada
Cayena
2 yemas de huevo crudas
Harina
1 cucharada de nata
Un poco de pan rallado
1/2 kg de arroz blanco cocido
1/4 l de salsa Demiglás (véase receta)

Se limpia el solomillo y se pica en la máquina muy fino; se mezcla bien con sal, un poco de nuez moscada, un poquito de Cayena, las yemas de huevo, nata y pan rallado; luego en la mesa se espolvorea un poco de harina y sobre ella se extiende la pasta, se moldean unos pequeños tournedós que se pasan por harina, huevo batido y pan rallado, y se fríen.

Se tiene un zócalo de arroz blanco cocido, sobre él se colocan los pequeños bistecs y por encima de ellos se echa la salsa Demiglás.

Se sirven bien caliente.

Chops de ternera «Hotel Florida»

Ingredientes para 4 personas

4 chuletas de ternera de unos 350 g cada una
4 trozos de riñón de ternera
4 trozos de panceta
Sal
4 costrones de pan fritos
Un poquito de mostaza inglesa
Un poco de mantequilla
Unas rodajas de limón
18 trozos de patatas alargados y gruesos
4 tomates

Las chuletas de tenera se deshuesan y se enrollan con la misma falda que le corresponde a la chuleta; dentro se mete un trozo de riñón y otro de panceta, se atan con hilo bramante y con una aguja de brocheta se cruza de lado a lado.

Se salan y, si se quiere, se pueden envolver en una loncha de tocino inglés o panceta; luego se hacen a la parrilla o en una sartén con muy poco aceite y al horno.

Cuando están hechas se les quita la cuerda y se emplatan sobre los costrones de pan fritos untados con un poquito de mostaza; encima de cada chop ponemos una escarapela hecha con una rodaja de limón y mantequilla Maître-d'hotel.

Como guarnición, a un lado de la fuente se colocan las patatas y los tomates cortados a la mitad, asados al horno. Se sirve todo muy caliente.

Carré de ternera asado

Ingredientes para 8 personas

Un carré de ternera de unos 2 kg
Sal
Aceite
Un poco de cebolla
Laurel
Ajo
Perejil
Zanahoria
Manteca de cerdo
1 vaso de Jerez
32 cebollitas francesas
24 patatitas pequeñas nuevas, risoladas
250 g de jamón de York

Se prepara un buen carré de ternera, bien limpio para que sea fácil trincharlo en la mesa; en la parte de las chuletas se limpian las puntas un poco; se procede a asarlo como cualquier otra pieza de ternera: se le echa un poquito de sal y se coloca en un asador con un poco de aceite, unos cascos de cebolla, laurel, ajo, zanahoria en rodajas, perejil y un poquito de manteca de cerdo, se deja asar una hora y media aproximadamente; media hora antes de terminar de asarse se incorporan las cebollitas y las patatas para que se asen a la vez que la carne.

Se sirven como guarnición las patatas y las cebollitas y aparte su propia salsa. Además se incorpora a la guarnición el jamón cortado en cuadritos y un poco salteado.

Zancarrón de ternera a la Española

Ingredientes para 6 personas

2 1/2 kg de morcillo de ternera con hueso
Sal
Aceite
Manteca de cerdo
Harina
400 g de cebollitas francesas
200 g de zanahorias
400 g de champiñones
50 g de mantequilla
50 g de queso rallado
1 cebolla
1 vaso de vino blanco
1 cacillo de salsa de tomate
Un poco de vino Marsala o Madeira

Se corta el morcillo en trozos grandes, se espolvorean con sal y harina, dándoles unas palmadas para que penetre bien la harina; se fríen con un poquito de manteca de cerdo, para que se doren por ambos lados.

En una cacerola baja se echa la manteca que quedó de freírlos y se pone una capa de cebolla fileteada y sobre ella los trozos de carne, colocados de forma que no estén amontonados; cuando la cebolla está hecha, se moja con un vaso de vino blanco y se deja reducir totalmente para volverla a mojar con caldo o agua en cantidad suficiente para cubrir los trozos de carne.

Se añade al guiso un cacillo de salsa de tomate y un poco de mantequilla y queso rallado. Se deja cocer lentamente; a la media hora, se retira del fuego, se sacan los trozos de carne, se tamiza la salsa y se vuelve todo al mismo cacharro; se le añaden las cebollitas y las zanahorias cortadas en rodajas, y se pone a fuego lento; diez minutos antes de estar cocida la carne se le añaden los champiñones cortados en rajas; se deja cocer despacio y cuando está la carne bien hecha se retira del fuego, se rocía con una copita de vino Madeira y se deja al calor hasta la hora de servir. Se acompaña con su propia salsa y la guarnición de cebollitas, zanahorias y champiñones.

Silla de ternera a la Española
Ingredientes para 12 personas

1 silla de ternera de unos 6 kg aproximadamente
Sal
Zanahoria
Puerro
Perejil
Unas lonchas finas de tocino salado
50 g de mantequilla
Aceite
50 g de manteca de cerdo
200 g de cebolla
1 hoja de laurel
1 cabeza de ajo
2 vasos de Jerez
2 cucharadas de maicena
2 kg de champiñones
2 kg de patatas
2 kg de cebollitas francesas
1 ensalada de berros y endibias

Se prepara la silla de la ternera (la riñonada desde la pierna hasta el primero palo de la costilla).

Las faldas de la panceta se enrollan cada cual a su parte correspondiente, por debajo de cada lomo; en el medio de ese enrollado, una vez sazonado de sal, se coloca un puerro, una zanahoria y unas ramas de perejil; todo bien envuelto se ata con bramante, se cubre toda la parte de arriba del lomo con unas lonchas finas de tocino salado y se procede a asar o brasear al horno junto con cincuenta gramos de mantequilla, cincuenta gramos de manteca de cerdo, aceite, cien gramos de zanahoria cortada en rajas, una cebolla cortada, una hoja de laurel y un cabeza de ajo. Tarda en hacerse unos noventa minutos o más; cuando está a medio brasear se aromatiza la silla con dos vasos de Jerez; luego se sigue rehogando con frecuencia por encima con todo el fondo que tiene.

Cuando está hecha la carne, se saca la silla y se pasa el fondo (sin grasa) por un colador o chino, se moja con un poco de agua y queda hecha la salsa; para que la salsa quede un poco ligada, se le añaden dos cucharadas de maicena disuelta en un vaso de vino Jerez y se deja cocer todo un poco.

Una vez templada la silla, se trinchan los dos lomos, se quita el bramante y se cortan los lomos en rodajas; se colocan de nuevo en el mismo sitio en tres filas y se coloca en el centro de la fuente (ésta ha de ser grande); alrededor se coloca como guarnición los champiñones, cocidos y salteados, y las patatas y las cebollitas risoladas.

Se salsea un poquito la carne con su propia salsa y el resto se sirve aparte; también se pone una ensalada de berros y endibias.

Financiera para acompañar la silla

1 subís de cebolla muy espesa
400 g de trufas fileteadas
350 g de lengua escarlata fileteada
350 g de jamón serrano con algo de tocino, también fileteado

| 3 cucharadas de foie-gras |
| 1 cacillo de la propia salsa de la silla |
| 1 cucharada de nata cruda |
| 2 yemas de huevo cocidas |

Toda esta financiera se mezcla bien y con ella se cubre toda la silla una vez que está lista para servir.

Morcillo de ternera en tarrina

Ingredientes para 6 personas

| 1.800 g de morcillo de ternera |
| 1 kg de cebollas |
| 1 cabeza de ajos |
| 1 hoja de laurel |
| 1 ramito de tomillo |
| 350 g de panceta |
| La corteza de una naranja (sólo la parte exterior) |
| 2 cucharadas de harina |
| 1 cucharada de pimentón |
| 10 g de manteca de cerdo |
| Aceite de oliva |
| Sal |
| 1 botella pequeña de cerveza |
| 1/2 botella de vino de Toro |
| 6 patatas medianas en forma de huevo |
| 3 salchichas de Frankfurt |
| 6 trozos de cecina de vaca ahumada y cocida |

El morcillo se corta en seis raciones de unos trescientos gramos cada una, se salan, se pasan por harina y se doran en la sartén.

En una cazuela se fondea la cebolla picada, los ajos, el laurel, el tomillo, la panceta y la corteza de la naranja; a continuación se le agrega la carne que ya tenemos dorada y se le echa un poco de harina y pimentón, se moja con la cerveza, el vino tinto y un poco de agua; todo esto se pone a brasear durante unos cuarente minutos.

Se sacan los morcillos de la cazuela y todo el fondo se pasa por un pasapuré; se vuelve todo a la cazuela y se deja cocer unos quince o veinte minutos más.

Se sirve en una terrina de cobre o barro para que el mismo comensal se sirva.

Como guarnición se sirven las patatas cocidas al vapor, seis trozos de panceta, las salchichas cortadas al medio y la cecina de vaca.

Se sirve todo bien caliente.

Escalopes de ternera «Raquel»

Ingredientes para 4 personas

| 1 kg de riñonada de ternera: lomo y solomillo |
| Sal |
| Un poquito de pimienta molida |
| Harina |
| Huevo batido |
| Miga de pan |
| Queso rallado |
| Aceite |
| Mantequilla |
| Rodajas de limón gruesas |
| Pasta de anchoas |
| Mantequilla Maître-d'hotel (véase receta) |
| 250 g de espaguetis |
| 8 patatas pequeñas en forma de huevo cocidas al vapor |
| 1/4 l de salsa Colbert (véase receta) |

La parte más fina de la ternera es la riñonada, así pues, una vez limpia, se deshuesa, con lo que tendremos por una parte el lomo bajo (exterior) y por otra el solomillo.

Cortamos del lomo unos filetes de dos centímetros de grosor, y con una aplastadera se dejan lo más fino posible; luego se sazonan con un poco de sal y una chispita de pimienta molida, se pasan por harina, huevo batido y miga de pan mezclada con un poquito de queso rallado; una vez empanados, se fríen un poco con aceite y mantequilla (mitad y mitad). Lo mismo haremos con los filetes de solomillo.

Se colocan en una fuente; sobre cada filete colocamos una rodaja gruesa de limón, y sobre ésta, una porción de pasta de anchoas y una lonchita de mantequilla Maître d'hotel.

Como guarnición se sirven unos espaguetis cocidos y envueltos con un poquito de mantequilla y queso rallado, y las patatas cocidas al vapor. Aparte, salsa Colbert.

Redondo de ternera mechado

Ingredientes para 6 personas

1 redondo de ternera de 1.300 g
aproximadamente
Sal
Harina
Aceite
50 g de manteca de cerdo
Unas tiras de tocino salado
1 cebolla pequeña
3 chalotes
Unas zanahorias
Perejil
Tomillo
1 vaso de Jerez
1 kg de champiñones
125 g de jamón de York
1 cebolla grande
1 ensalada de tomate

Se tiene el redondo bien limpio, se sala y se mecha con las tiritas de tocino salado, se pasa por harina y se dora al horno con un poco de manteca de cerdo y un chorrito de aceite. Cuando está dorado se le añade una cebolla pequeña fileteada, los chalotes, las zanahorias cortadas en rodajas, un poco de perejil y un poquito de tomillo; se deja que se vaya haciendo y luego se moja con un vaso de Jerez y dos vasos de agua; se tiene braseando al horno unos cincuenta o sesenta minutos; una vez hecho, se saca el redondo del asador y la salsa se pasa por un pasapuré; si está espesa se rebaja con un poco de agua y si está clara se espesa con un poco de maicena disuelta en una copita de vino o de agua.

Cuando va a servirse se trincha en rodajas, se coloca en la fuente, se salsea un poco con su salsa y como guarnición se pone cebolla abundante cortada en aros, pasados por harina y fritos, y los champiñones salteados con jamón de York en cuadritos.

Aparte, se sirve el resto de su salsa y ensalada de tomate.

Tournedós Diplomático

Ingredientes para 4 personas

4 filetes de solomillo de vaca de unos 140 g
cada uno
Sal
Aceite
Un poco de mantequilla
Mostaza francesa
4 crepes grandes y finos (véase receta)
1/2 kg de patatas
1/2 kg de champiñones
8 lonchas de panceta
1/4 l de salsa Alioli (véase receta)

Se tienen los cuatro filetes un poco aplastados, luego se recogen un poco dándoles forma con una loncha de panceta y se atan alrededor con hilo bramante, se bañan con mostaza francesa, se salan un poquito y se fríen con un poco de aceite y mantequilla, procurando que queden poco hechos; después de fritos se les quitan las cuerdas y se envuelven en los crepes que tendremos hechos y bien calientes.

Se sirven en una fuente y a los lados, como guarnición, se ponen las patatas cocidas cortadas en lonchas y salteadas, los champiñones también salteados y cortados, y unas lonchas de panceta cubriendo las guarniciones.

Aparte se ofrece salsa Alioli.

Tournedós a la Amistad

Ingredientes para 4 personas

4 filetes de solomillo de vaca de unos 200 g cada uno
4 lonchas de tocino salado o de panceta
4 costrones de pan fritos
4 lonchas de riñones de ternera
4 lonchas de foie-gras natural francés
4 lonchas grandes de trufas
Sal
Mantequilla
Aceite
1/4 l de salsa Demiglás (véase receta)
1/2 kg de guisantes
8 alcachofas
Puntas de espárragos

Se tienen los filetes limpios de grasa, se recogen un poco con las tiras de tocino salado y se pinchan con unos palillos (para que no se caiga el tocino al freír), se salan un poquito y se fríen con un poco de aceite y mantequilla; deben quedar poco hechos.

Se sirven colocándolos sobre unos costrones de pan frito; sobre cada tournedó se coloca una loncha de riñones hechos a la plancha, sobre ésta una loncha de foie-gras y sobre el foie-gras las trufas fileteadas.

Se guarnece con guisantes y alcachofas salteados y puntas de espárrafos. Aparte se sirven salsa Demiglás. Todo bien caliente.

Tournedós Colbert

Ingredientes para 4 personas

4 filetes de solomillo de vaca de unos 200 g cada uno
Sal
Aceite
Mantequilla
4 lonchas de tocino salado o panceta
4 costrones hechos de croquetas y fritos, del tamaño del tournedó
4 huevos fritos a la poal (fritos y con un cortapastas se recorta la clara alrededor)
1/4 l de salsa Colbert (véase receta)
1 puré espeso de patata
Pimienta negra
1 trufa picada

Se tienen los filetes espalmados, se les echa un poquito de sal, se recogen envolviéndolos alrededor con las lonchas de tocino salado y se sujetan con unos palillos para que no se caiga éste al freírlos. Se fríen dejándolos poco hechos.

Se colocan sobre los costrones de pasta de croqueta, encima de cada tournedó se coloca un huevo hecho a la poal y sobre la yema un poquito de salsa Colbert.

Se guarnece con el puré de patata y aparte se sirve la salsa Colbert. Se sirve todo bien caliente.

Tournedós Enrique IV

Ingredientes para 4 personas

4 filetes de solomillo de vaca de unos 200 g cada uno
4 costrones de pan frito
Sal
Aceite
Mantequilla
4 lonchas de tocino salado o de bacon
4 fondos de alcachofas rellenas con un poquito de puré de patata
20 piezas (o porciones) de patatas Delfín (véase receta)
1/4 litro de salsa Bearnesa

Se espalman un poco los filetes, se salan un poquito y se recogen con una loncha de tocino salado o bacon, alrededor, se pinchan con palillos o se atan para que no se caiga el tocino al freírlos, se fríen con un poquito de aceite y mantequilla y se dejan poco pasados.

Se sirven en una fuente sobre los costrones de pan fritos.

De guarnición patatas Delfín y aparte salsa Bearnesa.

Tournedós Benjamín

Ingredientes para 4 personas

4 filetes de solomillo de vaca de unos 140 g cada uno
Sal
Aceite
Mantequilla
4 lonchas de tocino salado o panceta
4 costrones de pan frito
16 cabezas grandes de champiñón

1/2 kg de zanahorias
Un poco de jamón serrano
1/4 l de salsa Demiglás (véase receta)

Se tienen los filetes un poco espalmados, se salan un poco y se recogen alrededor con una loncha de tocino salado, que debe sujetarse con unos palillos para que no se caiga. Se fríen con un poquito de mantequilla y un poquito de aceite, que queden poco hechos.

Se cuecen las cabezas de champiñón y se rellenan según el gusto personal.

Se sirven los tournedós en una fuente sobre los costrones de pan fritos; encima del filete se colocan los champiñones.

Como guarnición se sirven zanahorias cocidas y salteadas con jamón y, aparte, salsa Demiglás.

Tournedós Mesón

Ingredientes para 4 personas

4 filetes de solomillo de vaca de unos 200 g cada uno
4 lonchas de tocino salado o panceta
Sal
Aceite
Mantequilla
4 crepes finos (véase receta)
8 alas de pollo
Trufas
Un poco de champán
4 costrones de patatas Duquesa (véase receta)
1/2 kg de judías verdes
1/2 kg de patatas avellana
1/4 l de salsa rosada
Un poco de salsa Demiglás (véase receta)

Se espalman un poco los filetes, se salan y se recogen alrededor con una loncha de tocino salado o panceta que debe sujetarse con unos palillos para que no se caiga al freír; se fríen con un poquito de aceite y mantequilla, que queden poco hechos.

Las pechugas de pollo se cuecen al vapor, con un poquito de champán; se deshuesan y se envuelven, junto con las trufas, en los crepes que tendremos preparados.

Se sirven en una fuente, sobre los costrones de patatas Duquesa, y encima del tournedó un rollo de crepe.

Como guarnición se sirven judías verdes salteadas y patatas avellana y, aparte, salsa rosada.

Tournedós Torrevieja especial

Ingredientes para 6 personas

6 filetes de solomillo de vaca de unos 140 g cada uno
Sal
Aceite
Mantequilla
5 lonchas de tocino salado o panceta
6 costrones de pan fritos
6 lonchas de riñones de ternera hechos a la plancha
6 cabezas grandes de champiñones
6 tomates pequeñitos pelados
7 nidos de patata (véase receta)
300 g de guisantes
300 g de alcachofas
6 lonchas de jamón serrano
1 ensalada de endibias
1/4 l de salsa Demiglás (véase receta)

Se espalman un poco los filetes, se salan, se bordean con las lonchas de tocino salado, dejándolos un poco recogidos, se sujetan con palillos para que no se caiga el tocino al freírlos con un poquito de aceite y mantequilla; se dejan poco hechos.

Se colocan los tournedós en una fuente sobre los costrones de pan fritos; encima de cada tournedó se coloca una loncha de riñones a la plancha, sobre ésta una cabeza grande de champiñón y sobre el champiñón un tomate pequeño entero y pelado. Con una aguja de metal se pinchan el tomate, el champiñón, el riñón y el tournedó, a fin de que quede todo bien sujeto. Se salsea con un poco de salsa Demiglás.

En la misma fuente se colocan unos nidos de patata (hechos de antemano) rellenos con guisantes y alcachofas salteados con mantequilla, y sobre cada nido relleno se pone una loncha de jamón serrano abrillantada con aceite templado. Se sirve todo bien caliente, acompañado de una ensalada de endibias.

Tournedós con manteca de anchoas

Ingredientes para 4 personas

4 filetes de solomillo de vaca de unos 200 g cada uno
Sal
Aceite
Mantequilla
4 lonchas de tocino salado o panceta
4 costrones de pan fritos
200 g de champiñón
250 g de patatas torneadas y breseadas al horno
4 rodajas de limón
200 g de anchoas
1/4 l de salsa Demiglás (véase receta)

Se espalman un poco los filetes, se salan un poquito, se recogen un poco, bordeándolos con una loncha de tocino salado, se pinchan con dos palillos para que no caiga el tocino al freír. Se fríen en un poco de aceite y mantequilla, se dejan poco hechos.

Se colocan en una fuente sobre los costrones de pan fritos; sobre cada tournedó se coloca una rodaja de limón y sobre el limón una pirámide hecha de puré de anchoas mezclado con un poco de mantequilla (bien trabajado).

Como guarnición se sirven el champiñón salteado y las patatas torneadas, y aparte salsa Demiglás.

Tournedós a la Turca

Ingredientes para 4 personas

4 filetes de solomillo de vaca de unos 200 g cada uno
4 lonchas de tocino salado o panceta
Sal
Aceite
Mantequilla
4 costrones hechos de patatas Duquesa (véase receta)
300 g de arroz blanco cocido
Unos hígados de pollo cocidos
1 lata de trufa
100 g de lengua escarlata
Foie-gras francés
1/4 l de salsa Madeira (véase receta)
Ensalada de zanahorias, remolacha (cocidas) y pepinillos (crudos)

Se espalman un poco los filetes, se salan un poquito, se recogen alrededor con una loncha de tocino salado que ha de pincharse con un palillo para que no se caiga al freír. Se fríen con un poco de aceite y mantequilla, y se dejan poco hechos.

Se colocan en una fuente sobre los costrones

de patatas Duquesa; en el centro de la fuente se pone una pirámide de arroz cocido mezclado con los hígados de pollo cocidos y picaditos, así como un poquito de trufa también picadita.

Sobre cada tournedó se coloca una loncha de lengua escarlata cortada del tamaño que aquél y encima de la lengua un poco de foie-gras y sobre éste un poquito de trufa.

Se sirve aparte ensalada de zanahorias, remolacha y pepinillos, presentada en buqués. Aparte también se ofrece salsa Madeira.

Chateaubriand a la Parisina

Ingredientes para 3 personas

3 filetes de solomillo de vaca (del centro) de unos 400 g cada uno
Sal
Aceite
Mantequilla
3 lonchas de panceta o tocino salado
3 costrones de pan frito del tamaño del filete
3 lonchas grandes de jamón serrano
1 ensalada de alcachofas y champiñones salteados, aderezados con aceite y vinagre
100 g de mantequilla Maître-d'hotel fundida

Se elabora igual que el tournedó, pero su tamaño es mucho más grande. Se espalman un poco los filetes, se salan un poquito, se les da forma recogiéndolos alrededor de las lonchas de panceta, que deben sujetarse con palillos para que no se caigan al freírlos. Se fríen con un poco de aceite y mantequilla; deben dejarse poco hechos.

Se colocan en una fuente sobre los costrones de pan frito y encima del filete se coloca una loncha de jamón serrano abrillantada con un poco de aceite templado, delgadita y que cubra el chateaubriand.

Como guarnición se sirve la ensalada de alcachofas y champiñones; la mantequilla Maître-d'hotel fundida, todo bien caliente.

Solomillo a la Española

Ingredientes para 6 personas

1 buen solomillo de cebón
Unas tiritas delgadas de tocino salado de jamón
Sal
Mantequilla
Aceite
20 trozos de alcachofas
Puntas de espárragos verdes
300 g de judías verdes
6 tomates pequeños rellenos de puré de guisantes frescos
1/4 l de salsa Española (véase receta), mezclada con el jugo del solomillo y aromatizada con una copita de vino de Jerez

Se limpia el solomillo de nervios y grasa, se sala ligeramente y se mecha con unas tiritas delgadas de tocino. Se ata un poco y se coloca en la placa de asar, rociándolo con mantequilla y un poco de aceite, mezclado en partes iguales y fundidas antes de echarlas al solomillo.

Se asa según costumbre, regándolo con su propio jugo muy a menudo durante la cocción, que durará unos treinta y cinco minutos más o menos. Una vez asado, dejándolo poco hecho, se retira y se saca el jugo de la placa con un poquito de agua o una copita de Jerez.

Se trincha en rodajas y se coloca en la fuente, salseándolo un poquito con una parte de la salsa Española; el resto de la salsa se sirve aparte.

Como guarnición se presentan las alcachofas cortadas en cuatro partes y salteadas, las puntas de espárragos cocidos en manojitos, las judías verdes cocidas y salteadas, y los tomates asados un poco al horno y rellenos con los guisantes, todo ello colocado artísticamente. Se sirve todo bien caliente, a poder ser tapado con una campana.

Solomillo a la Richelieu

Ingredientes para 4 personas

1 trozo de solomillo del centro, de 1 kg de peso más o menos
Sal
Aceite
Mantequilla
Unas tiritas de tocino de jamón
1 lechuga grande
1 copita de vino blanco
Cebolla
Ajo
4 tomates pequeños
150 g de champiñones
Unas croquetas de puré de patata
300 g de patatas nuevas, pequeñas y risoladas
1/4 l de salsa Media-glasa (véase receta)

Se tiene el solomillo bien limpio, se sala un poquito y se mecha con unas tiritas de tocino de jamón. Se pone a asar al horno muy caliente, rociándolo con un poco de aceite y mantequilla, unos cascos de cebolla y un ajo; a lo largo del asado se moja de vez en cuando con su propio jugo y una copita de vino blanco; se deja unos veinticinco o treinta minutos, ya que ha de quedar poco pasado. Se retira del asador y se saca la salsa.

Se trincha, se coloca en una fuente y se salsea con su propia salsa.

En otra fuente se coloca la guarnición: en los extremos se forman triángulos de lechuga brasea-

125

da, a un lado se ponen los tomates un poco gratinados, al otro lado los champiñones y en el centro croquetas de patata; las patatas risoladas se sirven aparte. También se ofrece salsa Media-glasa mezclada con el jugo del solomillo.

Solomillo a la Malmaison

Ingredientes para 4 personas

1 trozo de solomillo, del centro, de 1 kg de peso aproximadamente
Sal
Aceite
Mantequilla
Unas tiritas de tocino salado
2 tomates
Un poco de puré de patata
8 fondos de alcachofas gratinados
Un poco de puré de guisantes
Un poco de puré de zanahoria
1 costrón de pan frito (del tamaño del solomillo)
4 cucharadas de salsa Bearnesa (véase receta)

Se limpia bien el solomillo, se sala un poco, se mecha con tiritas de tocino salado, se rocía con un poco de aceite y mantequilla, y se pone a asar, salseándolo de vez en cuando con su propio jugo; se deja poco hecho.

Se trincha el solomillo, se coloca en la fuente sobre un costrón de pan frito, y se abrillanta un poco con su propia salsa.

Se sirve la guarnición en la misma fuente, alternando los tomates rellenos con puré de patata y los fondos de alcachofas, unos rellenos de puré de zanahoria y otros de puré de guisantes.

Se sirve con su propia salsa y con un poco de salsa Bearnesa.

Vaca braseada

Para realizar este plato las partes de la vaca más adecuadas son: la tapilla o punta de cadera, la espaldilla, un trozo que los carniceros llaman pez y el redondo de la contra.

La carne destinada para brasear se ha de cortar en una pieza, de tal forma que las rodajas puedan cortarse en sentido inverso a las hebras de la carne.

Ingredientes para 10 personas

1 pieza de vaca de 3 1/2 kg de peso
Sal
Unas tiras de tocino de jamón
Harina
Aceite
Un poco de manteca de cerdo
Cebolla
Zanahorias
Puerros
Laurel
1 diente de ajo
Perejil
1 tallo de apio
Pimienta
Clavo
1 vaso de vino blanco o tinto
Un poco de jugo de carne
2 ó 3 tomates
1 kg de puré de patata
10 nidos de patata (véase receta)
1 1/2 kg de cebollitas francesas braseadas (véase receta)
1 ensalada de endibias y tomate

Se limpia bien la pieza de carne, se mecha con las tiritas de tocino, se sale un poco y se embadurna con harina; se pone en una braseadora con un poco de manteca de cerdo, se dora bien y a continuación se le añaden las cebollas cortadas en trozos, zanahorias en rodajas, puerros troceados, laurel, ajo, perejil, apio, pimienta y clavo.

Se le da vueltas hasta que las legumbres estén bien rehogadas, se riega con un vaso de vino y con el caldo o jugo se le añaden unos tomates picados. Se deja cocer todo hasta que la carne quede bien hecha, lo cual se comprueba pinchándola con una aguja larga; si ésta entra y sale fácilmente es que la carne está en su punto.

Si el caldo se reduce mucho por la cocción, se mojará con agua las veces que sea necesario, procurando que salga una buena salsa.

La carne ya hecha se saca a una fuente y todo el fondo que queda en el asador se pasa por un colador y se recoge en un recipiente aparte.

El jugo se pondrá sobre el fuego, se desgrasa y se limpia la salsa espumándola; cuando ya está limpia se cuela, luego puede ligarse, si se desea, con maicena.

Antes de servirla se trincha y ofrece como guarnición nidos de patatas paja rellenos de cebollitas francesas braseadas (que simulan huevos de pájaro en un nido), puré de patata y ensalada de endibias.

Guiso de vaca a la casera

Ingredientes para 6 personas

1.250 g de carne de vaca de la parte de la punta de cadera o de la espaldilla
Sal
Aceite de oliva
1 cebolla
Zanahoria
Laurel
1 cucharada de pimentón
Harina
1 vaso de vino tinto (si puede ser de Toro)

2 tomates naturales pelados
Ajos
Un majado de:
Ajo
Perejil
4 granos de almendra
1 sopa de pan frito
Unos granos de pimienta negra
Un poquito de vino blanco

Se corta la carne en trozos del tamaño de un huevo, se salan un poquito, se embadurnan con harina y se fríen con poco aceite; cuando ya ha tomado color la carne, se pasan los trozos a una cazuela amplia con un poco de aceite, se añade la cebolla cortada fina, la zanahoria en rodajas, el laurel, una cucharada de pimentón y los tomates pelados y troceados; se rehoga todo bien, se moja con el vino, y después de unos minutos, se añade agua fría hasta que quede bien cubierto y se deja cocer como una hora y media o más.

Como media hora antes de terminar la cocción, se le agregan las patatas para que se cuezan con la carne; cuando están cocidas se prueba de sal y se le añade el majado que tendremos preparado en el mortero; se deja que dé un hervor y se sirve a la mesa después de un reposo de quince minutos.

Entrecôt Colombino

Ingredientes para 4 personas

4 filetes de entrecôt de unos 250 g cada uno, ahumados (véase receta)
1/2 kg de fondos de alcachofas
1/2 kg de champiñones
Patatas fritas
Foie-gras

Se hacen los filetes a la plancha, se colocan en una fuente y como guarnición se ponen fondos de alcachofas, champiñones salteados, patatas fritas y cuatro canapés de foie-gras. Se sirve todo bien caliente.

Puede acompañarse, si se desea, con ensalada de lechuga.

Chuletón de palo de buey

Ingredientes para 4 personas

2 chuletones de buey, grandes, de 1 kg cada uno de peso
Sal
Chipichurri (véase receta)
Ensalada de lechuga
4 escarapelas en forma de canapé hechas con: un cuadradito de pan tostado, una rodaja de limón y mantequilla hecha Maître-d'hotel (véase receta)

Se tienen los chuletones en la cámara unos ocho días, (sin que llegue a congelarse) para que esté la carne bien asentada. Se salan y se ponen a la plancha bañados en aceite, se doran por ambos lados procurando que la carne quede poco hecha. Mientras se está haciendo se riega varias veces con el chipichurri.

Se colocan en una fuente acompañados de las escarapelas previamente hechas, los chuletones se trinchan delante de los comensales.

Aparte se acompaña con ensalada de lechuga.

Nota: este plato puede hacerse también con cuatro chuletas grandes de ternera, de medio kilo de peso cada una.

Lechón asado (cochinillo)

Ingredientes para 8 personas

1 cochinillo de 3 1/2 kg
Sal
Aceite
Ajo
Perejil
Laurel
Hortelana
Un poco de manteca de cerdo
Un poco de chipichurri (véase receta)
1 ensalada de lechuga y tomate

El cochinillo se limpia bien y se adoba con un majado de sal, ajo, perejil, hortelana, laurel y un poco de aceite; se deja en el adobo unas dos horas.

Se pone a asar abierto completamente en una placa o asador; se le echa un poquito de manteca de cerdo y se le van dando vueltas hasta que esté bien tostado, rociándolo con frecuencia con su propio jugo; cuando está a medio hacer se salsea con chipichurri, dos veces por cada lado. Tarda en hacerse un poco más de dos horas y media.

Es indispensable presentarlo entero a la mesa, ya que no puede reconstruirse; se corta en trozos a golpes de cuchillo y se sirve con el jugo del asado. Debe estar bien caliente.

Aparte se sirve ensalada de lechuga y tomate.

Cochinillo relleno

Ingredientes para 10 personas

1 cochinillo de 3 1/2 kg
Sal
Aceite

Ajo
Hortelana
Perejil
1 vaso de manzanilla oloroso
Una farsa hecha con: ternera o cerdo
mezclado con el hígado; a esto,
bien picado, se le añade miga de pan,
hierbas aromáticas, 2 cucharadas de harina
y 2 huevos, y se amasa bien

El cochinillo, bien limpio, se adoba con un majado de ajo, perejil, sal, hortelana y un poco de aceite; se embadurna bien y se deja unas dos horas en maceración.

Se rellena el lechón, se cose y se pone a asar durante tres horas o más, salseándolo a menudo con su propio jugo; al final se riega con un vaso de manzanilla oloroso.

Se presenta entero en la mesa y se trincha.

El relleno también puede hacerse con salchichas, chorizo, pichones y unas rodajas de manzana reineta, todo ello cocido y picado de antemano.

Cochinillo asado a la Madrileña

Ingredientes para 8 personas

1 cochinillo de 3 1/2 kg
Ajo
Laurel
Perejil
Pimienta negra
Vino blanco oloroso seco
Un poco de aceite
Sal
Manteca de cerdo
1 ensalada de berros o lechuga

Se tiene el cochinillo bien limpio, se parte en dos mitades de atrás adelante, por la espina dorsal, y se adoban los dos trozos con un majado de ajo, laurel, perejil, pimienta negra, vino blanco y un poco de aceite; se dejan dos días en maceración en sitio muy fresco.

Se sacan del adobo, se secan con un paño, se salan un poco y se colocan en un asador de barro o una placa, previamente bañada con manteca de cerdo; se mete a asar al horno a temperatura media, para que se ase lentamente. Con frecuencia debe regarse con su propio jugo y, cuando ha tomado color por ambos lados, se moja con un poco de vino blanco. Tarda en asarse unas dos horas.

Se sirve en el mismo asador y aparte un poco de su jugo. Se lleva trinchado a la mesa.

Se acompaña con ensalada de berros o lechuga.

Lomo de cerdo con castañas a la Montañesa

Ingredientes para 4 personas

1.200 g de lomo de cerdo, fresco
Sal
Aceite
Un poquito de harina
Ajo
Perejil
Hortelana
Pimienta negra
Aceite
1 cebolla
Aceitunas con hueso
Patatas
1 hoja de laurel
Un poco de mantequilla
1 vaso de sidra natural
1 1/2 kg de castañas

Un poco de salsa diabla (véase receta)

El trozo de lomo fresco se adoba con ajo, perejil, hortelana, pimienta negra y aceite. Se deja una hora, se pasa por un poco de harina y se dora en una sartén.

En una cacerola aparte se pone: un poco de aceite, un trocito de mantequilla, una cebolla fileteada, laurel, un ajo y un poco de perejil machacados, y sal; en ella se pone el lomo a brasear. Cuando está a medio hacer se moja con un vaso de sidra natural y, si se seca, se le añade un vaso de agua y se sigue reduciendo; media hora antes de estar hecho se le añaden unas rodajas de patatas y las aceitunas con hueso; en total tarda en hacerse una hora y cuarto, más o menos. Se trincha y se emplata.

Como guarnición aparte se sirven unas castañas previamente peladas y braseadas con un poquito de subís de cebolla y mantequilla; se sirven bien calientes. En otro recipiente se pone un poco de salsa diabla.

Lomo de cerdo Llocemil

Ingredientes para 6 personas

1 trozo de lomo fresco de 1.800 g
Aceite
Sal
Leche
1 diente de ajo
Cebolla
Un poco de miel
Un poco de jugo de limón
6 manzanas asadas
Cebollitas francesas
1 kg de castañas
1/4 l de salsa grosella (puré de grosella cocido con un poco de azúcar y un poquito de vino)

Se sala el trozo de lomo y se pone a cocer en un recipiente con leche rebajada con un poquito de agua; se deja cocer unos veinte minutos.

Tendremos preparado un asador con un vasito de aceite, un diente de ajo y un casco de cebolla, se coloca encima el lomo cocido, se cubre con una capa de miel y se pone a asar al honor durante treinta o treinta y cinco minutos; cuando el lomo toma color dorado se rocía con un poquito de jugo de limón y se salsea con su mismo jugo, luego se retira del horno y se deja en reposo, tapado, unos diez minutos. Se trincha y se sirve.

Como guarnición se colocan alrededor del lomo manzanas asadas, cebollitas francesas bien braseadas (véase receta) y castañas naturales peladas y braseadas. Aparte se sirve salsa de grosella.

Este plato debe servirse más bien templado.

Filetes de lomo de cerdo «Orejas»

Ingredientes

1 lomo de cerdo
Ajo
Perejil
Hortelana
Aceite
Pimentón

El lomo se embadurna bien con ajo, perejil, hortelana, aceite y pimentón. Se ahuma durante unos cuatro días y se deja otros cuatro días que seque un poco.

Se mete el lomo en una olla bien cubierto con manteca de cerdo.

Cuando se va a tomar se corta en lonchas y se fríen un poco. Se acompañan con patatas fritas.

Jamón de York, especialidad del chef

Ingredientes para 4 personas

1 trozo de jamón de york de 1 kg aproximadamente
Un poco de manteca de cerdo
1 copita de manzanilla o Jerez
Tomates naturales
Pepinillos en vinagre
Patatas fritas

El trozo de jamón se embadurna con un poco de manteca de cerdo y se asa durante unos treinta y cinco minutos al horno; durante el asado se riega con una copita de manzanilla o Jerez.

Una vez asado se trincha y se coloca en una fuente acompañado de unos trozos de tomate natural, pepinillos en vinagre y patatas fritas.

Espuma de jamón «Conde Luna»

Ingredientes para 6 u 8 personas

1 kg de jamón de York
100 g de mantequilla
1 taza de bechamel espesa, fría y sin sal
2 cucharadas de puré de tomate
Un poco de color rojo vegetal
Un poco de paprika
3 vasitos de gelatina aromatizada al Oporto
Trufas
Unas claras de huevo duro
300 g de huevo hilado
8 guindas en almíbar

El jamón, bien limpio de grasa y nervios se pica en la máquina; a continuación se le agrega la mantequilla, la bechamel, el puré de tomate, un poco de paprika, color rojo vegetal y un poquito de gelatina. Se mezcla todo bien en la batidora.

Se forra con gelatina un molde de charlota y se enfría en la cámara durante una hora; se decora con trufas y claras de huevo duro y sobre esto se echa la mezcla anterior. Se cubre por encima con gelatina y se mete en la cámara durante una hora.

Se pasa el molde por agua templada para que despegue la gelatina y se desmoldea en una fuente redonda y se decora alrededor con huevo hilado y guindas.

Jamón Perú

Ingredientes

Un jamón serrano deshuesado o de York de unos 3 kg
Vinagre
Azúcar moreno
1 cebolla
2 hojas de laurel
Unas ramas de espinacas
Pan rallado
Unos clavos
Unos gramos de pimienta negra
Salsa de tomate refinada
Miel
Pan integral

Si elegimos jamón de York se pone en agua fría durante seis horas, y si es jamón serrano durante cuarenta y ocho horas, cambiándoles el agua varias veces.

Se pone a cocer en agua fría, junto con un buen tazón de vinagre, media taza de azúcar moreno, una cebolla, dos hojas de laurel y unas ramas de espinacas. Se cuece hasta que se suelte la piel de jamón. Se deja enfriar y se le echa pan rallado, un poquito de vinagre y un poquito de azúcar moreno. Al jamón se le incrustan unos clavos y varios granos de pimienta negra.

Se trinchea, se sirve y, aparte en una salsera, se sirve salsa de tomate y en otra miel.

Se come con pan integral, si es posible.

Jamón Mío

Ingredientes

1 jamón serrano pequeño (unos 3 kg) deshuesado
1 kg de pasta de hojaldre
2 l de leche
300 g de manteca de cerdo
1 cebolla
2 hojas de laurel
1 cabeza de ajos pequeña
Hortelana o hierbabuena
1/2 botella de sidra natural
Budín de espinacas (véase receta)

El jamón deshuesado se pone a desalar en agua fría durante cuarenta y ocho horas, cambiándole el agua varias veces; en las doce horas últimas se le añade la leche. Se cuece en agua durante setenta y cinco minutos; luego se embadurna con manteca de cerdo y se coloca en una placa de horno y se asa durante unos ochenta minutos; a los cuarenta minutos se le agregan los ajos, la cebolla troceada, el laurel y la hortelana. Se riega varias veces con la sidra y su propio jugo.

Cuando se saca del horno, se deja enfriar. Se estira el hojaldre deprisa, se cubre bien el jamón con él y se mete al horno; cuando está el hojaldre cocido se saca y se sirve a la mesa, trinchándolo delante del comensal.

Aparte se sirve un budín de espinacas.

Jamón de York hojaldrado

Ingredientes

1 jamón de York pequeño
Un poco de manteca de cerdo
1 hoja de laurel
2 dientes de ajo
Un poquito de menta
1 copa de manzanilla olorosa
1 kg de pasta de hojaldre
Crema de espinacas, o ensaladilla especial con bastante marisco o salsa tártara

El jamón se corta en dos trozos longitudinalmente; las dos porciones se ponen a asar al horno, en una placa untada con manteca de cerdo, junto con el laurel, ajos y un poquito de menta; se aromatiza con manzanilla olorosa y se va regando con su propio jugo. Se deja asar a horno fuerte durante unos veinticinco minutos, transcurridos los cuales se saca y se deja enfriar del todo.

La pasta de hojaldre se extiende y con ella se cubre el jamón; se mete al horno y cuando el hojaldre está cocido se saca y se trincha. Si se sirve caliente se acompaña con una crema de espinacas. Si se prefiere frío se acompaña con ensaladilla especial o con salsa tártara.

Jamón ahumado «Leonés»

Ingredientes

1 jamón de cerdo pequeño (unos 4 kg de peso)
Sal
Mantequilla
Manteca de cerdo
2 hojas de laurel
1 ramo de hortelana

3 dientes de ajo

Unos cascos de cebolla

Un poquito de tomillo

1 vaso de coñac

Salsa de tomate

Jugo de carne un poco picante

Mostaza

1 copita de Oporto

Patatas en forma de huevo, asadas

Morcillas o chorizos

Ensalada de lechuga y tomate

El jamón deshuesado se tiene en un kilogramo de sal gorda durante cuatro días, al cabo de los cuales se saca de la sal y se lava; se ahuma durante siete días (dos o tres horas cada día), con leña de roble; luego se deja secar al fresco de bodega durante quince días. A continuación se pone el jamón a desalar en agua fría unas catorce horas, se le quita el tocino y se cuece durante unos treinta minutos; se tira el agua y se lava.

Tendremos preparado un asador con tapadera en el que quepa el jamón; éste se baña abundantemente con mantequilla y una cucharada de manteca de cerdo para evitar que se queme la mantequilla. Se pone al horno templado, se aromatiza con laurel, hortelana, ajos, cascos de cebolla y un poquito de tomillo. Hay que procurar que no se queme la mantequilla; en cuanto tome un poquito de color se rebaja con un vaso de coñac y se riega cada poco con su propio jugo. Puede tardar en asarse unas dos horas; para comprobar si está hecho se pincha con una aguja gruesa y si sale con facilidad es que ya está asado.

A la salsa del asado, desgrasada, se le añade un poco de salsa de tomate, un buen jugo de carne un poco picante, un poco de mostaza y una copita de Oporto; si procede, se moja con un poco de agua y se pasa por un colador.

Después de asado el jamón, se deja reposar media hora y se sirve acompañado de unas mor-

cillas (cocidas previamente unos cuarenta minutos), patatas en forma de huevo asadas en la propia grasa del jamón y una ensalada de lechuga y tomate.

Si se sirve frío se sustituyen las morcillas por chorizos cocidos.

Pollo salteado Archiduquesa

Ingredientes para 4 personas

1 pollo de 1 1/2 kg

Sal

Aceite

Pimienta molida

50 g de mantequilla

300 g de cebolla

1 copa de vino Madeira

1 copa de nata cruda

4 costrones grandes de pan frito

Trufas

1 kg de castañas hechas puré

Se trocea el pollo en cuatro raciones y se adereza con sal, un poquito de aceite y un poquito de pimienta molida.

En un recipiente de cobre se ponen la mantequilla y la cebolla cortada en juliana; se echa el pollo, se tapa bien y se deja fondear lentamente, sin que la carne llegue a tomar color; cuando la cebolla está muy fundida se le echa una copa de vino Madeira; en el momento que ésta se reduzca se le agrega igual cantidad de nata cruda y se deja un poco más al fuego. Al finalizar la cocción, se sacan los trozos y se tamiza la salsa para que quede muy fina, procurando que resulte espesa.

Se coloca el pollo sobre los costrones de pan fritos, se cubre con su salsa y sobre ella, en cada trozo de pollo, colocaremos una trufa.

Aparte se sirve un puré de castañas.

Pollo a la Parisina

Ingredientes para 4 personas

1 pollo de 1 1/2 kg
Sal
Aceite
Ajo
Perejil
1 copita de coñac
1/2 kg de champiñones cocidos y salteados
1 kg de cebollitas francesas bresadas
Ensalada de endibias y tomate

El pollo, bien limpio, se adoba con un majado de sal, ajo, perejil y un poquito de aceite, y se deja en maceración durante media hora. Se mete al horno a asar con un poquito de aceite, salseándolo con su propia salsa y, al final, regándolo con una copita de coñac. Se deja hasta que está doradito.

Una vez asado se retira del asador, se tapa un poco y mientras tanto se saca su propia salsa, mojándola con un poquito de agua y unas gotas de limón.

Se deshuesa el pollo, se coloca en una fuente trinchado en cuatro raciones, se salsea con su propia salsa y como guarnición se sirven las coles de Bruselas, los champiñones y las cebollitas francesas. Aparte, la ensalada de endibias y tomate.

Capón de Villalba relleno

Ingredientes para 12 personas

1 capón de unos 3 ó 4 kg
300 g de carne de ave picada
250 g de magro de cerdo finamente picado
100 g de harina
4 huevos crudos
Sal
Pimienta molida
Nuez moscada
4 almendras tostadas
Perejil
Hortelana
Tomillo
4 ajos
1 copa de orujo gallego
1/2 kg de castañas peladas
100 g de uvas pasas
12 manzanas asadas y abrillantadas con mermelada de albaricoque
1 manzana reineta pelada y cortada en trozos
Unas tiras de tocino salado
Un poco de manteca de cerdo
Mantequilla
1 copita de vino de Oporto
1 copa de manzanilla oloroso
1 cebolla
Zanahorias
Laurel
1 pimiento
14 patatas en forma de huevo
24 cebollitas francesas

Se limpia bien el pollo y se deshuesa de atrás hacia adelante por la parte del lomo, con cuidado que no se rompe la piel; se embadurna bien con un majado de sal, ajos, perejil, hortelana, pimienta molida, nuez moscada, tomillo y almendras tostadas.

Se prepara una farsa bien amasada con carne de ave picada, magro de cerdo picado, harina, cuatro huevos crudos, un poquito de sal y una copa de orujo. Todo esto se extiende dentro del pollo; a continuación se colocan las castañas peladas, las pasas, los trozos de manzana reineta y las tiritas de tocino salado, y se aromatiza con una copia de vino de Oporto.

Se cose con hilo bramante y se brida de atrás hacia adelante para que no se deforme, se sala por fuera un poquito y se embadurna el pollo con un poco de manteca de cerdo y un poco de mantequilla; se coloca en una braseadora y se dora un poco. A continuación se le añaden la cebolla y las zanahorias troceadas, dos ajos y un pimiento troceado; se tapa y se deja hacer lentamente durante unas dos horas; a mitad de cocción se le agregan las patatas y las cebollitas, y se riega con una copa de manzanilla olorosa y con su propia salsa.

Se saca el pollo y se deja tapado con papel plata hasta que se vaya a servir.

Se sacan las cebollitas y las patatas, y el resto se pasa por un tamiz o colador y queda hecha la salsa. Como guarnición se colocan las manzanas asadas, las cebollitas y las patatas. La salsa se sirve aparte.

Se coloca todo en el carro caliente y en el comedor se trincha.

Pollo, pato y pichón a la Bordalesa

Ingredientes para 4 personas

4 muslos de pollo
4 muslos de pato
2 pichones
Sal
Aceite

Perejil
Ajo
Un poco de manteca de cerdo
Zanahorias
Laurel
Cebollas
1 vaso mediano de coñac
Un poco de bechamel
Un poquito de mantequilla
1/2 kg de patatas a la cuchara
1/2 kg de fondos de alcachofas

Se adoban los trozos de aves con un majado de ajo, perejil, sal y un poco de aceite y se dejan en maceración durante media hora; luego se saltean en una sartén con un poco de manteca de cerdo hasta que se doran; se pasan a una cazuela de Pereruela, que tendremos con un poco de aceite, y se fondean junto con una cebolla y zanahorias, en trozos, y laurel; se aromatiza con coñac, prendiéndole fuego dentro de la cazuela.

Se sacan los trozos de carne para la fuente de servir; el fondo se pasa por un chino o pasapuré y se le añaden dos cucharadas de bechamel y un poquito de mantequilla; con esta salsa se salsea la carne. Como guarnición se ofrecen unas rodajas de cebolla frita, patatas a la cuchara braseadas y fondos de alcachofas cortados en gajos y salteadas.

Pato a la naranja

Ingredientes para 8 personas

2 patos tiernos de 1 1/2 kg cada uno
4 naranjas
Aceite
Sal
Ajo
Laurel

Apio
1 puerro
Zanahoria
50 g de mantequilla
50 g de manteca de cerdo
1 vaso de Jerez seco
Un poco de salsa Española
12 piezas grandes de patatas en forma de huevo

Se limpian bien los patos, se trocean en cuatro partes cada uno, se meten al horno en una braseadora que tendremos con un poquito de aceite, un poco de manteca de cerdo y un poco de mantequilla y se salan; se añade un puerro y una zanahoria troceados, una hoja de laurel, un poco de apio, unas ramitas de perejil y ajo picado.

Se doran y se riegan con un vaso de Jerez seco, se salsean varias veces con su propio jugo, se tapan y se dejan que se vaya haciendo lentamente; tarda en hacerse una hora y media más o menos, según la dureza de la carne.

Cuando está hecho se sacan los trozos de carne, se quita la grasa que suelta el fondo y se pasa todo por un colador.

Aparte se pelan las naranjas, se coge la corteza, se corta en juliana y se cuece veinte minutos; luego se escurre bien el agua con que se cocieron, se lavan bien y se mezcla con la salsa del braseado y se pone a cocer un poco, añadiéndole un poco de salsa Española; si resulta muy ligera se espesa con un poquito de maicena disuelta en agua. Es muy importante que la salsa quede sin nada de grasa.

Se coloca el pato en una fuente, se salsea y alrededor se colocan las naranjas bien peladas (sin nada de blanco) y cortadas en rodajas un poco gruesas, alternando con las patatas que tendremos ya cocidas y en forma de huevo.

La carne ha de servirse muy caliente, así como la salsa.

Civet de pato

Ingredientes para 4 personas

1 pato de 1 1/2 kg de peso
200 g de cebollitas
250 g de champiñones
2 chalotes
1 vaso grande de vino Chambertin
1/4 l de crema blanca, tipo bechamel
Sal
Mantequilla
Aceite
Perejil picado

Se corta el pato en porciones y se saltea con un poquito de aceite y mantequilla; cuando la carne está dorada, se le agregan las cebollitas y los champiñones cortados a la mitad; se tapa y se deja cocer hasta un total de cuarenta a sesenta minutos según la dureza del pato. Al final de la cocción se añaden los chalotes picados y el vino, y se deja al fuego hasta que éste se reduce a la mitad. Se sacan los trozos de carne y se colocan en una fuente; la salsa resultante se liga con la crema y se echa por encima del pato. Se espolvorea con perejil picadito en el momento de servirlo.

Pato al Marsala

Ingredientes para 4 personas

2 patos tiernos y pequeños
Sal
Harina
Huevo batido
Pan rallado
Ajo
Perejil
Romero

Aceite
1 copa de aguardiente
Manteca de cerdo
Mantequilla
1 kg de uvas
1 kg de habas verdes
4 lonchas de jamón serrano (con tocino)

Se limpian bien los patitos, se cortan a la mitad y se adoban con un majado de ajo, perejil, romero y un poco de aceite; se dejan en maceración una hora. Transcurrido este tiempo se sacan, se salan y se empanan con harina, huevo batido y pan rallado; se embadurnan un poco con manteca de cerdo y mantequilla, al igual que la placa donde se van a meter al horno. Mientras se asan, se salsean de vez en cuando y se riegan con una copa de aguardiente. Tardan en hacerse más de una hora; unos cinco minutos antes de estar asados se colocan encima las lonchas de jamón para que se hagan un poco.

Se colocan en una fuente acompañados de habas verdes cocidas, fileteadas y salteadas, y de uvas peladas.

Rilletes especiales de ganso

Ingredientes

1 kg de carne de ganso
600 g de morcillo de cerdo (o de carne de conejo)
Sal
2 hojas de laurel
2 granos de clavo
6 granos de pimienta negra
Ralladuras de nuez moscada
3 chalotes

1 copa de coñac
1 copa de Jerez
250 g de manteca de cerdo
150 g de foie-gras

La carne de ganso y el morcillo de cerdo (o la carne de conejo) se sazonan normalmente con sal gorda y se dejan durante veinticuatro horas. A continuación se lavan bien y se secan con un paño. Estas carnes se cortan en trocitos y se rehogan ligeramente a fuego lento con unas cucharadas de manteca de cerdo; cuando empiezan a dorarse, se retiran, se echan en una cacerola para que continúen cociendo a fuego lento y se le añade la manteca de cerdo y las hierbas aromáticas: laurel, clavos, pimienta, etc.

Cuando la carne está cocida, se le escurre la grasa, que se reservará en un recipiente aparte.

Se tritura bien la carne en la batidora y, junto con la grasa que tenemos reservada, se trabaja vigorosamente y se le añade el foie-gras.

Cuando la pasta está fría y cuajada, se guarda en tarros de cristal en sitio frío, después de haberla cubierto con una capa de manteca de cerdo de medio centímetro de grosor.

Este preparado puede servirse como entremés o reservarlo en conserva para realizar o acompañar a otros platos.

Oca braseada

Ingredientes para 8 personas

1 oca de unos 2 kg de peso
Sal
Aceite
1 cebolla
Ajo
Perejil
200 g de zanahorias

400 g de champiñones
400 g de cebollitas francesas
1/2 kg de salchichas blancas
1 vaso de vino de Jerez seco
1/2 l de salsa Española o jugo de carne

Se trocea la oca en trozos grandes y se rehoga bien en una cazuela con un poco de aceite; se escurre la grasa que desprende y se moja la carne con un vaso de Jerez seco y medio litro de salsa Española o jugo de carne. Las zanahorias y cebollas se rehogan aparte y se añaden a la carne, cuya cazuela debe taparse herméticamente, antes de ponerla a cocer lentamente durante una hora y media más o menos; cuando le falta poco para terminar la cocción se le agregan unos champiñones enteros, unas salchichas blancas, previamente escalfadas, y las cebollitas también a medio hacer.

Se coloca la oca en medio de una fuente y la guarnición alrededor. La salsa, bien desgrasada, se sirve aparte.

La grasa de la oca es exquisita; por ello es muy recomendable para aderezar legumbres secas, canapés y para condimentar purés de aves.

Pavo navideño a la Catalana

Ingredientes para 8 personas

1 pavo de unos 2 kg
Una farsa para rellenar hecha con:
3 cucharadas de harina
3 huevos crudos
1 pimiento seco cortado
1 picadillo de cebolla, jamón serrano, castañas, salchichas, orejas, ciruelas claudias de La Rioja, salvia, trufas, piñones, hierbas aromáticas, canela en polvo, perejil, pimienta y nuez moscada

Sal
Pimienta
1 copita de vino tinto de Priorato
1 copita de Jerez seco
Un poco de manteca de cerdo
1 docena de manzanas asadas
1 1/2 kg de puré de patata
Nuez moscada
Pimienta
Tomates untados en cortezas de pan

Se deshuesa el pavo interiormente y se sazona con sal, pimienta, vino tinto de Priorato y una copa de Jerez seco; luego se rellena con la farsa, previamente preparada, se cose con hilo bramante y se brida para que no se deforme.

Se asa en una braseadora de buen tamaño embadurnando el pavo con manteca de cerdo y un poco de sal; se deja que se vaya dorando lentamente, procurando salsearlo cada poco y darle vuelta; cuando esté dorado se envuelve bien en papel plata y se mete otra vez al horno hasta que termine de hacerse, en lo que tardará unas dos horas; al cabo de las cuales se saca, se deja enfriar un poco y se trincha.

Como guarnición se ponen manzanas asadas, puré de patata bien aderezado con nuez moscada y pimienta y gratinado un poco al horno y las cortezas de pan untadas con tomate. La salsa se sirve desgrasada y caliente.

Este plato puede servirse también frío, sin el puré de patata y con la salsa templada.

Pularda al Caserío

Ingredientes para 4 personas

1 pularda de 1 1/2 kg
Sal
Aceite
50 g de mantequilla

3 dientes de ajo
Perejil
1 cebolla
1 cucharadita de las de café
de setas en polvo
1 copa de vino Madeira
6 cucharadas soperas de jugo de carne
12 piezas de patatas duquesa
1/2 kg de cebollitas francesas
1 ensalada de endibias y tomate

La pularda se limpia, se corta en cuatro trozos, se sala y se echa en un plato de cobre (si lo hay), que tendremos con 50 g de mantequilla y un poco de aceite, y se dejan hacer hasta que se doren los trozos de carne y la mantequilla tome color. Se le añade una cebolla picada muy fina, previamente blanqueada durante diez minutos y bien escurrida, junto con un majado de ajos y perejil, y una cucharadita de setas en polvo.

Se deja cocer a fuego lento y tapado, durante una hora; a media cocción se echa una copa de vino Madeira y tapa bien para que el ave tome color y sabor. Cuando está casi hecha, se le añaden seis cucharadas soperas de jugo de carne.

Se coloca en una fuente y se sirve bien caliente, un poco salseada con su propio jugo, que se habrá desgrasado previamente.

Como guarnición se sirven patatas duquesa y cebollitas francesas braseadas. Aparte, una ensalada de endibias y tomate.

Pintada salteada a la Africana

Ingredientes para 6 personas

2 pintadas de 1 kg cada una
150 g de cebolla picada
2 dientes de ajo

Harina
1 vaso de vino blanco
1/4 l de caldo blanco
2 cacillos de salsa de tomate
250 g de boniatos dulces
4 plátanos
Aceite
Mantequilla

Se cortan las pintadas en seis porciones, separando los muslos; se saltean con aceite y mantequilla a fuego vivo y luego se le añade cebolla picada y ajos picados; se espolvorea con harina, se deja dorar y se moja con vino blanco y el caldo. Se sazona y se le agrega el tomate; se tapa y se cuece lentamente hasta que esté en su punto.

Se coloca en una fuente alargada.

Se desgrasa el fondo de la cocción, se pasa por un pasapuré y se pone a reducir hasta una tercera parte; así queda hecha la salsa.

Se cubre la carne con dicha salsa y en cada extremo de la fuente, colocados en forma de ramillete, se ponen como guarnición los boniatos, cocidos con mantequilla y troceados en dados grandes, y los plátanos, también cocidos con mantequilla y cortados en rodajas.

Se sirve bien caliente.

Pichón al champán

Ingredientes para 4 personas

4 pichones
Sal
Aceite
Mantequilla
2 manzanas reineta
Aceitunas sin hueso
Unos trocitos de panceta
Nueces

1 vaso de champán
4 patatas tamaño mediano, asadas con piel
Un poco de queso rallado
Nuez moscada
8 fondos de alcachofa
1/4 l de salsa Colbert (véase receta)

Los pichones, bien limpios, se deshuesan cuidadosamente y se rellenan con unos trocitos de manzana reineta, unas aceitunas, unos trocitos de panceta, nueces y un poquito de mantequilla. Se salan moderadamente y se ponen al horno a brasear con un poquito de aceite y de mantequilla, se riegan con champán, salseándolos de vez en cuando con su propio jugo y poniendo cuidado que no se quemen.

Se vacían las patatas que tenemos asadas; en el fondo de éstas se pone un poco de salsa del braseado (que previamente habremos desgrasado y ligado un poquito) y sobre ella colocamos el pichón; cada uno se cubre con unas lonchas de manzana muy finas; sobre la manzana se pone el puré de patata —que habremos hecho del vaciado de las patatas, mezclado con un poquito de mantequilla y un poquito de nuez moscada— adornado con boquilla rizada; por encima se echa una lluvia de queso rallado y se gratinan un poquito al horno. Se sirven bien calientes.

Aparte se presentan los fondos de alcachofas salteados y cortados en dados y la salsa Colbert.

Perdices rellenas

Ingredientes para 6 personas

6 perdices tiernas
300 g de carne de liebre o de conejo de monte
100 g de magro de cerdo
50 g de jamón

Ajo
Nuez moscada
2 cucharadas de harina
2 huevos crudos
Mantequilla
Sal
Aceite
Cebolla
Apio
1 copa de coñac
6 volovanes de hojaldre un poco amplios (de pastelería)
1 ensalada de lechuga y tomate

Se deshuesan las perdices, abriéndolas a la mitad, por detrás, pero sin cortarlas del todo.

Se prepara un relleno con la carne de liebre, el magro de cerdo, el jamón (todo ello bien picado), un ajo machacado con un poquito de nuez moscada, dos cucharadas de harina y dos huevos crudos; se mezcla todo bien y se hace una masa. Con esto se rellenan las perdices, se cosen y se ponen al horno en un asador untado con un poco de aceite y mantequilla, se salan un poquito y se les añade unos cascos de cebolla y un poco de apio; cuando están doraditas, se riegan con una copa de coñac y, si es necesario, un poco de agua; se salsean con frecuencia con su propio jugo.

Una vez hechas se sacan del asador. La salsa se desgrasa, se pasa por un tamiz y se le agrega un poco de jugo de carne.

Las perdices se colocan dentro de los volovanes de hojaldre, se salsean con su propia salsa y se sirven bien calientes.

Se acompañan con una ensalada de lechuga y tomate.

Perdices Albufera

Ingredientes para 6 personas

6 perdices tiernas
Sal
Aceite
Cebolla
Ajo
Un poco de pimienta
300 g de magro de ternera
100 g de hígado de pollo
100 g de jamón de York
50 g de foie-gras
50 g de tocino
2 trufas
1 huevo crudo
1 cucharada de harina
6 lonchas gordas de tocino salado
1 copa de aguardiente
6 nidos de patatas paja (véase receta)
1 ensalada de lechuga y tomate
2 cacillos de salsa de tomate

Se tienen las perdices bien limpias y deshuesadas.

Se prepara el relleno con el magro de ternera, el hígado de pollo, el jamón de York, tocino salado, un poco de pimienta, sal, huevo crudo y harina; todo esto se pica y se mezcla bien, haciendo una farsa.

Se coloca dentro de la perdiz una capa de farsa; encima una loncha de tocino, unos trocitos de trufa, un poco de foie-gras; sobre esto otra capa de farsa. Se cosen y se ponen a brasear al horno, en un asador untado con un poco de aceite y mantequilla, a lo que se añaden unos cascos de cebolla y un ajo picadito.

Cuando están doradas se riegan con una copa de aguardiente, si se secan mucho se les echa un poco de agua, se salsean de vez en cuando con su propia salsa y por último se les añade dos cacillos de salsa de tomate.

Cuando están hechas se sacan; la salsa se desgrasa y se pasa el resto por un chino.

Se colocan dentro de los nidos de patatas paja, se salsean con su salsa y se sirven bien calientes, con la salsa aparte.

Se acompaña con ensalada de lechuga y tomate.

Codornices al Nido

Ingredientes para 4 personas

8 codornices tiernas
Sal
Laurel
Cebolla
1 diente de ajo
8 alcachofas grandes (deben caber dentro las codornices)
1 vaso de vino Madeira
50 g de mantequilla
1 kg de castañas cocidas y peladas

Las codornices, bien limpias, se salan y se ponen al horno en una braseadora untada con mantequilla; mientras se van dorando, se riegan con vino Madeira y se les añaden unos cascos de cebolla, una hoja de laurel y un diente de ajo picado; una vez hechas, se sacan, se desgrasa la salsa y el fondo se para por un pasapuré.

Se deshuesan las codornices lo más posible y cada una se coloca dentro de un fondo de alcachofa que previamente tendremos cocidas; se salsean las codornices un poco con su salsa y el resto se deja para servir aparte.

Haremos un puré de castañas y con una boquilla rizada se rodea cada codorniz con él. Se sirve todo bien caliente.

Faisán a la manera de Alcántara

Ingredientes para 4 personas

1 faisán muy tierno
Hígado de pato estofado (sin hiel)
Sal
Un poco de manteca de vaca
3 ó 4 trufas grandes
16 trufas pequeñas
2 huevos crudos
2 cucharadas de harina
Un poco de mantequilla
1 vaso de vino de Oporto
1 copa de Jerez seco

El faisán se vacía por la parte del cuello y, sin abrirlo mucho, se le retira el esternón; luego se procede a rellenarlo con el hígado de pato estofado y picado, una buena cantidad de trufas cocidas de antemano con vino de Oporto y cortadas en trozos grandes, un poco de sal, un poco de manteca de vaca, dos cucharadas de harina y dos huevos crudos; todo ello bien mezclado.

Una vez relleno el faisán, se cose, se embadurna con mantequilla y se pone a rehogar en una cacerola espolvoreándolo de sal y removiéndolo a medida que se rehoga. Cuando está cocido —tarda una hora o más— se le echa el vino de Oporto en el que hemos cocido las trufas (un poco reducido), las dieciséis trufas pequeñas enteras y una copa de Jerez seco; todo esto se deja cocer con el faisán otros ocho o diez minutos más.

Se sirve entero y cubierto con el jugo y las trufas.

Becadas en Salmis

Ingredientes para 4 personas

4 becadas o chochas
Sal
Unos cascos de cebolla
Zanahoria
Hígado de ave
Un poco de tocino ahumado
2 cucharadas de salsa de tomate
Un poco de apio
Laurel
6 granos de pimienta
2 granos de clavo
Unos raspados de nuez moscada
1 palito muy pequeño de canela
1 copa de vino de Toro
1 copa de Jerez
Un poco de mantequilla
1 kg de champiñones
3 cucharadas de salsa Demiglás (véase receta)
4 trufas un poco gruesas

Se limpian bien las becadas, se salan un poquito y se ponen a brasear en una cazuela con un fondo hecho con cebolla, zanahoria, hígado de ave, tocino ahumado, salsa de tomate, apio, laurel, pimienta, clavo, nuez moscada y canela, todo ello troceado; se moja con una copa de vino de Toro y una copa de Jerez.

Después de braseados se deshuesan; los huesos se machacan en el mortero con un poco de mantequilla, se mezcla con todo el fondo y se pasa por un tamiz, hasta conseguir un puré bastante espeso.

Se colocan las becadas en una legumbrera o fuente, se salsean con un poco del puré, refinado con tres cucharadas de salsa Demiglás. Se sirven con una loncha de trufa sobre cada pieza.

Como guarnición se sirven canapés de pan frito cubiertos con el puré, champiñones enteros cocidos y salteados con un poco de mantequilla y trufas cortadas en láminas.

Aparte se sirve el resto de la salsa.

Becadas «Gran Casino»

Ingredientes para 4 personas

4 becadas o chochas muy tiernas
Sal
Un poco de aceite
Mantequilla
Cebolla
Ajo
Laurel
4 lonchas de tocino salado
4 costrones de pan frito
Foie-gras
Jugo de limón
Un poquito de Cayena
Coñac
Patatas paja
Ensalada de berros

Se salan las becadas y se envuelven cada una en una loncha de tocino salado, se bridan de lado a lado para que no se caiga el tocino y se ponen a asar al horno con un poquito de aceite y mantequilla, un poco de cebolla troceada, ajo picado y una hoja de laurel; se riegan con una copa de coñac.

Cuando están asadas, se sacan y se deshuesan; los huesos bien machacados en el mortero se mezclan con el jugo del asado, se aromatiza todo con un poquito de jugo de limón y un poquito de Cayena y se pasa por un tamiz.

Las becadas se cortan por la mitad y se colocan sobre un costrón de pan frito cubierto con foie-gras y se salsean, sólo un poquito, con su salsa.

Cuando se llevan a la mesa, bien calientes, se flamean con coñac.

Aparte se sirve su propia salsa, patatas paja y ensalada de berros.

Conejo a la Manchega

Ingredientes para 4 personas

2 conejos de monte (éstos son pequeños)
Sal
Ajo
Perejil
Un poco de tomillo y de romero
Un poco de aceite
Un poco de manteca de cerdo
Un poco de cebolla
1 zanahoria
4 pimientos gordos pelados y asados
1 vaso de sidra

Se cortan los conejos en trozos grandes, se salan y se adoban con un majado de ajo, perejil, un poquito de tomillo y de romero y un poquito de aceite; se dejan en maceración con este adobo unas dos horas.

Se ponen a brasear en una cazuela con un poco de manteca de cerdo, unos cascos de cebolla y una zanahoria troceada. Cuando los trozos de carne están doraditos se riega con un vaso de sidra, y se salsea con su propio jugo; se tapa y se deja hacer lentamente.

Cuando está hecho el conejo, en una cazuela de barro un poco honda se ponen como fondo unos trozos de pimientos pelados y asados, sobre éstos se coloca el conejo y encima otros pimientos; se tapa bien y se mete al horno unos minutos.

Se sirve todo junto, con su propio jugo.

Conejo a la campesina

Ingredientes para 4 personas

2 conejos de monte
Un poco de manteca de cerdo
Unos cuadraditos de panceta
Harina
150 g de cebolla
1 vaso de vino blanco
1/2 kg de tomates
Sal
Unos granos de pimienta
Un poco de hortelana
1/2 kg de guisantes pelados
Ajo
Perejil
2 almendras
Piñones
Aceite
1/2 kg de patatas pequeñas

En una cazuela se pone un poco de manteca de cerdo; en ella se fríen unos cuadraditos de panceta, cuando están dorados se sacan para un plato.

Se cortan los conejos en trozos, se rehogan lentamente en la misma grasa que quedó de freír la panceta, espolvoreados con un poquito de harina; cuando la carne empieza a dorarse se le agregan unos cascos de cebolla, se sigue rehogando con cuidado; cuando la cebolla está frita, se le añade un vaso de vino blanco y los tomates en trozos, sin piel ni semillas; se sazona el guiso con un poco de sal y unos granos de pimienta. Cuando empieza a hervir se le añaden los guisantes y un majado de ajo, perejil, almendras y piñones con un poco de aceite; se deja cocer y cuando está a mitad de cocción se echan las patatas peladas y pequeñas y los cuadraditos de panceta que tenemos fritos.

Cuando está cocido, se sirve. Es importante que la salsa resulte más bien espesa.

Liebre a la Real

Ingredientes para 8 personas

1 liebre de unos 2 kg de peso
Sal
Aceite
2 cebollas
2 zanahorias
1 ramillete de hierbas aromáticas
2 dientes de ajo
Un poco de hortelana
Un poco de pimienta negra
250 g de magro de cerdo, de la espalda
100 g de tocino salado
100 g de trufas
1 copita de vinagre
Salsa de tomate
Salsa Española
100 g de jamón cocido
2 cucharadas de harina
2 huevos crudos
50 g de foie-gras
1 copa de coñac
4 ó 5 aceitunas deshuesadas
1 1/2 kg de castañas

Se abre la liebre, se despelleja y se deja en sitio fresco durante dos días. Pasados éstos, se deshuesa, pero dejándola entera, y se adoba con un majado de ajo, un poco de hortelana y aceite; se deja en maceración durante dos horas.

Se prepara una farsa de magro de cerdo, tocino salado, el hígado de la liebre (sin la hiel), jamón cocido, trufas, la salsa de éstas, dos cucharadas de harina y dos huevos crudos; todo ello se mezcla y se pica bien en la batidora.

Se rellena la liebre con esta farsa; encima del relleno se ponen unos trozos de foie-gras y unas aceitunas deshuesadas cortadas en trocitos; se cose con hilo bramante, se le echa un poquito de sal y se envuelve en una estameña como si se tratase de una galantina; se ata un poco y se pone en una cacerola; se cubren las tres cuartas partes de ésta con un caldo hecho con los huesos de la liebre, al que se le añaden cebollas troceadas y zanahorias troceadas y salteadas, dos dientes de ajo, un poco de hortelana, pimienta negra, un ramillete de hierbas aromáticas, una copita de vinagre, un poco de salsa de tomate y de española.

Se tapa y se deja cocer lentamente durante unas dos horas. Una vez hecha la carne se saca, se desata y se trincha en trozos.

Se desgrasa la salsa, se pasa todo por un tamiz y, si es necesario, se liga con un poco de maicena (disuelta en un poquito de agua fría).

Se sirve en la fuente, ya trinchada, pero presentada entera; se cubre con su propia salsa y se acompaña con un buen puré de castañas.

Liebre con judías blancas

Ingredientes para 6 personas

1 liebre de unos 2 kg de peso
1/2 kg de judías blancas
Sal
Ajo
Laurel
Aceite
Un poco de pimentón
Un poquito de canela en polvo
Un poquito de pimienta negra
1 copita de vinagre
Un poco de hierbabuena
1/2 cebolla
Un poco de jamón serrano en trocitos

Unos hilos de azafrán
1 vasito de vino blanco

Se limpia bien la liebre y se corta en trozos; a continuación se adoba con ajo machacado, laurel, aceite crudo, un poquito de pimentón crudo, un poquito de hierbabuena, un poquito de canela en polvo, un poquito de pimienta negra y una copita de vinagre; se deja un día o dos en maceración.

Se fríen los trozos de liebre junto con unos trocitos de jamón serrano y unos cascos de cebolla; a continuación se moja con un vasito de vino blanco y se le echan unos hilos de azafrán, agua y un poco de sal; se deja cocer hasta que esté hecha, pero no demasiado.

Aparte se cuecen las judías blancas, se les escurre el agua de la cocción y se juntan con la liebre; se deja cocer todo junto unos ocho o diez minutos y se sirve bien caliente en legumbrera o cazuela de barro, procurando que no quede el guiso demasiado espeso.

Terrina de rebeco a la Leonesa

Ingredientes para 8 ó 10 personas

2 1/2 kg de magro de paletilla y pernil de rebeco, más la riñonada
Un poco de harina
Sal
2 cebollas
Un poco de tocino salado
1 cucharada de manteca de cerdo
Unos 300 g de carne de tomate
1 trozo de lacón desalado
1 kg de patatas
5 salchichas de Frankfurt
10 costrones medianos de pan fritos

Para el adobo:
1 cebolla mediana en trozos
4 dientes de ajo picados
1 ramita de tomillo
Unos granitos de orégano
1 hoja de laurel
1 rama de canela
4 granos de clavo
8 granos de pimienta negra
Un poco de apio
1 corteza de limón (sin lo blanco)
1 corteza de naranja (sin lo blanco)
1/2 botella de vino de Toro
1 copa de aguardiente
1 cucharadita de pimentón
Un poco de aceite de oliva

Se corta la carne en trozos y se adoba con todos los ingredientes citados; se deja en maceración durante cuarenta y ocho horas.

Se saca la carne del adobo, se secan los trozos con un paño, se salan, se pasan por harina y se fríen.

En una cazuela se rehogan dos cebollas troceadas (fileteadas), unos cuadritos de tocino salado, una cucharada de manteca de cerdo y el tomate; a esto se le agrega el adobo escurrido. Sobre esta cazuela se echa la carne y un trozo de lacón desalado; se moja con un poco de agua y se deja cocer todo unos setenta minutos más o menos, según la dureza de la carne, vigilando que no se pase demasiado y que no se seque.

Una vez hecha la carne, se saca y la salsa, previamente desgrasada, se pasa por un chino o pasapuré; si queda muy espesa se aclara con un poquito de agua, y si queda muy ligera se liga con un poco de maicena disuelta en un poquito de agua fría.

Se coloca la carne en una terrina o en una cazuela grande de barro, se le añaden las patatas cocidas al vapor, las salchichas cortadas a la mitad

y el lacón que coció con la carne, troceado; se cubre todo bien con su propia salsa y se sirve bien caliente.

Aparte se ponen los costrones de pan frito.

Pierna de rebeco braseado a la sidra

Ingredientes para 6 personas

1 pierna de rebeco de 1.800 g
Ajo
Perejil
Aceite crudo
1 copa de vinagre
Unas tiritas de tocino salado
Un poco de harina
Aceite
1 cebolla
Zanahoria
Laurel
1 ramita de romero
1 puerro
1 hueso de jamón
1 cucharada de manteca de cerdo
1/2 kg de tomates
1/2 botella de sidra
1 copa de coñac
6 manzanas asadas
8 patatas doradas, en forma de huevo
12 rodajas de berenjenas fritas

En primer lugar se mecha la pierna de rebeco con unas tiritas de tocino salado, luego se adoba con ajo, perejil, aceite y vinagre, y se deja en maceración durante veinticuatro horas.

Se saca la carne del adobo, se embadurna con un poco de harina y se dora en aceite.

En una braseadora (con tapa) se pone una cebolla troceada, una zanahoria en trozos, una cucharada de manteca de cerdo, laurel, una ramita de romero, puerro, tomates en trozos y un hueso de jamón. Con todo esto ponemos la carne a brasear; a los veinte minutos de estar en el horno, se moja con media botella de sidra y una copa de coñac y, si fuera necesario, un poquito de agua.

Cuando la carne está hecha, se saca de la bresera y la salsa, bien desgrasada, se pasa por un chino o pasapuré.

Se trincha la carne y se coloca en una fuente. Como guarnición se colocan las manzanas asadas, las patatas doradas en forma de huevo y unas rodajas de berenjenas fritas.

Pierna y silla de corzo «El Cigarral»

Ingredientes para 6 personas

1 pierna de corzo con riñonada hasta las primeras costillas
Sal
50 g de mantequilla
100 g de manteca de cerdo
1 kg de castañas breseadas con mantequilla
12 peras pequeñitas en compota, enteras, cocidas con vino tinto y azúcar
200 g de pasas de Málaga y Esmirna
1 copa de coñac
1 ensalada de remolacha
Para el adobo:
300 g de zanahorias troceadas
2 dientes de ajo picados
Un poco de perejil picado
1 hoja de laurel
1 vaso terciado de aceite común
8 granos de pimienta negra
4 granos de clavo
Un poco de tomillo
1 cucharadita pequeña de esencia de curry
1/2 botella de vino tinto
1 vaso mediano de vinagre
Un poquito de mantequilla (unos 25 g)

Se adoba la carne con los ingredientes citados y se deja en maceración durante dos días (sin sal) y en sitio fresco.

Se saca la carne del adobo, se enjuga con un paño y se doblan las faldas hacia adentro, sujetándolas con unas lazadas de hilo bramante; se adereza de sal y se coloca en una cacerola amplia; en ella se pone el adobo escurrido, conservando el líquido sobrante.

Una vez colocada la carne, se cubre con cincuenta gramos de mantequilla y cien gramos de manteca de cerdo; se pone a horno lento para que vaya dorándose despacio, sin que se queme el fondo.

Cuando el jugo de la carne se está consumiendo, se le agrega el que tenemos reservado del adobo; en el caso de que este jugo también se agote, se le añaden pequeñas cantidades de un caldo de carne y si no lo hay se le añade agua.

Con estas piezas no se puede determinar el tiempo de cocción puesto que hay mucha diferencia entre unas a otras. Cuando se ve que la carne ya está hecha, se deja la cazuela destapada para que se acaramele un poco por arriba, se retira y se deja diez minutos.

Se saca la pieza de carne a una fuente y todo el fondo del asado se pasa por un tamiz o chino, se pone de nuevo a hervir y se desgrasa por arriba.

Se trincha la carne y en las dos cabeceras de la fuente se colocan guarniciones de castañas braseadas, peritas en compota y las pasas, puestas en maceración con una copa de coñac durante dos horas.

Aparte se sirve su propia salsa y una ensalada de remolacha.

Chuletas de corzo «Eslava»

Ingredientes para 4 personas

16 chuletas de corzo
Un poquito de tomillo
Un poco de romero
Pimienta negra
1 ajo
Aceite
1 copa de vinagre
Sal
Un poquito de mantequilla
16 lonchas de calabacín, rebozadas en harina y huevo y fritas
Un poco de salsa Savora italiana (como una mostaza un poco picante)
1/2 kg de setas salteadas
1 ensalada de apio y tomate

Se tienen las chuletas bien espalmadas y se adoban con tomillo, romero, pimienta negra, ajo, aceite y vinagre, dejándolas en maceración durante seis horas.

Se sacan las chuletas del adobo, se salan y se fríen con un poquito de aceite y mantequilla.

Se colocan en una fuente, sobre las lonchas de calabacín fritas; se rocían con salsa Savora y se aderezan con las setas.

Aparte se pone una ensalada de apio y tomate.

Pierna de gamo «Monte Negro»

Ingredientes para 4 personas

1 pierna de gamo
Unas tiritas de tocino salado
Un poco de harina
Sal
1/2 botella de vino tinto «Sangre de toro»
1 botella pequeña de cerveza
12 aceitunas negras
1 copa de aguardiente
2 manzanas
3 tomates
2 cortezas de naranja
6 manzanas asadas, que queden un poco duras
1/2 kg de ciruelas claudia, cocidas
Salsa de grosella
Unos gajos de mandarina limpios y salteados con un poco de mantequilla
1 kg de castañas peladas y asadas
Para el adobo:
1 ramita de romero
Un poquito de tomillo
1 hoja de laurel
Pimienta negra
Unos clavos
Unos cascos de cebolla
Zanahoria
Ajo
1 trozo de hígado de la misma res
1 cucharada de pimentón
1 vaso de vino tinto de Rioja
1 vaso mediano de vinagre

Una vez bien limpia la pierna de gamo, se mete en el adobo que tenemos preparado y se deja dos días en maceración (sin sal), en sitio fresco.

Se saca del adobo, se mecha con unas tiritas de tocino salado, se sala, se pasa por harina y se dora por todas partes; a continuación se coloca en una braseadora añadiéndole el adobo, se moja con un buen caldo si se tiene y si no con un poco de agua media botella de vino tinto «Sangre de toro» y una botella pequeña de cerveza. Cuando está a medio asar se le agregan las aceitunas, una copa de aguardiente, dos manzanas troceadas, tres tomates también troceados y dos trozos de corteza de naranja. Tardará en asarse más de una hora (según la dureza de la carne).

Una vez hecha la carne, se saca del horno y el fondo se pasa por un chino o pasapuré; se pone de nuevo a cocer para espumarla y quitarle la mayor cantidad de grasa posible.

Se trincha la pierna y se sirve en una fuente. Como guarnición se sirven manzanas asadas, ciruelas claudias cocidas, gajos de mandarinas y castañas asadas. Aparte salsa grosella y su propia salsa.

Chuletas de gamo con mandarinas

Ingredientes para 4 personas

12 chuletas de gamo de unos 140 g cada una
1 ajo
Un poquito de hierbabuena
Un poco de aceite común
1 copa de vinagre
Sal
Un poco de mantequilla
2 copas de coñac
El zumo de 2 mandarinas
1 vaso mediano de salsa de caza
5 mandarinas

Se espalman bien las chuletas y se adoban con un majado hecho con ajo, hierbabuena, aceite y vinagre, dejándoles seis horas en maceración.

Se sacan las chuletas del adobo, se salan y se fríen con un poquito de aceite y mantequilla. Se pasan a una cacerola, se riegan con el coñac, el zumo de las mandarinas y la salsa de caza; se deja cocer todo junto unos cuatro o cinco minutos.

Se sirven las chuletas en forma de corona, se cubren con su propia salsa y en el centro se colocan las mandarinas peladas y en gajos.

Pierna o jamón de jabato deshuesada

Ingredientes para 8 ó 10 personas

1 pierna de jabato de unos 3 ó 4 kg de peso
Unas tiritas de tocino salado
Sal
Harina
Aceite
1 cucharada grande de manteca de cerdo
1 cebolla
Ajos
Unos trozos de zanahoria
2 pimientos secos sin la grana
4 cucharadas de salsa de tomate
1 1/2 kg de cebollitas francesas braseadas
1 1/2 kg de patatas
1 kg de castañas
1/2 l de salsa de grosella
1 ensalada de lechuga, tomate y huevo cocido
Para el adobo:
Laurel
Un poco de tomillo
Un poquito de orégano
Pimienta negra
Ajo
Nueces
Aceite
1 vaso de vino tinto
1 vaso de manzanilla olorosa
1 vaso de vinagre

Primeramente se mecha la pierna con unas tiras de tocino salado; luego se pone en el adobo y se deja en maceración durante treinta y seis horas, dándole vuelta a la pieza de vez en cuando.

Se saca la pierna de la maceración, se seca y

se sala; se embadurna bien con harina y en una sartén, con aceite, se dora por todas partes.

Luego se mete en una braseadora con tapa, junto con una cucharada de manteca de cerdo, una cebolla troceada, ajos y zanahorias troceados y dos pimientos secos sin semillas; a esto se le agrega todo el adobo de la maceración. Se tapa y se pone a brasear a horno regular, procurando que no se seque demasiado; tardará en hacerse unas dos horas, según la dureza de la carne.

Una vez hecha la carne, se saca de la braseadora y el fondo se pasa por un chino o pasapuré; se desgrasa bien y se le añaden cuatro cucharadas de salsa de tomate; se mezcla todo bien.

Se sirve la pierna, previamente trinchada y como guarnición se colocan cebollitas braseadas, patatas doradas al horno y castañas peladas y asadas.

Aparte se sirve salsa grosella y ensalada de lechuga, tomate y huevo cocido.

Chuletas de jabato «San Marcos»

Ingredientes para 4 personas

12 chuletas de jabato, un poco gruesas
1 vaso de vino blanco
Otro de vinagre
1 cebolla
2 zanahorias
Unos trocitos de tocino
Sal
Aceite
Mantequilla
1 vaso de salsa atomatada
Un poquito de pimienta picante mezclada
1/2 kg de almendras peladas, tostadas
y salteadas con un poquito de aceite y
mantequilla
1/2 kg de castañas peladas y salteadas
con un poquito de aceite y mantequilla
(6 minutos en el horno)
Trocitos de jamón
Cebolla

Se adoban las chuletas con vino blanco, vinagre, cebolla y zanahorias troceadas; se dejan en maceración durante veinticuatro horas. Luego se sacan de la maceración, se mechan con tocino (dos o tres trocitos en cada una), se espalman un poco y se doran en una cazuela con aceite y un poquito de mantequilla; se ponen al horno durante seis o siete minutos con el adobo como fondo.

Se colocan alrededor de una fuente redonda, se salsean con la salsa atomatada, mezclada con pimienta, y en el centro se colocan en dos buqués distintos: las almendras y las castañas, mezcladas con trocitos de jamón y de cebolla.

Pescados y mariscos

Truchas al champiñón

Ingredientes para 6 personas

6 truchas de buen tamaño
6 tiras de tocino de jamón serrano
200 g de magro de jamón serrano
6 lonchas grandes y muy finas de jamón serrano
1 1/2 kg de champiñón natural y blanco
1/2 botella de champán
1 cazo de salsa Demiglás (véase receta)
150 g de mantequilla
2 cucharadas de harina
Sal
1 limón
1 vasito de vino blanco
Aceite
Unas cortezas de tocino de jamón curado al humo
1 cucharada de nata fresca
3 yemas de huevo crudas

Se salan las truchas y dentro de cada una se coloca una tira de tocino de jamón serrano; luego se fríen en aceite abundante y muy caliente con unas cortezas de tocino de jamón curado al humo.

Se cuecen los champiñones con el jugo de un limón, un vasito de vino blanco y otro de agua, y un poco de sal, durante unos ocho o diez minutos; el caldo resultante se cuela y se reserva en un recipiente.

En una cacerola se ponen cien gramos de mantequilla con un chorrito de aceite; una vez fundida la mantequilla se echa la harina, se rehoga bien y se añade el champán (que habremos reducido a la mitad, cociéndolo tapado en un recipiente); sobre esto se añade el caldo de los champiñones, se bate bien con la varilla y se deja cocer unos cinco minutos. Luego se le agrega la salsa Demiglás y, en el momento de servirla, se le mezcla la nata cruda y las yemas de huevo.

Los champiñones fileteados, se saltean en cincuenta gramos de mantequilla, junto con un picadillo de jamón serrano.

El fondo de la fuente donde se va a servir se cubre con la salsa, sobre ésta se colocan los champiñones salteados y encima las truchas; sobre cada trucha se pone una loncha muy fina de jamón serrano abrillantada con un poquito de aceite templado.

El resto de la salsa se sirve aparte, bien caliente.

(Con este plato se premió al autor, con la Trucha de Oro 1973.)

Truchas a la plancha

Ingredientes para 4 personas

4 truchas de unos 300 g cada una
4 tiras de jamón serrano
4 lonchas de panceta
Sal
Un poco de aceite
1/4 l de salsa tártara (véase receta)

Se sazonan bien las truchas con sal y dentro se les mete una tira de jamón serrano. Se ponen en la plancha caliente, sobre la cual habrá un poquito de aceite; por encima de las truchas se echa también aceite. Se dejan hacer, procurando que no se quemen.

Se tendrán las lonchas de panceta fritas, secas y calientes, se ponen encima de las truchas, se sirven bien calientes.

Aparte se presenta un recipiente con salsa tártara.

Truchas al vapor

Ingredientes para 4 personas

2 truchas de 1/2 kg cada una,
aproximadamente

Sal

1 vaso de vino blanco

1 hoja de laurel

Cebolla

Perejil

Apio

Zanahoria

Un poquito de mantequilla

8 patatas de tamaño mediano

1/4 l de salsa alioli (véase receta)

Se salan las truchas y se ponen en una salmonera pequeña (las salmoneras tienen una especie de bandeja agujereada con pies que la separan del fondo), envueltas previamente en papel de plata untado con mantequilla; al lado de las truchas se pueden poner las patatas a cocer.

En el recipiente donde se mete la salmonera, se pone agua fría con laurel, sal, cebolla, perejil, zanahoria, un poquito de apio y un vaso de vino blanco, sin que llegue a los agujeros de la salmonera; se tapa bien y desde que empieza a hervir el agua, se deja cocer veinte minutos.

Se retira del fuego, se dejan enfriar un poquito, se sacan del recipiente, se desenvuelven y se emplatan en la fuente.

Como guarnición se ponen las patatas cocidas, aparte se sirve la salsa alioli.

Truchas escabechadas

Ingredientes para 4 personas

4 truchas de unos 250 g cada una

1/4 l de aceite

2 dl de vinagre blanco

1 vasito de vino blanco

3 dientes de ajo

Laurel

1 zanahoria pequeña cortada en rodajas

Sal

Las truchas, sazonadas de sal, se fríen en el aceite bien caliente; se sacan de la sarten para el recipiente donde van a quedar escabechadas, y en el mismo aceite se fríen los ajos, laurel y la zanahoria; una vez dorado todo, se retira la sartén del fuego y se le van echando despacio el vinagre y el vino blanco; se pone a cocer todo junto durante cinco minutos y se le quita la espuma. A continuación se vierte todo sobre las truchas, de forma que queden bien cubiertas.

Truchas terrina

Ingredientes para 6 personas

6 truchas de unos 300 g cada una

Sal

Limón

Ajo

Perejil

Tomillo

Laurel

6 trocitos de panceta

6 lonchas de jamón serrano

Un poco de mantequilla

1 copa de Jerez

Aceite

1/2 kg de cebollas

1/4 l de salsa Demiglás

1 cucharada de nata cruda

Un poquito de mostaza

6 costrones de pan frito con una loncha de

queso del mismo tamaño y gratinados al
horno

6 patatas cocidas

6 costrones alargados de pan (rebozados en
huevo y fritos)

Las truchas se cortan de forma que quede el trozo del centro de cada una. Estos seis trozos se sazonan con sal, limón y un majado hecho con ajo, perejil, un poquito de tomillo y laurel; con todo esto se dejan en maceración durante dos horas; luego se les mete dentro un trocito de panceta.

Se envuelve cada trozo con una loncha de jamón serrano y se ata para que no se deforme. Se asan al horno con un poquito de mantequilla y aceite; cuando están a medio asar se rocían con una copita de Jerez; una vez asadas se dejan reposar un poco.

Se prepara una subís de cebolla muy espesa y se pasa por un tamiz; a éste se le añade la salsa Demiglás, la cucharada de nata y el jugo de asar las truchas (sin nada de grasa), y se adereza con un poquito de mostaza.

Se fondea la terrina o plato de horno con esta salsa; en el centro se colocan los canapés de queso y encima las truchas (a las cuales les habremos quitado las cuerdas); sobre éstas se echa también un poquito de salsa. Alrededor se colocan las patatas y los costrones de pan rebozados y fritos. Se sirve todo bien caliente.

Por la realización de este plato, el autor consiguió un segundo premio en la Semana Internacional de la trucha.

Truchas ahumadas «Polvoreda»

Ingredientes para 6 personas

3 truchas ahumadas de unos 300 g cada una

6 canapés alargados (como el filete de

trucha), hechos de pasta de croquetas de
huevo

2 cebollas medianas

Un poquito de mantequilla

Queso rallado

1/4 l de salsa Colbert (véase receta)

A las truchas ahumadas se les quita la piel y las espinas, y se hacen dos filetes de cada una.

Se prepara una subís de cebolla, cocida despacio con un poquito de aceite y pasada por un tamiz.

Con pasta de croquetas de huevo, se forman unos canapés, rebozados en huevo y pan rallado, y luego fritos. Sobre éstos se colocan los filetes de trucha, bañados por ambos lados con la subís de cebolla; luego se cubren con un poco de queso rallado y un poquito de mantequilla, se gratinan al horno ligeramente y, a continuación, se emplatan en una fuente y se sirven bien calientes.

Aparte se ofrece salsa Colbert.

Filetes de salmón a la Japonesa

Ingredientes para 6 personas

1.300 g de salmón en lonchas

1 cebolla pequeña

1 zanahoria

Laurel

Perejil

Zumo de 2 limones

1 vaso de vino blanco

300 g de mayonesa

Un poco de gelatina (hecha con 2 hojas de
cola)

100 g de alcaparras

1/2 kg de ensaladilla rusa

14 lonchas de anchoas
12 piezas de mejillones con media cáscara (cocidos)
12 piezas de almejas con media cáscara (cocidas)
12 piezas de gambas gruesas
16 cangrejos de río
Color rojo vegetal

Se cortan en crudo unas buenas lonchas de salmón y de éstas se forman otras en rectángulo; se ponen a cocer durante quince minutos con cebolla, zanahoria, laurel, perejil, limón y vino blanco; luego se sacan, se escurren y se cubren bien con una salsa mayonesa (a la que se le da un color de salmón con un colorante vegetal) mezclada con un poco de gelatina.

En el centro de cada loncha de salmón se colocan dos de anchoas y, entre éstas, unas alcaparras.

En el centro de una fuente redonda se coloca la ensaladilla, en forma de pirámide, y alrededor, simétricamente, se colocan las lonchas o filetes de salmón. El espacio que no cubren éstos, se rellena con mejillones, almejas y gambas; se cubre todo con la mayonesa y entre los filetes de salmón se colocan colas de cangrejos.

Se sirve acompañado de mayonesa o salsa tártara.

Salmón a la parrilla

Ingredientes para 4 personas

4 lonchas de salmón de unos 300 g cada una
Sal
Limón
Pimienta
Un poco de aceite
400 g de alcachofas o de judías verdes

4 patatas cocidas enteras (del tamaño de un huevo)
4 canapés de pan tostado, en forma de triángulo
4 lonchas delgaditas de jamón serrano, del tamaño de los canapés
4 lonchas de queso, del mismo tamaño
4 rodajitas de limón
Mantequilla Maître-d'hotel (véase receta)

Se sazonan las lonchas de salmón con sal, limón y pimienta (se tienen así unos quince minutos). Se mojan con aceite, se ponen en la parrilla y se dejan dorar por los dos lados echándoles un poquito de aceite para que resulten jugosas.

En una fuente se coloca el salmón poniendo sobre cada loncha un canapé hecho de pan tostado, jamón, queso, limón y una rodaja gruesa de mantequilla Maître-d'hotel (todo ello pinchado con un palillo).

Como guarnición colocamos las alcachofas o judías verdes, cocidas y salteadas, y las patatas cocidas.

Ha de servirse todo bien caliente.

Salmón Real

Ingredientes para 8 personas

1 loncha entera de salmón ahumado
1 loncha grande del pan de molde (cortada a lo largo del pan, un poco gruesa)
2 ó 3 huevos batidos
2 lonchas grandes de jamón de York un poco gruesas
Ajo
Perejil
Pimienta
Nuez moscada
Unos polvitos de curry
1 yema de huevo cocido

1 vasito de aceite
50 g de mantequilla
1 copa de licor Fernet
2 cebollas tamaño mediano
Unas lonchas delgaditas de queso
Mayonesa
2 cucharadas de caviar
1/2 kg de puré de guisantes muy espeso
2 cucharadas de nata cruda
Limón

La loncha de pan de molde se reboza en huevo batido y se fríe; una vez frita se coloca en una placa amplia untada con aceite; este pan se cubre con el jamón de York.

La loncha de salmón se embadurna bien por arriba con un majado hecho con ajo, perejil, pimienta, nuez moscada, unos polvitos de curry, una yema de huevo cocido y un vasito de aceite, y se coloca sobre el costrón de pan y jamón; se aromatiza todo con la copa de Fernet y un poquito de limón; se cubre con papel de plata muy untado de mantequilla y se mete al horno durante dieciocho o veinte minutos.

Un poco antes de sacarlo del horno, se le quita el papel de plata y se le añade la subís de cebolla que previamente habríamos preparado; sobre esto se ponen las lonchas de queso y se gratina; se saca del horno y se coloca en una fuente larga (para servir a la mesa).

Se trincha el salmón de atrás hacia adelante, cortando incluso el costrón de pan, y de cada lado se sacan cuatro raciones. Una vez trinchado se bordea la fuente con el puré de guisantes, al que le habremos añadido un poquito de mantequilla y dos cucharadas de nata, con una boquilla rizada ancha.

Si se sirve caliente se acompaña con salsa mayonesa mezclada con caviar.

Si se sirve frío se pone salsa tártara.

Salmón relleno «La gitana»
Ingredientes

1 salmón de unos 3 kg de peso
Una farsa para rellenar de:
3 ó 4 cucharaditas de mantequilla
2 dientes de ajo picados muy fino
2 cebollas picadas en juliana muy fina
10 setas
10 gambas peladas
200 g de jamón serrano troceado
10 colas de cangrejos de río peladas
Huevas del salmón

Todos los ingredientes de la farsa se rehogan durante doce minutos y se le añaden dos copitas de brandy, se flamea y nada más que se apague se le agregan dos cucharaditas de harina; se remueve todo hasta que nos quede un relleno compacto. Seguidamente se deja enfriar.

Se le extrae la espina al salmón, de la cabeza a la cola, dejando ambas partes (cabeza y cola); se rellena el salmón con la farsa que tenemos preparada y se cubre la abertura del mismo con lonchas de jamón muy finas; luego se envuelve en papel de aluminio y se mete al horno durante veinte minutos. Antes de sacarlo se riega con una copita de Jerez seco.

Se saca del horno, se le quita el papel aluminio y se cubre con una salsa realizada de la siguiente forma:

En una sartén se ponen al fuego dos cucharaditas de mantequilla; cuando está disuelta se le añaden dos cucharaditas de harina y se remueve constantemente; a continuación se le agrega el zumo de un limón, una copa de champán, dos tazas de caldo de champiñones, un poquito de nuez moscada y unas alcaparras. Todo esto se remueve constantemente para que no se formen grumos.

Esta salsa se sirve muy caliente.

Lenguado Meunière

Ingredientes para 4 personas

2 lenguados de 1 kg cada uno
Sal
Un poquito de limón
Harina
Aceite
Mantequilla
Vino blanco
Un poco de vinagre
Perejil picado
1 cucharada de jugo de asado
6 patatas

Se filetean los lenguados, se limpian bien y se sazonan con sal y un poquito de jugo de limón; se pasan por harina y se doran por ambos lados en una sartén con un poquito de aceite fino y mantequilla; se colocan en la fuente donde han de servirse.

En la misma sartén se rehoga un poco de mantequilla hasta que tome color, se echa un poquito de limón, sal, unas gotitas de vino blanco, un poco de vinagre, un poco de perejil picado y una cucharada de jugo de asados; con todo esto se cubren los lenguados y se sirven.

Se acompaña con unas patatas al vapor y se sirve todo bien caliente.

Filetes de lenguado Saint-Germain

Ingredientes para 4 personas

8 filetes de lenguado de buen tamaño
Sal
Un poquito de limón
Harina

Huevo batido
Pan rallado
50 g de mantequilla
Aceite
8 patatas
1/2 kg de puré de guisantes
1/4 l de salsa Bearnesa (véase receta)

Los filetes se sazonan con sal y limón y se empanan con harina, huevo y pan rallado; se fríen en muy poco aceite hasta que estén dorados; después se marcan con un hierro al rojo (si es posible).

Cada filete se baña en mantequilla fundida.

Se sirven bien calientes con unas patatas cocidas y puré de guisantes.

Aparte se ofrece salsa Bearnesa.

Lenguado a la Catalana

Ingredientes para 6 personas

12 filetes de lenguado de buen tamaño
Sal
Limón
100 g de mantequilla
1 vasito de vino blanco
2 docenas de mejillones
2 cucharadas de harina
Un poquito de pimienta
Nuez moscada
1 cucharada de nata cruda
12 patatas cocidas de tamaño mediano

Se sazonan los filetes con sal y limón y se colocan en una placa bien cubierta de mantequilla; se unta un papel de plata con mantequilla y se cubren con él los filetes; se meten al horno unos siete minutos y se mojan con un poquito de vino blanco. Se dejan hacer unos cinco o seis minutos más a horno fuerte, con cuidado que no se pasen de punto.

Se escalfan los mejillones y se les quita una de las partes de la cáscara.

Se procede a hacer la salsa de la siguiente forma: en una cacerola se ponen a rehogar cincuenta gramos de mantequilla y harina, se mojan con el juego del lenguado y de los mejillones hasta que quede todo bien ligado; se sazona con un poquito de pimienta, nuez moscada, sal y una cucharada de nata. Se sirven los filetes acompañados de los mejillones, se salsea todo bien con la salsa y se sirve bien caliente.

Las patatas cocidas pueden servirse en la misma fuente o en una legumbrera aparte.

Lenguado «Bella Otero»

Ingredientes para 6 personas

12 filetes de lenguado
Sal
1 limón
Nuez moscada
Pimienta
1 vasito pequeño de Jerez
50 g de mantequilla
6 patatas grandes
1/2 l de salsa bechamel
1 vasito de leche
150 g de jamón
150 g de champiñones
1 copita de jugo de carne
Un poco de queso rallado

Se sazonan los filetes de lenguado con sal, limón, nuez moscada y pimienta; se ponen a escalfar al horno con un poco de mantequilla y Jerez, durante unos ocho minutos (el horno ha de estar fuerte).

Se asan las patatas y, una vez asadas, en ca-

liente, se cortan un poquito por arriba y se desocupan con una cuchara con cuidado que no se rompa el exterior de la patata; se pasa el puré, bien caliente, por un tamiz y se pone en una cacerola con un poco de mantequilla, sal y leche; se trabaja bien hasta que quede espeso para usarlo con boquilla.

En el fondo de la patata se pone un picadillo fino de jamón y champiñones (cocidos previamente) y una cucharada de jugo de carne; sobre todo esto se colocan dos filetes de lenguado doblados y salseados con un poco con salsa bechamel; se cubre todo con el puré de patata, pasado por boquilla rizada; encima del puré se echa un poquito de queso rallado y mantequilla y se mete a gratinar al horno.

Se sirven en una fuente con blonda o servilleta de tela.

Aparte se sirve salsa bechamel. Todo bien caliente.

Lenguado «Club de Campo»

Ingredientes para 6 personas

12 filetes de lenguado
6 lonchas finas de jamón serrano
Un poco de harina
Sal
Limón
Nuez moscada
Pimienta
6 costrones de pan frito
2 huevos bien batidos
8 patatas en forma de huevo cocidas al vapor
1/4 l de salsa Colbert (véase receta)

Se sazonan los filetes con sal, limón, nuez moscada y pimienta, se pasan por harina. Con cada dos filetes se hace un sandwich, metiendo en medio una loncha de jamón; se rebozan con el huevo batido y se fríen por ambos lados; una vez fritos se colocan sobre los costrones de pan que han de ser del mismo tamaño. Se sirven y se salsean con un poco de salsa Colbert, se guarnece con las patatas cocidas al vapor.

Bacalao «Correcillas»

Ingredientes para 6 personas

1.200 g de bacalao
Aceite
3 dientes de ajo
1 hoja de laurel
Pan de hogaza
1 cucharada de pimentón
1/2 cucharada de harina
1 vaso de vino blanco
6 huevos cocidos
Perejil
Nuez moscada

Se tendrá el trozo de bacalao limpio de espinas y escamas y bien lavado; luego se coloca encima de la plancha de la cocina con el fin de que se ase un poco por ambos lados; después se desfibra en tiras, no muy pequeñas y sin espinas, se vuelve a lavar de nuevo y se tiene dos horas en remojo.

En una cazuela de Pereruela con aceite abundante se fríen unos ajos, unos trozos de pan de hogaza en forma de sopas y una hoja de laurel; una vez frito se machaca todo en el mortero junto con un poquito de perejil y nuez moscada.

Se escurre bien el bacalao, hasta que no le quede nada de agua, y se rehoga con el aceite en la cazuela; una vez rehogado se le agrega una cucharada de pimentón, un vaso de vino blanco y un poco de agua, procurando que no quede muy aguado.

Todo lo que tenemos majado en el mortero se agrega al bacalao, procurando que dé un hervor todo junto durante unos quince minutos; se retira del fuego tapado y se deja en reposo.

Por encima se ponen unos huevos cocidos cortados a la mitad. Se sirve en la misma cazuela bien caliente y jugoso.

Acompañando al bacalao puede ofrecerse «sopa de vino», realizada de la siguiente forma: en una lumbre de leña, cuando ya está bien formada la brasa, pero no demasiado fuerte, se pone un trozo de pan de hogaza a tostar por los dos lados hasta que quede un poquito quemado. Tendremos una jarra grande de vino tinto con dos cucharadas de azúcar en la que se mete el pan tostado; se tapa y se deja reposar un poco; a continuación se sirve y se reparte el pan entre los comensales.

Bacalao a la Provenzal

Ingredientes para 6 personas

1 1/2 kg de bacalao
1/4 l de aceite
1 cebolla
3 dientes de ajo
1 hoja de laurel
Perejil
1 copa de Jerez o manzanilla olorosa
4 tomates grandes
6 espárragos grandes

El bacalao, bien escamado y sin espinas, se pone a remojo durante veinticuatro horas, cambiándole el agua varias veces; luego se corta en trozos de tamaño mediano.

En una cazuela de barro de Pereruela se echa el aceite y se fríen los ajos enteros, una hoja de laurel y la cebolla picada muy fina; cuando están fritos los ajos y el laurel se sacan del aceite y se echan en un mortero junto con el perejil, se machaca todo bien y se le echa una copa de Jerez o manzanilla olorosa.

Aparte tenemos los tomates pelados, sin pepitas y sin agua; se trocean y se agregan al sofrito de cebolla; a continuación se le mezcla todo lo del mortero y se le añade un buen puñado de pan rallado.

El bacalao, ya troceado, se coloca en la cazuela y se cubre con la salsa añadiéndole un poquito de agua fría; se deja cocer durante unos veinte minutos.

Se sirve en la misma cazuela y se ponen encima los espárragos cortados en trozos.

Bacalao a la Vizcaína
Ingredientes para 6 personas

1 1/2 kg de bacalao
Aceite
Harina
1 vaso de vino blanco
1 cebolla grande
2 dientes de ajo
2 docenas de ñoras secas o de pimientos cristal
6 trozos de pimientos morrones
1/2 kg de tomates
1 guindilla pequeña (no muy picante)
1 hoja de laurel
4 cucharadas de miga de pan
Un poco de pimentón
Zanahoria
Unas cortezas de tocino o hueso de lacón
1 copita de coñac de chacolí
3 huevos cocidos

Se corta el bacalao en trozos de tamaño mediano, se pone a remojo en agua fría durante veinticuatro horas, cambiando ésta dos o tres veces; después se escama bien y se le quitan las espinas;

se lava de nuevo con el fin de que quede limpio y se seca con un paño; a continuación se pasan los trozos por harina y se fríen ligeramente en poco aceite.

Se hace una salsa de la siguiente forma: en una cazuela se pone bastante cebolla picada muy fina, ajos, ñoras (que estarán previamente a remojo durante seis horas), los tomates pelados, sin pepitas y sin agua, guindilla, laurel, miga de pan, zanahoria, un poco de pimentón y cortezas de tocino; todo esto se cuece junto con un vaso de vino blanco y otro de agua, durante veinte minutos; luego se pasa por un tamiz o colador, y se le añade una copita de coñac chacolí.

En una cazuela de barro amplia se echa un poquito de la salsa, se coloca el bacalao encima y se vuelve a salsear hasta que quede bien cubierto; luego se mete al horno unos quince minutos.

Como guarnición, dentro de la cazuela, se ponen unos trozos de pimiento morrón y los huevos cocidos cortados a la mitad.

Bacalao en Salsa Verde
Ingredientes para 6 personas

1.200 g de bacalao
1 cebolla mediana
1 cucharada grande de perejil picado
Aceite
Espárragos
Pimientos rojos
Harina
3 dientes de ajo
1 hoja de laurel
1 vaso de vino blanco

Se pone el bacalao a remojo durante veinticuatro horas, se cambia el agua dos o tres veces, se lava bien y se le quitan las escamas y las espinas; se corta en trozos, se secan con un paño, se pasan por harina y se fríen ligeramente por ambos lados; se echan en la cazuela donde se van a hacer.

En el mismo aceite se fríen: la cebolla finamente picada, los ajos picados y el perejil; se les añade el vaso de vino blanco y dos vasos de agua; se refríe todo bien y se echa por encima del bacalao, junto con una hoja de laurel y se pone a cocer unos veinte minutos (el bacalao debe estar cubierto con la salsa).

Se ponen por encima unos trozos de espárragos y unos trozos de pimientos rojos.

Caujerride de bacalao

Ingredientes para 4 personas

1 kg de bacalao
1 l de salsa bechamel, no muy espesa (véase receta)
2 huevos cocidos
200 g de arroz blanco
Un poco de curry
1 volovan grande para 4 raciones (de medio hojaldre, de pastelería)

El bacalao se desala, se limpia bien y se trocea; a continuación se blanquea en agua fría y cuando está a punto de hervir, se escurre y se refresca un poquito.

En el fondo del volován se pone un poco de bechamel, sobre ésta se coloca el arroz, que tendremos cocido a la criolla (con un poquito de curry); encima del arroz se coloca el bacalao, un poco desmenuzado; sobre éste los huevos cocidos cortados en trozos; se cubre todo con la bechamel; se mete al horno a temperatura moderada durante veinte minutos, aproximadamente.

Se sirve bien caliente.

Esta receta resulta apropiada para otros pescados, tales como salmón, lenguado, rodaballo, rape e incluso merluza.

Atún a la Provenzal

Ingredientes para 8 personas

2 kg de atún cerrado
Sal
Pimienta
Calvo
Nuez moscada
Limón
Laurel
Tomillo
Perejil
Aceite
Un poco de mantequilla
1 cebolla
1 vaso de vino blanco
3 tomates
12 patatas

Al atún se le quita la piel y se sazona con sal, pimienta, clavo, limón, nuez moscada, laurel y tomillo, dejándolo en maceración unas horas.

Se coloca la pieza en un asador al horno y se le añade un buen vaso de aceite y una cucharada de mantequilla; cuando el atún está bien dorado por todos los lados, se le agrega una cebolla cortada y un vaso de vino blanco, se deja asar hasta que esté reducido, a continuación se le agregan los tomates pelados y sin pepitas; cuando está todo a punto se añaden las patatas cocidas y un poco de perejil picado y se sirve.

Rodaballo a la parrilla

Ingredientes para 3 personas

1 rodaballo de 1 1/2 kg
Sal
Aceite

1 diente de ajo
Unos trocitos de hoja de laurel
Un poco de zumo de limón
1 vaso de Jerez
6 patatas cocidas

Se limpia el rodaballo, se pone en una besuguera y se sazona con sal, bastante aceite, un diente de ajo cortado en lonchas, unos trocitos de hoja de laurel y un poco de zumo de limón; se mete a horno fuerte; a los cinco minutos se riega con Jerez y un poco de agua, se deja otros veinte o veinticinco minutos en el horno más templado; se riega con todo su jugo y se coloca en la fuente; se cubre con el jugo del asado y se sirve acompañado de patatas cocidas al vapor.

Rodaballo relleno «Gran Hotel»

Ingredientes para 6 personas

1 rodaballo de 2 1/2 kg
1 vaso de vino blanco
Caldo de champiñón
Caldo de pescado
300 g de patatas
75 g de mantequilla
Sal
Jugo de limón
Harina
150 g de trufas
300 g de champiñones
150 g de nata cruda
2 yemas de huevo
Para la mousse:
150 g de gambas
200 g de langostinos

100 g de carne de nécoras
100 g de jamón
1 copita de coñac
2 cucharadas de harina
Sal
1 huevo
Mantequilla

El rodaballo se limpia y se desespina abriéndolo por el centro, se sazona con sal. Se realiza una mousse (véase receta) para rellenar con gambas, langostinos, carne de nécoras y jamón, todo bien picado, una copita de coñac, dos cucharadas de harina, sal, un huevo y un poquito de mantequilla. Se rellena el rodaballo con esta mousse y se coloca en una besuguera; se cubre el pescado con los caldos de champiñón y de pescado, vino blanco, cincuenta gramos de mantequilla y un poco de zumo de limón, y se pone a cocer; cuando rompe a hervir, se deja cocer moderadamente durante treinta minutos; se retira del fuego y se conserva caliente.

Se prepara la salsa reduciendo el caldo de la cocción, al que se le añade un poco de harina envuelta en unos veinticinco gramos de mantequilla y la nata cruda, procurando que quede todo un poco ligado; se pasa por un colador muy fino, se pone al baño maría bien caliente; en el momento de servirla se le añaden dos yemas de huevo.

Se coloca el rodaballo en una fuente, se salsea un poquito con la salsa que hemos preparado y se guarnece con buqués, alternando uno de trufas y otro de champiñones, doce quenefas que hemos de hacer de la misma pasta de la mousse y unas patatas a la cuchara cocidas.

El resto de la salsa se sirve aparte.

Atún marinera

Ingredientes para 4 personas

1.200 g de atún en una pieza
1 vaso de vino blanco seco
2 cebollas medianas
Sal
Aceite
Ajos
Unos trozos de pimiento verde
y algunos rojos
1 docena de cangrejos de río
4 ajos
Unos costrones pequeños de pan frito

El atún se sazona con sal y se dora ligeramente en aceite abundante y ajo; a continuación se le añade el vino blanco, las cebollas y los trozos de pimientos, todo fileteado muy fino; se deja cocer durante unos veinticinco minutos. Entonces se saca el atún y la salsa resultante se pasa por el tamiz; si queda clara se liga con un poco de maicena.

Se corta el atún en cuatro raciones, se coloca en una fuente y se salsea bien con la salsa. Se guarnece con cangrejos bordeando el plato, cuatro ajos cortados en trozos o lonchas grandes y dorados, y los costrones de pan fritos en dados pequeños.

El resto de la salsa se sirve aparte.

Marinera de anguila Borgoñesa

Ingredientes para 6 personas

1.200 g de anguila de mar
1 cebolla mediana
2 dientes de ajo
1 buqué de hierbas aromáticas
Pimienta
Clavo
Nuez moscada
Sal
50 g de mantequilla
Harina
1 vaso de coñac
1/2 botella de vino de Toro
200 g de cebollitas francesas braseadas
200 g de champiñones
Unos costrones de pan fritos
12 cangrejos de río cocidos

Se limpia la anguila, se sala y se corta en trozos alargados.

En una cacerola fondeada con unos veinte gramos de mantequilla se echa un poco de cebolla fileteada, los ajos, el buqué de hierbas, pimienta, clavo y nuez moscada rallada. Se reserva.

En una sartén aparte, con un poquito de mantequilla y aceite, se doran un poquito los trozos de anguila; en la misma sartén se flamean con un vaso de coñac y se pasa todo a la cazuela que tenemos reservada; se cubre con vino tinto y se deja cocer entre veinte y veinticinco minutos, bien tapado.

Los trozos de anguila se trasladan a otra cacerola de barro o legumbrera, que se pueda servir a la mesa.

En una cazuela aparte, con un poquito de mantequilla, se rehogan unas cucharadas de harina; una vez rehogada, se le añade todo el fondo donde se ha cocido la anguila y se hace una salsa que quede un poco cremosa.

Se salsean los trozos de anguila y se guarnecen con unas cebollitas francesas braseadas, champiñones cocidos y salteados, y costrones de pan frito; por encima de los trozos de anguila se ponen los cangrejos de río. Se sirve bien caliente.

Filetes de pez espada «Sierra la Fuente»

Ingredientes para 6 personas

1 1/2 kg de pez espada
Sal
Limón
Pimienta
Aceite
Harina
1 huevo
6 crepes grandes (véase receta)
350 g de arroz
150 g de jamón serrano
1/4 l de salsa Bordalesa (véase receta)

Se limpia el pez espada y se corta en filetes de unos doscientos cincuenta gramos cada uno; se ponen una hora en maceración con sal, jugo de limón y pimienta; a continuación se pasan por harina y se fríen; se dejan enfriar y se envuelven uno a uno en los crepes, los cuales se pinchan con un palillo, se pasan por huevo batido y se vuelven a freir ligeramente. (Luego se quitan los palillos.)

Se cuece el arroz, se mezcla con jamón serrano cortado en trocitos, se moldea en forma de pirámide y se coloca en el medio de la fuente; alrededor se colocan los trozos de pescado y se moja con un poco de salsa Bordalesa. El resto de la salsa se sirve aparte.

Lubina al horno «Mimosa»

Ingredientes para 6 personas

1 lubina de 1 1/2 kg, aproximadamente
Ajo
Sal
Perejil

Limón
Almendra tostada
Harina
1 huevo
Pan rallado
Aceite
150 g de mantequilla
Laurel
10 ó 12 patatas cocidas
350 g de fondos de alcachofas cocidas
1/4 l de salsa Holandesa (véase receta)
1 vaso de champán

Se tiene la lubina limpia, se le quita la piel y se sazona bien con un majado de ajo, perejil, almendra tostada, sal, un poquito de jugo de limón y una cucharada de aceite; se pasa por harina, huevo batido y pan rallado.

Aparte tendremos un plato horno fondeado con un refrito de aceite, mantequilla, una hoja de laurel y dos dientes de ajo; sobre esto se coloca la lubina y por encima de ella se ponen unos trocitos de mantequilla; se mete a asar al horno bien caliente; a los diez minutos se riega bien con un vaso de champán; después, mientras se asa, se sigue salseando la pieza de vez en cuando con su propio jugo; cuando está hecha se saca y se emplata en la fuente donde se ha de servir.

Con la salsa que hay en el asador se moja la lubina un poco. Se guarnece con las patatas cocidas y fondos de alcachofas, también cocidas.

Aparte se sirve salsa Holandesa.

Lubina fría a la Parisina

Ingredientes para 6 personas

1 lubina de 1 1/2 kg
2 ó 3 patatas cocidas y peladas
1 limón
1 hoja de laurel

Sal
1/2 cebolla
Un poco de zanahoria
Perejil
1 vaso de vino blanco o sidra
Un poco de apio
1/2 l de gelatina (véase receta)
1 kg de ensaladilla rusa
1/4 l de salsa rosada

Se limpia bien la lubina, se le meten dentro unas patatas cocidas y peladas y se ata con bramante procurando que no se deforme; a continuación, se pone en una besuguera cubierta con agua, jugo de limón, laurel, sal, cebolla, zanahoria, perejil, apio y un vaso de vino blanco o sidra; se tapa la besuguera y se pone a cocer durante veinticinco o treinta minutos; luego se retira del fuego y se deja veinte minutos en reposo; después se saca del agua, se quita la piel y se deja enfriar del todo; se decora a gusto personal y se abrillanta por encima con gelatina.

Se coloca en la fuente y por ambos lados se guarnece con ensaladilla rusa. Se sirve acompañada de salsa rosada.

Lubina rellena «El castillo»

Ingredientes para 6 personas

1 lubina de unos 2 kg
Sal
Limón
Un poco de pimienta negra molida
200 g de pasta de croquetas con huevo cocido
6 croquetas grandes de huevo
150 g de garbanzos cocidos
1 huevo cocido
50 g de espinacas cocidas y picadas

130 g de mantequilla
20 g de queso rallado
Harina
Aceite
Cebolla
Ajo
Laurel
1 copa de champán
8 patatas cocidas naturales
1/4 l de salsa de champiñón al champán

La lubina se limpia, se desescama y se desespina abriéndola por la espalda de atrás adelante, sin quitarle la cabeza ni la cola y se corta la espina a ras de la cabeza y la cola; se sazona por dentro con sal, limón y un poco de pimienta negra molida y se cose con aguja y bramante la zona ventral para que quede lista para rellenar.

A la pasta de croquetas con huevo cocido se le añaden los garbanzos, el huevo cocido, las espinacas cocidas y picadas, cien gramos de subís de cebolla muy frita, pero sin que tome color, veinte gramos de mantequilla y el queso rallado; con todo esto bien mezclado se rellena la lubina de atrás hacia adelante, se cose con mucho cuidado y se brida un poco con hilo bramante para que no se deforme; se sala por fuera, se reboza con harina, se embadurna de mantequilla y un chorrito de aceite y se mete al horno en un plato en cuyo fondo habremos puesto cebolla cortada en tiras, unos dientes de ajo, laurel y encima la lubina. A los quince minutos se cubre con papel de plata y se deja asar otros quince minutos más a horno fuerte.

Un poco antes de terminar de asarse se moja de atrás adelante con una copa de champán, y se glasea la pieza con el jugo del asado.

Se sirve y como guarnición se colocan patatas cocidas y croquetas de huevo.

Aparte se sirve salsa al champán.

Merluza rellena «Virginia»

Ingredientes para 10 personas

1 merluza de 3 1/2 kg, aproximadamente
50 g de jamón de York
100 g de champiñón
1 manzana
Pimienta
Limón
50 g de langosta cocida
Un poquito de cebolla picada
1 huevo
Harina
Unas lonchas de panceta
Unas lonchas de pepino en vinagre
Sal
Aceite
Mantequilla
1 costrón de pan frito del tamaño de la merluza
1 vaso de sidra natural
Pasta de medio hojaldre (de pastelería)
1/4 l de salsa de champiñón al champán o de salsa tártara (véase receta)

Para realizar este plato la merluza ha de ser muy fresca y de altura; ésta se desespina de atrás hacia adelante.

Se hace una farsa de jamón de York picado, champiñón cocido y picado, una manzana, un poquito de pimienta, un poco de jugo de limón, langosta, cebolla; todo esto se mezcla con un poco de harina y huevo crudo. Con esta farsa se rellena la merluza y sobre aquélla se ponen unas lonchas de panceta y unas rodajas de pepino en vinagre; en la parte de adelante se colocan unos trozos de manzana. Se envuelve la merluza y se cose de atrás hacia adelante, se brida, se sala y se pasa por harina.

Tendremos una placa de asar untada con acei-te y mantequilla; en ella se coloca el costrón de pan y sobre él la merluza embadurnada de mantequilla; se pone a asar en el horno fuerte, salseándola con frecuencia con el jugo que va expulsando; a los diez minutos, más o menos, se le echa un vaso de sidra natural y se deja otros quince o veinte minutos, mojándola cada poco con su propio jugo.

Se saca del horno y se deja enfriar en la misma placa. A continuación, se le quita todo el bridado y el cosido, procurando que no se deforme, se saca de la placa con el costrón y se coloca todo de nuevo en una placa de pastelería; la merluza se forra con pasta de medio hojaldre, se pinta con huevo batido (con un pincel) y se mete a cocer a horno fuerte; cuando está hecho el hojaldre se saca y se deja enfriar; puede servirse templada o fría.

Se pone a la mesa la pieza entera y se trincha delante de los comensales.

Aparte se sirve salsa de champiñón al champán si la merluza está templada; si está fría se acompaña con salsa tártara.

Con este plato el autor fue premiado en un concurso nacional.

Merluza a la cazuela especial

Ingredientes para 6 personas

6 rodajas de merluza de unos 300 g cada una (del centro a ser posible)
Sal
Ajo
Limón
Perejil
Almendra
Aceite
Un poco de sidra natural
Harina

1 copa de Tío Pepe
Gambas
Espárragos
6 lonchas de jamón serrano
8 claras de huevo
Azúcar
1 copa de coñac

Se sazonan las rodajas de merluza con sal y limón, se les echa un majado de ajo, perejil y almendra, un poco de sidra natural y un poco de aceite, y se dejan en maceración durante una hora; después se pasan por harina y se fríen en poco aceite procurando que se doren por ambos lados. Se pasan a una cazuela amplia de barro (o bien a cazuelas individuales).

El aceite de freírlas se deja en la misma sartén; en él se echa un poco de vino, la mezcla en la que se tuvo en maceración la merluza y un poco de agua; se mezcla todo y se echa sobre la merluza, de forma que quede bien cubierta; sobre las rodajas de merluza se ponen las gambas y los espárragos y se deja cocer unos quince minutos; después se cubren con las lonchas de jamón y éstas con las claras montadas a punto de nieve y mezcladas con azúcar; se mete a horno fuerte para que doren las claras.

Se sirve a la mesa lo más caliente posible y se flamea con una copa de coñac.

Merluza a la Vasca

Ingredientes para 4 personas

4 rodajas de merluza fresca de unos 300 g cada una
Sal
Limón
Harina
Aceite
1 copa de vino oloroso

Ajo
Perejil
2 almendras
Un poco de guindilla
12 almejas grandes
8 espárragos
2 huevos cocidos
4 trozos de pimiento morrón en conserva

Se sazonan las rodajas de merluza con sal y limón y se dejan durante quince minutos; luego se pasan por harina y se fríen en una sartén con poco aceite, hasta que se doren por ambos lados. Se saca la merluza para una cazuela grande de barro (o cazuelitas individuales); en la sartén donde se frieron se echa una copita de vino oloroso, un poco de agua y un majado de un diente de ajo, perejil, almendra y un poquito de guindilla; se mezcla todo bien y se echa por encima de la merluza; se pone a cocer unos veinte minutos.

Se guarnece con las almejas cocidas, presentadas con media cáscara, los espárragos, los huevos cocidos cortados a la mitad y los trozos de pimiento morrón en conserva.

Besugo a la plancha

Ingredientes para 4 personas

1 besugo de 1 1/2 kg, aproximadamente
Sal
Limón
Un poquito de pimienta negra
Aceite
8 patatas
1/4 l de salsa tártara (véase receta)

Se limpia bien el besugo, procurando quitarle una piel negra que tiene dentro del vientre, pues es muy amarga; se sazona de sal, limón y un poquito de pimienta negra, y se deja unos minutos en maceración.

Se baña en aceite y se pone a la plancha, bastante fuerte, unos doce minutos por cada lado, procurando que quede bien hecho y jugoso (se le añade un poco más de aceite si es necesario).

Se emplata en la fuente y, como guarnición, se añaden las patatas cocidas y en forma de huevo.

Aparte se sirve salsa tártara.

Besugo «a la espalda»

Ingredientes para 4 personas

1 besugo de 1/2 kg, aproximadamente
Sal
Limón
Un poquito de pimienta negra molida
Aceite
4 dientes de ajo
Perejil
Pan
Laurel
1 cebolla pequeña
8 medallones gruesos de patatas
1 vaso de sidra natural
Un poquito de vinagre

Tendremos el besugo bien limpio y escamado, procurando quitarle una piel negra que tiene en el interior. Se abre de atrás hacia adelante por el lado más grueso, sin que queden los trozos separados.

Se sazona con un poco de sal gorda, un poquito de limón y un poco de pimienta negra. En un mortero se majan: dos dientes de ajo, bastante perejil, un trozo de pan frito, media hoja de laurel frita; a esto se le agrega un poco de aceite y con esta mezcla se embadurna bien el besugo y se deja en maceración unos diez minutos.

En una sartén con un vasito de aceite, se fríen dos dientes de ajo cortados en trozos; cuando están dorados, en caliente, se echa por encima del besugo que tendremos colocado en una placa

para asar, junto con unos cascos de cebolla y los medallones de patatas.

Se pone a asar al horno un poco fuerte, durante unos veinte minutos; a los diez minutos se riega con un vaso de sidra natural y, una vez asado, se le echa por encima un poquito de vinagre.

Se sirve junto con los medallones y los cascos de cebolla como guarnición.

Mero al horno «Leonés»

Ingredientes para 8 personas

1 mero de unos 4 kg
Sal
Limón
Un poquito de canela en polvo
Pimienta
Perejil
Nuez moscada
Clavo
Aceite
Harina
1 hoja de laurel
50 g de mantequilla
1 copa de Jerez
Un poco de mostaza
16 patatas medianas
1/2 kg de puré de patata espeso

El mero se limpia y se hacen dos filetes de atrás hacia adelante; se le quita la espina y se sazona de sal, limón, canela en polvo y pimienta negra.

Se prepara un majado de perejil, nuez moscada, un poquito de clavo, y se le echa un poquito de aceite; con esto se embadurnan los filetes de mero; luego se pasan por harina y se colocan en una placa que se tendrá preparada con un poco de aceite, un poco de mantequilla y una hoja de laurel. Encima de los filetes se pone un poquito de mantequilla y se meten al horno, a temperatura media, se dejan asar de quince a dieciocho minutos; durante el asado se salsean por encima con su propia salsa; a los doce minutos de estar en el horno, se mojan con una copa de Jerez y se siguen salseando hasta el final.

Se colocan en una fuente. Al jugo del asado se le agrega un poquito de agua, mantequilla y una bolita de mostaza; esto se pasa por un colador y se echa un poquito sobre los filetes; la salsa restante se pone aparte.

Se guarnece con las patatas cocidas y se bordea la fuente con el puré de patata, con boquilla rizada. Se sirve todo bien caliente.

Mero en salsa verde

Ingredientes para 4 personas

4 rodajas de mero de unos 300 g cada una
Sal
Limón
Aceite
Harina
3 ajos
Perejil abundante
1 vasito de vino blanco
4 costrones de pan frito
2 huevos cocidos

El mero se sazona con sal y limón, y se dejan unos diez minutos en maceración; después se pasan por harina y se fríe por ambos lados.

En el mismo aceite se echa un poco de harina, los ajos cortados en trozos muy pequeños y bastante perejil picado muy fino; se moja con un vaso de vino blanco y un poco de agua; se echa en una cazuela o plato de horno y en él se colocan los filetes; se dejan hacer durante unos dieciocho o veinte minutos.

Como guarnición se colocan costrones de pan frito y huevos cocidos cortados a la mitad.

Rape a la Inglesa

Ingredientes para 6 personas

2 1/2 kg de rape
Sal
Limón
Harina
Huevo batido
Pan rallado
Aceite
Mantequilla
1/4 l de salsa de tomate
Patatas fritas

En primer lugar se le retira la espina al rape; a los dos trozos resultantes se les quita una piel fina que tienen, para que no encojan al freírlos.

Se sazona el rape con sal y limón, se filetea en láminas sesgadas y se aplastan un poquito; a continuación se pasan por harina, huevo batido y pan rallado, y se fríen en aceite y mantequilla, dorándolos por ambos lados; una vez fritos, se bañan con un poquito de mantequilla fundida, para que queden jugosos.

Se colocan en la fuente y se acompañan con patatas fritas y salsa de tomate servida aparte.

Estos medallones de rape pueden hacerse sin empanar, rebozándolos sólo con harina; una vez fritos se cubren con salsa mayonesa y se presentan sobre un zócalo de ensaladilla rusa.

Rape a la cazuela

Ingredientes para 6 personas

2 1/2 kg de rape
Sal
Limón
Pimienta
Harina

| 3 dientes de ajo |
| Perejil |
| 1 vasito de vino blanco |
| 12 espárragos |
| 400 g de patatas a la cuchara |

Se deshuesa el rape, se le quita una piel que tiene, ya que si no encogen; se cortan en láminas sesgadas y se aplastan un poquito. Se sazonan con un poco de sal gorda, limón y un poquito de pimienta negra; después se pasan por harina y se fríen ligeramente por ambos lados.

Se coloca el rape en una cazuela. En el mismo aceite de freírlo se pone harina, ajos picados y perejil y se fríe todo; se le añade un vasito de vino blanco y agua, se echa en la cazuela donde tenemos el mero y se deja cocer unos quince minutos. Por encima se guarnece con espárragos cortados en trozos y las patatas a la cuchara, un poco fritas, que terminan de hacerse con el pescado. Se sirve bien caliente.

Turbante de lenguado frío «Leonesa»

Ingredientes para 8 personas

| 680 g de lenguado en filetes |
| 750 g de salmón en filetes |
| 150 g de salmón crudo |
| 250 g de bechamel espesa |
| 3 claras de huevo |
| 200 g de almejas sin la concha |
| 200 g de gambas |
| 200 g de colas de camarones |
| 70 g de mantequilla |
| 200 g de champiñones |
| Trufas |
| Fondos pequeños de alcachofas |

| 1/2 l de salsa Tártara (véase receta) |
| 1/2 l de gelatina |

Se limpian los filetes de lenguado y salmón, se sazonan con sal, limón y un poquito de pimienta molida.

Tendremos un molde grande en forma de corona circular bien untado con mantequilla.

Se prepara una pasta con ciento cincuenta gramos de salmón picado, un poco de huevo duro, tres claras de huevo y una taza de bechamel; todo bien mezclado y sazonado de sal, se pasa por el tamiz. Esta pasta se echa por encima de los filetes, cuyas extremidades se doblan hacia arriba sobre el relleno; se colocan en el molde, alternando los de lenguado y salmón, y se dejan cocer unos quince minutos al baño maría en el horno, con el molde tapado.

Se saca del horno y se deje enfriar; una vez frío se desmoldea en una fuente redonda grande; en el centro pondremos una guarnición de almejas, gambas, camarones, champiñones, trufas y unos fondos ovalados pequeños de alcachofas, todo ello ligado con una salsa de camarones.

Se abrillanta todo con gelatina transparente.

Se sirve salsa tártara aparte.

Culibiac de pescado (plato de origen ruso)

Ingredientes para 6 personas

| 1 cebolla |
| 20 g de mantequilla |
| 150 g de arroz blanco cocido |
| 150 g de champiñones |
| 50 g de salmón |
| 50 g de lenguado |
| 50 g de rape |
| 100 g de langostinos pelados |

50 g de médula de esturión

2 huevos cocidos

3 cucharadas de nata cruda

1/2 kg de pasta de brioche (véase receta)

1/2 l de bechamel espesa (véase receta)

Aceite

Mantequilla

Todos los pescados y mariscos mencionados deben estar cocidos, limpios y cortados en trozos del tamaño de una avellana. La médula de esturión, llamada en España besiga, tiene forma de cordones gelatinosos, y para emplearlos hay que ponerlos a remojo durante cinco o seis horas y después cocerlos durante dos horas, en cuyo proceso aumentan como seis veces su tamaño.

Se estira la pasta de brioche con el rodillo. Tendremos una placa de horno untada con mantequilla; sobre ésta colocamos una parte de la pasta de brioche, cuyo fondo se cubre con unas cucharadas de bechamel y encima una subís de cebolla rehogada con aceite y mantequilla; sobre ésta se colocan los trozos de pescado, el arroz y el huevo cocido picado; se cubre con salsa bechamel y se tapa todo con otra capa de pasta de brioche.

Ambas partes de brioche se unen con huevo batido y con una cinta de pasta, también pintada con huevo para darle mayor consistencia.

Se deja reposar unos minutos y se pinta toda la capa superior con huevo batido. Antes de ponerlo al horno, en el centro de la tapa se hace un agujero y se le pone en él un botón pequeño para que respire por ahí. Se cuece en el horno, bastante fuerte, durante veinticinco o treinta minutos. Se sirve entero con la mesa y en ella se trincha.

Puede servirse caliente, acompañado con salsa bechamel mezclada con subís de cebolla (véase receta) y tres cucharadas de nata cruda, o frío, en cuyo caso se pone salsa Tártara (véase receta).

Langosta Cardinal

Ingredientes para 4 personas

2 langostas del Cantábrico, de 1 kg cada una

Sal

Laurel

Zumo de limón

Vinagre

1/4 l de salsa Cardinal (véase receta)

Trufas

Un poco de mantequilla

Queso rallado

1/4 l de bechamel ligera

1 yema de huevo crudo

Un poco de champiñón cocido

Mostaza

Coral de langosta

2 cucharadas de nata cruda

Salsa Demiglás

Se tendrá una cazuela con agua, un puñado de sal gorda por cada kilogramo de langosta, hojas de laurel, zumo de limón y un poquito de vinagre. Cuando está cociendo el agua se introducen las langostas vivas y se tienen cociendo unos veinte minutos; se sacan del agua y se dejan enfriar; se cortan de atrás hacia adelante por la mitad, se les saca la carne y se pelan las patas.

Sobre cada caparazón se echa una cucharada de salsa Cardinal y sobre ella se coloca cuidadosamente la carne de la langosta fileteada; encima se echa una lluvia de trufas picadas y se cubre de nuevo con salsa Cardinal, unos trocitos de mantequilla y queso rallado; se mete al horno a gratinar ligeramente.

En la salsa bechamel se echa una yema de huevo crudo, un poco de champiñón, de mostaza y de coral de la langosta; todo esto bien machacado, se pasa por el colador; a esta salsa se le agregan dos cucharadas de nata cruda, un poquito de salsa Demiglás y el agua de la trufa, todo ello bien batido. Se sirve en una salsera aparte.

Langosta Thermidor

Ingredientes para 4 personas

2 langostas del Cantábrico de 1 kg cada una
Sal
Aceite
Mantequilla
Zumo de limón
Pimienta
Queso gruyere rallado
1 copita de champán
Un poco de bechamel
Perifollo picado
Cayena
Un poco de mostaza
Unas láminas de trufas
1/4 l de salsa bechamel
Salsa de tomate
Caldo de trufas

Se tiene en una cazuela agua y un puñado de sal gorda por cada kilogramo de langosta; cuando está hirviendo se echan las langostas vivas y se dejan cocer unos catorce minutos, se cortan por la mitad de atrás hacia adelante.

En una sartén con un poquito de aceite o mantequilla, se fríen las langostas por la parte de la carne durante unos cinco minutos, se les da la vuelta y se fríen otros cinco minutos; a continuación se sazonan sobre la carne con un poquito de limón, pimienta, mantequilla y queso rallado y se meten al horno unos ocho minutos; se asan agregándoles una copita de champán, procurando que se reduzca un poco; a los cuatro minutos se les agrega un poco de bechamel, perifollo picado, sal y cayena.

Se saca la carne de la langosta, cortándola en tropezones; se coloca de nuevo en su cáscara, se le añade un poquito de mostaza, un poquito de queso gruyere rallado y unas láminas de trufa; se meten al horno y se gratinan ligeramente.

Se sirve caliente y acompañado de salsa Thermidor. Ésta se realiza con salsa bechamel, a la que se añade un poco de salsa fina de tomate, un poco de mantequilla fundida y caldo de trufas, se deja cocer todo un poco.

Langosta a la parrilla

Ingredientes para 4 personas

2 langostas de 1 kg cada una
Sal
Limón
Mantequilla
1/4 l de salsa Diabla (véase receta)
Vinagre

Se pone en una cazuela agua con un puñado de sal gorda por cada kilogramo de langosta y un poco de vinagre; cuando está hirviendo se echan las langostas vivas, se dejan cocer quince minutos, se cortan por la mitad y se sazonan con jugo de limón y mantequilla; se ponen a asar a la parrilla unos ocho minutos sobre la carne y otros cinco minutos sobre la cáscara.

Aparte se sirve salsa Diabla.

Langosta a la Normanda

Ingredientes para 4 personas

2 langostas de unos 800 g cada una
Sal
Laurel
Vinagre
12 almejas

150 g de champiñón

Trufas

4 picatostes de pan frito

1/4 l de salsa Normanda

Se tendrá en un recipiente agua con un puñado de sal gorda por cada kilogramo de langosta, hojas de laurel y un poquito de vinagre; cuando está el agua hirviendo se echan las langostas vivas y se dejan cocer durante veinte minutos; se dejan enfriar y se cortan por la mitad, se les saca la carne y se pelan las patas.

En los caparazones se echa la carne de las patas, las almejas sin cáscara y cocidas, los champiñones cocidos y cortados en lonchas y las láminas de trufas, todo mezclado; sobre ello se colocan los filetes de la langosta; se cubren con salsa Normanda y un poco de queso rallado, se meten a gratinar un poco a horno fuerte. En el momento de servirlas se cubren con unas lonchas de trufa y picatostes de pan frito.

Aparte se ofrece salsa Normanda.

Langosta a la Rusa

Ingredientes para 12 personas

2 langostas de 1 1/2 kg cada una

Sal

Laurel

Vinagre

1 1/2 kg de ensaladilla rusa

Trufas

1/2 l de gelatina (véase receta)

24 costrones de pan frito (tipo canapé),
previamente rebozados con huevo

300 g de crema o pasta de marisco

1 l de salsa Tártara (véase receta)

Se tendrá en un recipiente agua con un puñado y medio de sal gorda, laurel y un poco de vi-

nagre, cuando está el agua hirviendo se echan las langostas vivas y se dejan cocer unos treinta y cinco minutos; se sacan del agua y se dejan enfriar. A continuación se limpia de la siguiente forma: se le despegará la cabeza del cuerpo con cuidado de no romperla, después se separan las patas, con unas tijeras se corta la piel de la langosta por abajo, procurando sacar la pieza entera y sin romper la cáscara; se pelarán las patas y se extrae la carne de la cabeza.

Tendremos dos fuentes amplias cubiertas con ensaladilla rusa, sobre ella colocamos las cabezas de las langostas y los caparazones. Se cortan los medallones de la langosta con mucho cuidado y se colocan sobre el caparazón, así como la carne de las patas.

La langosta se decora con su mismo coral o con una trufa en el centro de cada loncha; después se abrillanta con gelatina.

Alrededor de la fuente se colocan los costrones de pan, rebozados con huevo y fritos, y sobre ellos un canapé de crema o pasta de marisco.

Se acompaña con salsa Tártara.

Langosta a la Americana

Ingredientes para 4 personas

3 langostas de 1 kg cada una

Sal

150 g de mantequilla

Aceite

Media guindilla

1 cebolla pequeña cortada muy fina

4 chalotes

150 g de zanahorias picadas

1 ramita de estragón

1 puerro

Perejil

Tomillo

Romero

175

Apio
200 g de panceta
Harina
Pimentón
Curry
1 vaso de vino de Jerez
1 1/2 l de caldo de pescado
1/4 l de salsa española
1 vaso de coñac
2 cucharadas de nata
1 tazón de arroz
Cebolla
Ajo
4 costrones grandes de pan frito

En una cazuela con cien gramos de mantequilla y un vaso pequeño de aceite, se rehogan una cebolla pequeña cortada muy fina, chalotes cortados, zanahorias troceadas, estragón, un puerro, perejil, un poco de tomillo, romero, apio, la panceta picada y tres cucharadas de harina; cuando ésta está rehogada se echa una cucharada de pimentón, otra cucharada pequeñita de curry y media guindilla; se rehoga todo bien y se le echa un vaso de Jerez, el caldo de pescado y la salsa Española; se mueve bien, se le agregan unos granos de sal y se deja cocer durante unos quince o veinte minutos.

Se prepara una sartén o cazuela grande con un poco de mantequilla y un vasito de aceite; además se coge un recipiente pequeño vacío en la mano.

Seguidamente se agarran las langostas vivas y, una por una, se ponen boca abajo sobre una tabla de madera, se aprieta bien y con un buen cuchillo se corta de golpe la cabeza en dos partes, se sigue cortando por los aros que tiene la cola de la langosta; el líquido que expulsa se recoge inmediatamente en el recipiente que tenemos en la mano, ya que si no se hace rápido, se coagula y no puede aprovecharse. Todos los trozos de las langostas y las patas se echan en la sartén que ten-

dremos preparada con mantequilla y aceite, se rehogan un poco, se añade el líquido y se sigue rehogando; se le echa un vaso grande de coñac y se prende fuego moviéndolo de vez en cuando para que no se oculte la llama; se deja flamear hasta que se apague. Todo ello se vuelca en la cazuela donde tenemos preparada la salsa y se deja cocer unos quince minutos.

Se sacan los trozos de langosta y las patas; éstas se pelan, luego las cáscaras de las patas y de las cabezas se machacan bien en un mortero y se echan de nuevo a la salsa, para que cueza todo otros quince minutos. A continuación se pasa esta salsa por un cedazo o pasapuré, se prueba para ver si está bien de sazón y se normaliza. Con esta salsa se cubren los trozos de langosta que tendremos en otra cazuela, se tapa bien y un poco antes de servirla se deja cocer otros cinco minutos.

A la salsa que quedó se le agregan dos cucharadas de nata cruda y se deja al baño maría para que esté caliente.

El arroz se cuece en tres medidas de agua con un casco de cebolla, ajo, sal, un poquito de mantequilla y una cucharadita de curry durante dieciocho minutos y se deja cinco minutos más en reposo.

Se sirve la langosta, con un poco de la salsa que le hemos echado, en la cazuela tapada y caliente; los costrones de pan frito se colocan dentro de la cazuela, a los lados.

Se sirve el resto de la salsa caliente en una salsera y en otro recipiente el arroz blanco, también caliente.

Langostinos a la Rusa

Ingredientes para 4 personas

2 docenas de langostinos de buen tamaño
1 kg de ensaladilla rusa
1/4 l de gelatina (véase receta)

Un poco de foie-gras
Mantequilla
1/4 l de salsa mayonesa
Sal
Limón
Laurel
Cebolla
Perejil
Zanahoria

Se pone agua a hervir en un recipiente con un puñado de sal gorda, el zumo de un limón, unos cascos de cebolla, una hoja de laurel, una ramita de perejil y unos trozos de zanahoria; cuando empieza a hervir, se echan los langostinos, se tapan y se dejan cocer durante cuatro minutos; se les tira el agua, se refrescan con agua fría y se dejan enfriar; luego se pelan.

Se cubre una fuente con la ensaladilla rusa y sobre ella se colocan los langostinos ordenados sistemáticamente; se les abrillanta con la gelatina y se bordea la fuente con el foie-gras mezclado con un poquito de mantequilla, con boquilla rizada.

Aparte se sirve salsa mayonesa.

Langostinos a la plancha «Chef»

Ingredientes para 4 personas

2 docenas de langostinos de buen tamaño
Sal
Limón
Aceite
Ajo
Perejil
Laurel
24 lonchitas pequeñas de panceta
1 lechuga pequeña
1/4 l de salsa tártara (véase receta)

Se pelan el cuerpo de los langostinos en crudo, dejándoles la cabeza y la cola; se sazonan con sal fina y zumo de limón, se maceran durante diez o quince minutos; se embadurnan bien con un majado de ajo, perejil, laurel y un poco de aceite; se envuelven en las lonchitas de panceta, pinchándolas con un palillo para que no se deformen, se untan con un poco de aceite y se ponen a la plancha bien caliente; se dejan unos tres o cuatro minutos de cada lado y se sacan.

Se tendrá una fuente con lechuga troceada y aliñada con aceite y limón, encima se colocan los langostinos, ordenados lo mejor posible, y se sirven.

Aparte se ofrece salsa tártara.

Zarzuela de marisco «Mari Carmen»

Ingredientes para 4 personas

1 docena de mejillones de buen tamaño
1 1/2 docena de almejas
8 langostinos
4 rodajas de lubina
4 rodajas de rape
Aceite
Sal
Limón
1 cebolla pequeña
1 diente de ajo
1 hoja de laurel
Un poquito de guindilla
Un poco de harina
Pimentón
Salsa de tomate
1 copita de manzanilla olorosa o Jerez
2 huevos cocidos

Se cuecen los mejillones y las almejas y se les quita la mitad de la cáscara.

En una cazuela de barro amplia y bajita se echa aceite, una cebolla pequeña picada, un diente de ajo picado, una hoja de laurel y un poquito de guindilla; cuando todo esto está dorado, se le añade una cucharada de harina, se rehoga un poco y luego se le echa una cucharada pequeña de pimentón, dos o tres cucharadas de salsa de tomate y la copita de Jerez. Sobre esto se echan la lubina, el rape y los langostinos pelados; se deja cocer todo unos quince minutos y se le añade un poquito de agua de la cocción de las almejas; cuando está hecho se ponen por encima las almejas, los mejillones y los huevos cocidos (cortados al medio).

Se sirve bien caliente.

Caldereta de marisco a la Asturiana

Ingredientes para 6 personas

3 langostas de 1/2 kg cada una
2 lubricantes de 1 kg cada uno
6 nécoras grandes
12 almejas grandes
12 mejillones
6 rodajas de lenguado de unos 100 g
6 rodajas de lubina mediana
6 cigalas de buen tamaño
Sal
Mantequilla
Aceite
1 cebolla pequeña
3 dientes de ajo
Perejil
Laurel
Un poco de guindilla

Tomate (sin piel ni pepitas)
1 cucharada de harina
Pimentón
1 botella de sidra natural
2 vasos de coñac

En una cazuela con agua y un puñado de sal gorda se cuecen las langostas y los lubricantes (ambos vivos), durante quince minutos; se sacan del agua, se dejan enfriar un poco; las langostas se cortan por la mitad de atrás hacia adelante y los lubricantes en aros según están marcados; se ponen en un recipiente y se flamean con dos vasos de coñac.

En una buena caldereta echaremos un poco de mantequilla y un poco de aceite; se refríe una cebolla picada, tres dientes de ajo cortados, perejil picado, un poco de guindilla, una hoja de laurel, unos cuadros de carne de tomate; cuando está todo dorado, se le echa una cucharada de harina, se rehoga un poco y se le echa otra cucharada de pimentón; todo esto se moja con una botella de sidra natural y un poco de caldo de pescado. Después se añaden las langostas ya cortadas, los lubricantes también cortados en aros, las nécoras enteras vivas, las cigalas, la lubina y el lenguado, todo colocado ordenadamente; se echa sal y un poco de limón; deje cocer tapado durante unos dieciocho minutos, y reposar otros cinco minutos; se sirve en la misma caldereta.

Changurro relleno al horno

Ingredientes para 8 personas

2 centollos de 1 kg cada uno
1 buey de mar
300 g de gambas
3 nécoras

Sal
Mantequilla
Aceite
1 vaso grande de coñac
1 cebolla
1 ajo
100 g de panceta
Laurel
Perejil
300 g de Concassé de tomate
1 cucharada de pimentón
2 cucharadas de harina
1 cucharadita de curry
1 botella pequeña de cerveza
1/2 botella de sidra natural
Un poco de caldo de pescado
Una guindilla
50 g de queso rallado

En un recipiente se pone agua con un puñado de sal gorda, y una hoja de laurel; cuando empieza a hervir, se echan los centollos y el buey y se dejan de quince a dieciocho minutos (según el tamaño); se sacan del agua, se dejan enfriar y se pelan. El caldo del centollo se guarda para echarlo en la salsa.

De la misma forma se cuecen las nécoras, pero sólo durante doce minutos; se dejan enfriar y se pelan.

Las gambas, se dejan cocer como un minuto; se sacan del agua, se refrescan con agua fría y se dejan enfriar; luego se trocean.

Se mezcla la carne de los centollos, el buey, las nécoras y las gambas, bien desmenuzada; se pone todo a rehogar en una sartén con un poquito de mantequilla; se riega con el coñac y se flamea hasta que se consuma el alcohol.

Se hace una salsa con un poco de mantequilla, la cebolla picada fina, un ajo picado, la panceta troceada y perejil picadito; se rehoga todo bien y se le añaden las dos cucharadas de harina; se sigue rehogando y se echa una cucharada de pimentón, una cucharadita de curry y media guindilla. Todo esto se moja con media botella de sidra, la cerveza y un poco de caldo de pescado o agua; todo esto se deja cocer unos quince minutos procurando que quede un poco ligada; encima se echa todo el preparado de la carne de los mariscos y se deja cocer todo junto unos diez minutos más.

Se prueba de sal.

Se coloca repartido en caparazones de centollo, si se dispone de ellos, y si no en cazuelitas angulieras; se les echa por encima una lluvia de queso rallado y unos grumitos de mantequilla, se gratinan al horno y se sirven.

El relleno ha de quedar un poco espeso, para comer con cuchara.

Vieiras Coruñesas

Ingredientes para 4 personas

8 vieiras tamaño mediano
Harina
Aceite
Sal gorda
1 cebolla de tamaño mediano
1/4 l de salsa de tomate
Cortezas de tocino o de huesos de jamón
Pan rallado
50 g de queso rallado
Un poco de mantequilla

En primer lugar se despegan las vieiras de la concha y con unas tijeras se les quita una motita negra que tiene al lado del coral, se lavan en agua caliente con un puñado de sal gorda (una o dos veces); se dejan escurrir, se pasan por harina una a una y se fríen.

En una sartén se hace una buena subís de cebolla finita y se le añade la salsa de tomate, que tendremos preparada con sustancia de cortezas de tocino o de huesos de jamón; se coloca cada vieira en su concha, se cubren con la mezcla de tomate y cebolla, se echa por encima un poquito de pan rallado, queso rallado y unos grumitos de mantequilla, se gratinan al horno y se sirven bien calientes.

También pueden cubrirse las vieiras, después de gratinadas, con una capa delgadita de hojaldre; en este caso se cuecen unos minutos a horno más bien fuerte; cuando está cocido el hojaldre se sirven.

Vieiras al gratín

Ingredientes para 4 personas

8 vieiras tamaño mediano
Harina
Aceite
Sal gorda
1 cebolla de tamaño mediano
1/4 l de salsa bechamel
Un poco de queso rallado
Mantequilla
8 picatostes de pan frito

Se procede a despegar las vieiras de su concha; con unas tijeras se les quita una motita negra que tienen al lado del coral; se lavan en agua caliente con un puñado de sal gorda (hasta que queden bien limpias); se dejan escurrir, se pasan por harina una a una y se fríen.

En una sartén con un poco de aceite se hace una subís de cebolla muy fina y se mezcla con la bechamel que tendremos preparada; se colocan las vieiras en la concha y se cubren con esta salsa; por encima se les echa una lluvia de queso ra-

llado y unos grumitos de mantequilla; se meten a gratinar al horno unos quince minutos y se sirven.

Se acompañan los picatostes de pan frito.

Almejas a la Marinera

Ingredientes para 4 personas

2 kg de almejas de buen tamaño
Sal gorda
Aceite
1 cebolla pequeña
2 ajos
Guindilla
3 cucharadas de harina
1 cucharada de pimentón
Salsa de tomate
Unas ramitas de perejil
Pimienta negra molida
1 vaso de vino blanco

Se les echa sal gorda a las almejas, se mezclan bien, se dejan en la sal unos tres minutos y se lavan bien para que expulsen las arenas. Se ponen a cocer cubiertas de agua fría, hasta que abran todas.

En una cazuela se pone un poco de aceite, la cebolla picadita y los ajos troceados, se fríe todo bien, lentamente; se le agrega un poquito de guindilla y las tres cucharadas de harina (y, si se quiere, una cucharada pequeña de pimentón y un poquito de tomate), se rehoga bien y se le añade un poco de agua de la cocción de las almejas, se mezcla y se deja que espese un poco; en esta salsa se echan las almejas para que den un hervor.

En el mortero se majan unas ramitas de perejil, un poquito de pimienta negra molida, un poco de sal, un poco de aceite común y un vasito de vino blanco; todo ello, bien mezclado, se agrega a las almejas y se deja dar otro hervor.

Se sirven bien calientes y con abundante salsa.

Angulas a la Bilbaína

Ingredientes para 4 personas

1/2 kg de angulas
Aceite
4 dientes de ajo
4 trocitos de guindilla

Se tienen cuatro cazuelitas de barro o anguleras con aceite (más bien abundante); éstas se ponen al fuego y, cuando humea el aceite, se echan los ajos cortados en rodajitas; cuando están doraditos se echa un trozo de guindilla (en cada cazuelita); inmediatamente se echan las angulas bien repartidas en las cuatro cazuelas, se les da una vuelta rápida con el tenedor. Se ponen las cazuelitas sobre un plato; con otro plato se tapan y se sirven a la mesa.

Cóctel de marisco «Margarita»

Ingredientes para 4 personas

1 centollo terciado
4 nécoras
1 buey de mar terciado
8 langostinos
300 g de gambas blanquillas
1 cebolla pequeña
Limón
Sal
Laurel
3 huevos cocidos
1/4 l (más o menos) de mayonesa espesa
Mostaza mezclada
Trufa
1 copita de coñac
1/4 l de salsa rosada (véase receta)

En un recipiente se pone agua con un puñado de sal gorda y una hoja de laurel; cuando rompa a hervir se echan el centollo y el buey; se cuecen de quince a dieciocho minutos, se sacan del agua, se dejan enfriar y se pelan.

De igual forma se cuecen las nécoras, pero sólo durante ocho o diez minutos.

Los langostinos se cuecen unos tres minutos, se les tira el agua, se refrescan con agua fría y se pelan.

Las gambas se echan a cocer cuando rompe el agua a hervir, se dejan dos minutos, se sacan, se refrescan y se pelan.

Se trocean bien el centollo, las nécoras, las gambas, el buey y los langostinos; a esto se le añade la cebolla que tendremos picada muy fina y aromatizada con un poco de limón, el jugo del centollo, la trufa picadita con su jugo y la copita de coñac; todo ello se envuelve con un poco de mayonesa mezclada con una cucharada de mostaza y huevos cocidos picados.

Se reparte en cuatro copas grandes de cóctel y se cubren con un poco de salsa rosada; en el centro se forma una margarita, cuyos pétalos serán de clara de huevo cocido y el centro de yema cocida.

Crema pastelera

Ingredientes

200 g de azúcar
150 g de harina tamizada
3 huevos enteros
1 l de leche más o menos
Un poquito de sal
1 palo de canela (puede sustituirse por
vainillina en polvo o en rama)
Corteza de limón (sólo lo verde)

Se mezclan bien la harina, el azúcar y un poco de sal; se le agregan los huevos uno a uno hasta que estén bien mezclados; para aromatizarla se echa la canela y la corteza de limón en la leche, ésta se va agregando bien caliente sin dejar de remover hasta que cueza; si queda demasiado espesa se le añade un poquito más de leche.

Se deja enfriar y ya puede usarse.

La crema pastelera sirve como base para las demás cremas de mantequilla; puede aromatizarse con café, chocolate, pistachos, licores, etc.

Con estas cremas pueden rellenarse pasteles y tartas.

Crema frita

Se prepara crema pastelera, pero echándole un poco más de harina. Una vez que está bien fría, se hacen porciones circulares, de unos tres centímetros de diámetro, alargadas o en forma de bolitas. Se pasan por un poquito de harina, huevo batido y miga de pan, como si fuesen croquetas; luego se fríen y después se aromatizan con un poco de azúcar glas y canela, que tendremos preparado en un glaseador.

Crema franchipán

Ingredientes

125 g de azúcar
90 g de harina
3 huevos
1/2 l de leche aromatizada con vainilla
50 g de almendra en polvo

Se prepara como la crema pastelera, pero la crema franchipán resulta menos consistente.

Crema de mantequilla mousseline

Ingredientes

100 g de azúcar en terrón
1 dl de agua
5 yemas de huevo
250 g de mantequilla fina aromatizada con
vainilla

Se cuece el azúcar con el agua, hasta que aquél alcance punto de bola; se echa lentamente sobre las yemas de huevo que tendremos en una cazuela. Todo esto se va trabajando con la espátula sin parar hasta que quede bien mezclada.

Crema Saint-Honoré

Se hace igual que la crema pastelera, pero lleva el doble de claras que de yemas. Por ejemplo, si son tres yemas debemos echar seis claras a punto de nieve. Hay que procurar al mezclar, no batir, sino que ha de envolverse todo de abajo arriba.

Azúcar souflé o fondant

Ingredientes

400 g de azúcar cuadradillo
1/2 l de agua

Cuando el agua está cociendo se le agrega el azúcar, y se remueve mientras sigue cociendo hasta conseguir de nuevo el punto de cocción; cuando la mezcla está bien espesa, se coge una espumadera y se mete en el azúcar, se retira y se sopla con fuerza; si al soplar el azúcar se escapa por los agujeros de la espumadera en forma de burbujas, es que está a punto de globo, ideal para preparar el fondant, cuya pasta puede colorearse con chocolate o colores vegetales de pastelería y después bañar con ella los pastelitos y tartas.

Sobre un mármol bien limpio se echa una lluvia de agua fría y sobre ésta se vierte el jarabe templado; a continuación se trabaja con una espátula de atrás hacia adelante hasta que tome cuerpo; entonces se pone blanca, se recoge y se deja tapada con papel de aluminio y en sitio fresco hasta que se vaya a usar.

Azúcar hilado

Se cuece azúcar quebrado grande; luego se deja enfriar hasta que quede bien espeso. En la pasta se meten dos tenedores, cruzando las púas; se va dejando caer el azúcar desde bastante altura sobre un rollo de pastelería untado con aceite y azúcar, para que se vayan haciendo los hilos. También se puede hacer con instrumentos específicos, sin tener que usar el tenedor.

Tejas especiales

Ingredientes

100 g de azúcar glas
100 g de harina
4 claras de huevo

Se mezclan el azúcar y las claras y se trabajan bien; luego se les añade la harina.

Se tienen las placas bien untadas y sobre ellas moldea la pasta con una manga y boquilla, en porciones; se ponen al horno y, cuando están hechas, se colocan calientes en un palo más o menos grueso para que queden moldeadas en forma de teja. Una vez frías se sirven.

Glasa Real

Ingredientes

1 clara de huevo
4 gotas de limón
1 gota de ácido acético
250 g de azúcar glas

Se mezclan todos los ingredientes en un recipiente, con una espátula de madera, hasta que va espesando la pasta. Debe utilizarse inmediatamente antes de que se seque. La glasa real es ideal para decorar las rosquillas de Castilla.

Granulado de chocolate

Ingredientes

150 g de azúcar glas
150 g de chocolate en polvo
150 g de bizcochos soletilla
125 g de mantequilla
4 yemas de huevo

5 claras de huevo

50 g de levadura Royal

Se trabajan la mantequilla y el azúcar hasta que quede bien mezclada; se le van añadiendo, una a una, las cuatro yemas de huevo; luego se montan las cinco claras de huevo y se unen a la crema. A ésta se le añaden los demás ingredientes; se echa en un molde y se cuece; una vez cocido y frío se baña con fondant de chocolate.

Pasta Savarín

Ingredientes

500 g de harina de fuerza

200 g de mantequilla de vaca

3 g de sal

8 yemas de huevo

25 g de azúcar

25 g de levadura prensada

Un poco de leche cruda

Se echan trescientos gramos de harina sobre la mesa y en ella se hace un redondel; en el medio se echan las yemas, la sal, el azúcar y un poquito de leche cruda fría. Con todo esto se hace una masa que ha de trabajarse hasta que al levantarla de la mesa se desprenda fácilmente.

Los doscientos gramos restantes de harina se ponen sobre la mesa; también en el medio, se le pone la levadura y un poco de agua caliente; se mezcla hasta formar la pasta de la levadura. Tendremos agua caliente en un cacharro; se mete esta pasta en ella y cuando aumenta y sube a flote ya se puede mezclar con la anterior y la mantequilla. Una vez mezclada se reparte en los moldes, se estufa hasta que esté en su punto y se cuece a horno un poco fuerte.

Esta pasta aumenta mucho, de modo que el molde se ha de llenar hasta menos de la mitad.

Pasta de brioche

Ingredientes para 6 personas

250 g de harina de fuerza

125 g de mantequilla de vaca

75 g de azúcar molida

4 huevos

20 g de levadura

Un poco de manteca de cerdo

Se elabora igual que la pasta Savarín; una vez mezclado todo, se pondrá a estufar en un recipiente bastante amplio, tapado con un paño, hasta que suba más de la mitad de su volumen.

Se vuelve a mezclar y se trabaja otro poco. Se separa la pasta en porciones para formar los brioches. Tendremos unos moldes rizados individuales, bien untados con manteca de cerdo; éstos se rellenan de pasta hasta la mitad y se vuelven a estufar; cuando están en su punto se bañan con huevo batido, con un pincel, y se cuecen a horno un poco fuerte.

Resultan exquisitos para desayuno y merienda.

Pasta Chousx

Ingredientes

150 g de mantequilla de vaca

1 vaso de leche caliente

200 g de harina

Una pizca de sal

4 huevos crudos

Se pone en una cacerola la mantequilla y se le agrega un vaso de leche caliente para que se funda; una vez fundida, echamos la harina y sal; se mezcla trabajándolo bien con una espátula de madera; se le añaden los huevos crudos, mezclándolos uno a uno y batiéndolos hasta que queden bien disueltos.

Esta pasta ha de quedar muy compacta y muy fina. Para saber el punto exacto, se cogen porciones de pasta con la espátula y se levanta en alto; si esa porción se cae fácilmente entonces ya está; si no se le va añadiendo medio huevo más hasta conseguir ese punto.

La pasta aumenta mucho; por eso, para cocerla, se echa en porciones pequeñas con manga y boquilla, en forma redonda o alargada; hay que procurar que queden bien secas al cocerlas, sino se desmoldean con facilidad.

La pasta chousx es adecuada para hacer pasteles rellenos con cremas, y también para rellenarlos con mariscos como entremeses. Con ella también se hace la tarta Saint-Honoré. Cortado en porciones pequeñas dan lugar a los profiteroles, que se rellenan de chocolate o crema y se cubren con una lluvia de azúcar glas.

Pasta fina para crepes

Ingredientes

250 g de harina
2 huevos enteros
3 yemas
40 g de azúcar
1/2 cucharadita de sal fina
60 g de mantequilla derretida
1/2 l de leche fría
2 claras a punto de nieve
Ron
Coñac
Agua de azahar

Se hace la pasta mezclando todos los ingredientes, excepto las claras. Se pasa por un chino para que no queden grumos y, por último, se añaden las claras a punto de nieve.

Se echa, en una sartén untada con un poco de aceite, una cantidad de pasta que cubra todo el fondo de la sartén, pero con poco grosor. Se fríen por los dos lados y se ponen en un plato, unos encima de otros.

Savarín al ron

Se toma un molde redondo con un agujero en el medio (llamados moldes savarín), se unta bien con mantequilla blanda y se llena hasta algo menos de la mitad con pasta Savarín aromatizada con una copa de ron.

Se deja desarrollar hasta que la masa llegue al borde del molde y luego se coloca en un horno bien caliente para retener rápidamente la subida de la pasta.

Se deja veinte minutos; una vez cocido se desmoldea pasando un cuchillo alrededor del molde, pues el separar esta pasta del molde es difícil.

Mazapán de Toledo

Ingredientes

1 kg de almendras crudas y peladas (entre ellas 4 ó 5 g de almendras amargas)
1 kg de azúcar en polvo
2 claras de huevo crudas

Las almendras, recién retirada su segunda piel, se machacan en un mortero hasta que se forme una pasta finísima y muy lisa; mientras se machacan, se le añaden las claras de huevo para evitar que se engrase la pasta; si no fuesen suficientes dos claras para empastar todas las almendras, pueden añadirse más. (Hace el mismo efecto un poco de agua fría.) Cuando la almendra está bien molida, se le añade el azúcar en polvo y se sigue machacando hasta mezclarlo todo. Debe resultar una masa dura y consistente.

Tocino de cielo

Ingredientes

200 g de azúcar
2 dl de agua
10 yemas de huevo
Vainilla o canela

En una cacerola se mezclan el agua y el azúcar, y se ponen a cocer para formar un jarabe o almíbar (durante la cocción es el momento de aromatizarlo con vainilla o canela, si se desea). Se espuma bien para obtener un líquido de transparencia y limpieza absoluta; cuando ha hervido unos minutos se retira el jarabe del fuego y se llenan con él los moldes donde hayan de cocerse los tocinos de cielo, teniendo en cuenta que estos moldes deben ser de paredes lisas.

Se deja el jarabe un instante en los moldes y se vuelve de nuevo al cazo, pues esta operación sólo tiene por objeto tapizar el molde con una capa ligerísima de jarabe.

En una cazuela aparte, se baten, no demasiado, las diez yemas de huevo, a las que se incorpora poco a poco todo el jarabe, que debe estar casi frío.

Cuando está bien mezclado todo, se pasa por un colador para limpiarlo de algún grumo de las yemas; luego se llenan con la mezcla los moldes y se cuecen al vapor del siguiente modo:

Dentro de un recipiente ancho, colocado sobre el fuego, se pone un cedazo de tejido claro y se va echando agua en aquél hasta que llegue a la tela del cedazo, pero cuidando que no la cubra. Sobre el cedazo se colocan los moldes ya llenos; se tapa el recipiente, encerrando así los moldes. Se dejan durante quince minutos, si los moldes son pequeños, y veinte minutos si son grandes, contados desde que el agua comienza a hervir, procurando, durante este tiempo, no destapar el recipiente.

Es muy conveniente dejarlos enfriar dentro del cacharro donde se cocieron.

Al servirlos se desmoldean volcándolos como los flanes.

Nueces rellenas

Se juntan las dos medias nueces con una pasta de almendra; luego se pasan por fondant (blanco o rosado) y se colocan dentro de unas cápsulas de papel.

Trufas sorpresa

Se hace una pasta de almendra y avellana tostada, mezclada con pasta de mazapán de Toledo.

Se divide en pequeñas bolas que se remojan en cobertura de chocolate, se escurren y se pasan por chocolate granulado.

Yemas de Illescas

Ingredientes

250 g de azúcar
1 dl de agua
12 yemas de huevo
100 g de pasta de almendra
Azúcar molida
Un poco de fondant

Dentro de un recipiente, a ser posible de cobre, se ponen el azúcar y el agua a cocer hasta que se forme un jarabe espeso y se alcance punto de hebra fuerte.

Se mezcla el jarabe poco a poco con las doce yemas de huevo que se tendrán ya batidas en un recipiente; una vez unidos bien las yemas y el azúcar, se vuelven al cazo donde coció el azúcar; se añade la pasta de almendras y se pone todo a fuego lento sin parar de moverlo con una espátula, a fin de que cuaje y espese bien.

Después se separa del fuego y se extiende la masa sobre un mármol para que enfríe (si no seca, extendida se vuelve verdosa); cuando está fría, se recoje, se trabaja bien sobre la mesa espolvoreada de azúcar molida, se corta en trozos pequeños y éstos se redondean en bolitas del tamaño de medio huevo. Se dejan orear un poco para que se sequen y se baña cada una con fondant o baño blanco; se colocan después en cajitas de papel y ya están terminadas.

Pasta de barquillos

Ingredientes

250 g de harina
150 g de azúcar aromatizado con vainilla
3 huevos
100 g de mantequilla
1/2 l de leche fría

Se ponen todos los ingredientes en un recipiente, excepto la mantequilla, y se diluyen con el batidor para que la pasta quede lisa, parecida a la de los crepes; luego se añade la mantequilla derretida.

Se cuece en una barquillera bien caliente y engrasada. En el momento de servirlos se espolvorean con azúcar.

Arroz con leche

Ingredientes

1 medida de arroz
3 medidas de leche
1 medida de agua

Azúcar
Un poco de canela en rema
1 corteza de limón
Un poquito de vainilla
Una pizca de sal

Se lava el arroz, se escurre y se pone a cocer en la proporción de una medida de arroz, tres de leche y una de agua; debe cocer unos cuarenta y cinco minutos, procurando que no quede seca. Cuando lleva cociendo unos veinticinco minutos se le agrega el azúcar (según el gusto personal) y se aromatiza con canela en rama, un trozo de corteza de limón, un poquito de vainilla y muy poquita sal.

Una vez cocido, si queda demasiado espeso se le agrega leche fría o templada y se le deja dar un hervor; luego se retira del fuego. Una vez frío debe quedar muy cremoso, pero no duro.

Puede decorarse de varias formas con canela en polvo, si es posible mezclada con azúcar molido (para manejarla mejor).

Arroz Emperatriz

Su preparación es la misma que el arroz con leche, pero debe quedar bastante más espesa.

Se hace una printanier de frutas: guindas, corteza de naranja, melocotón, piña, calabaza y unas pasas de Corinto (todas estas frutas deben ser en almíbar). Esta mezcla se deja macerar con algún licor y luego se mezcla con el arroz.

Se moldea, por ejemplo en forma de pirámide. Se vuelca en una fuente o plato y alrededor se decora a gusto personal, con nata montada o fresas.

Crema al caramelo

Ingredientes

3 cucharadas de azúcar
1 cucharadita de maicena
1 cucharada de harina de trigo
1 corteza de limón
Vainilla
1 copa de Cointreau
1/2 l de leche
1 yema de huevo

Se mezcla bien el azúcar con la harina, la maicena y el huevo; se aromatiza la pasta con una corteza de limón, vainilla y una copa de Cointreau. A todo esto se le añade la leche muy caliente, se remueve mucho y se pone al fuego teniendo mucho cuidado de que no se coagule, pues al hervir debe quedar espeso como bechamel; después se pasa a un plato o fuente y se deja enfriar.

Se marca con un cordón de azúcar molido y con un hierro al rojo se quema éste hasta que quede hecho caramelo. Se sirve y puede acompañarse con unas galletas o pastas finas de té.

Macedonia de frutas natural

Ingredientes para 4 personas

Frutas variadas: manzanas, peras, naranjas, melocotones, cerezas, plátanos, 2 rodajas de melón, fresas
Azúcar molida
El zumo de 2 limones
El zumo de 2 naranjas
1 copa de Benedictine o Carpé
1 vaso pequeño de vermut blanco

Se pelan las frutas (la pera y el plátano se frotan bien con un limón para que no se pongan ennegrecidas).

Se cortan todas las frutas en cuadrados, se mezclan con bastante azúcar molido, zumo de limón, una copa de Benedictine, vermut blanco y zumo de naranja.

Se sirve todo bien frío en recipiente de cristal.

Compota de manzana

Ingredientes para 4 personas

6 manzanas grandes
150 g de azúcar
1/2 vaso de sidra natural
El zumo de 1 limón
Un poquito de vainilla

Se pelan las manzanas, se les quitan las pepitas y se cortan en gajos.

Se pone en un recipiente la sidra natural y la misma cantidad de agua; cuando está hirviendo se le agrega las manzanas. Unos tres minutos después de empezar a hervir de nuevo se les agrega el azúcar, el zumo de limón y se aromatiza con un poco de vainilla.

Se deja cocer todo unos cuatro minutos, se retira del fuego y en el mismo cacharro se dejan enfriar.

De igual manera se hace la compota de pera, pero como ésta es más dura no tiene tiempo fijo de cocción; el azúcar se añade cuando se ve que casi están cocidas y se deja cocer con ella unos diez minutos. Se retira del fuego y se deja enfriar.

Compota tropical

Ingredientes

Batatas
Plátanos
Piña
Ciruelas negras
Cortezas de naranjas confitadas y escurridas
Unos gajos de mandarinas
1 copa de Benedictine
1 vaso de zumo de naranja
1 copita de ron
200 g de azúcar
1/2 l de agua

Se cuecen todas las frutas y en una compotera se mezclan todas; se aromatizan con una copita de ron, otra de Benedictine y zumo de naranja.

Se mezcla el azúcar y el agua y se dejan cocer, reduciéndolo un poco. Así se forma un jarabe que acompaña a la compota, la cual debe servirse muy fría.

Compota de tomate

Ingredientes

1 kg de tomates verdes y muy lisos
1 1/4 kg de azúcar
1 palito de canela

Se pelan los tomates, escalfándolos en agua caliente; se corta cada uno en cuatro trozos en el mismo sentido que los gajos de una naranja. Se ponen en agua fría abundante y retiran todas las semillas.

Se ponen los tomates y el azúcar en un barreño vidriado y se dejan unas horas hasta que la humedad ha derretido el azúcar; entonces se pasa a una cacerola y se acerca al fuego hasta que empieza a hervir; se mueve continuamente con una espátula de madera para evitar que se pegue al fondo.

Se deja cocer despacio limpiando la espuma que se produzca; cuando ha cocido cinco minutos, se retira del fuego y se deja reposar hasta el día siguiente que se pone otra vez sobre el fuego y se deja hervir otros cinco minutos; de nuevo se retira del fuego y se deja descansar otras veinticuatro horas, para terminar el tercer día con una cocción más prolongada, de unos ocho o diez minutos. Luego se retira y se coloca en tarros de cristal, cuando está fría se tapa con un papel blanco o una tapa hermética.

La gran cantidad de azúcar que se incluye tiene por objeto neutralizar la acidez del tomate. Es conveniente incluir en la confitura un palito de canela.

Compota de naranja

Ingredientes

4 naranjas buenas y grandes
1 copa de Benedictine
300 g de azúcar
1/2 l de agua
Corteza de limón

Se pelan las naranjas, quitándoles bien la piel blanca; se cortan en lonchas más bien gruesas y sin ninguna pepita.

Se colocan las lonchas en la compotera y se vierte por encima un almíbar caliente hecho con azúcar, agua y una corteza de limón, todo lo cual debe cocer hasta que quede espeso. Se deja enfriar la compota y se aromatiza con Benedictine.

A ésta se le puede agregar, si se desea, otra fruta como melocotón, piña, guinda, higo o pera.

Manzanas asadas

Ingredientes para 6 personas

6 manzanas grandes, reineta o mingan
Un poco de mantequilla
Un poco de azúcar

Se saca del centro de cada manzana el caparazón con las pepitas, con la ayuda de unos moldes especiales para esto; el hueco que queda se llena de azúcar y una bolita de mantequilla.

Se colocan las manzanas en un plato, cuyo fondo se cubre de agua; se meten al horno y si ésta está bien caliente, en unos doce minutos pueden estar asadas.

Se sirven con su mismo almíbar y, si tienen poco, se abrillantan con mermelada de albaricoque.

Manzanas sorpresa

Ingredientes para 4 personas

4 manzanas grandes
Azúcar
Un poco de mantequilla
Azúcar glas
16 tiras de medio hojaldre (de pastelería) en forma de triángulo alargado
1 vaso de ron caliente

Tendremos las manzanas enteras sin pelar; se les saca el centro (con un molde especial para esto); el hueco se llena con azúcar y una bolita de mantequilla. Se pinchan las manzanas varias veces con una aguja para que respire la piel; a continuación se colocan de abajo hacia arriba cuatro tiras de medio hojaldre en cada una (la parte ancha de la tira, hacia abajo), y se meten al horno.

Cuando están casi hechas, se glasean por encima con azúcar glas y se dejan hasta que tomen color; se sacan y se colocan en un plato de metal holgado; mientras aún están calientes, se flamean con el ron (también caliente) en el momento de servirlas a la mesa.

De igual manera pueden hacerse las peras, pero sin el hojaldre. Éstas se pueden acompañar con una salsa de chocolate y una bola de mantequilla (servidos aparte).

Emparedados de manzana

Ingredientes

Unas rodajas de manzanas de buen tamaño
Un poco de harina
Huevo batido
Aceite
Un poco de mantequilla
Azúcar
Crema pastelera o mermelada de ciruela
Pan de molde frito
Miel

Se rebozan las rodajas de manzana con harina y huevo batido; se fríen y se dejan enfriar. Se bañan con mantequilla por ambos lados y se les echa una lluvia de azúcar; a continuación se bañan con crema pastelera o mermelada y se colocan entre dos panes de molde fritos y untados con miel.

Charlota de manzanas reineta

Ingredientes para 6 personas

1/2 kg de manzanas reinetas
Mantequilla
150 g de azúcar
Un poquito de licor Benedictine
Lonchas de pan no demasiado finas
La corteza de 1/2 limón rallado
1 palito de canela
3 plaquitas de gelatina
Salsa de frambuesa

Se hace un puré muy espeso con dos kilogramos de manzanas, peladas y sin pepitas, aromatizado con un poquito de licor Benedictine.

En una cacerola aparte se ponen unos quince gramos de mantequilla, el azúcar y medio kilo de manzanas peladas y cortadas muy finas; se aromatiza con la corteza de medio limón rallada; se mezcla todo y se pone al fuego para que se vaya fundiendo todo junto hasta que está hecho una pasta. Se le agrega el puré que teníamos hecho con anterioridad y se mezcla bien hasta que queda una pasta muy compacta y seca; se aromatiza con un palito de canela; también le echaremos tres plaquitas de gelatina (ya remojadas en agua fría), se mezclan y se remueve todo, despacio y constantemente, hasta que esté en su punto.

Se unta con mantequilla un molde grande, de los de flan, y se forra bien con las lonchas de pan, que han de estar tostadas, de forma que queden un poco superpuestas para que cubran toda la superficie.

Se rellena este molde con todo el preparado que tenemos; se tapa con pan tostado y se pone a cocer a horno regular durante una hora más o menos, hasta que la pasta esté bastante seca. Se retira del fuego y se deja enfriar en el mismo molde; para desmoldearlo se calienta un poquito y se saca como un flan.

Se acompaña con una buena salsa de frambuesa.

Melón relleno

Ingredientes para 6 personas

1 melón de tamaño mediano
2 limones
Trocitos de melocotón
Fresas
Piña
Unas cucharadas de azúcar
Zumo de melocotón
Zumo de piña
1 ó 2 copas de vino de Oporto

Se quita la tapadera por la parte más afilada del melón; por el hueco se extraen todas las semillas y a continuación la pulpa con una cuchara; ésta se corta en trocitos.

Se mezclan los trocitos de melón con melocotón, fresas y piña troceados, se le añade unas cucharadas de azúcar, el zumo de dos limones, un poco de zumo de piña, de melocotón y un poco de vino de Oporto; se rellena el melón con todo esto, se pone en sitio fresco y se sirve.

Esto también se puede tomar como entremés; en este caso la piña y el melocotón se sustituyen por naranja y plátano. Se sirve acompañando a canapés de caviar, salmón ahumado, jamones y foie-gras.

Fresón acaramelado

Ingredientes

Fresones grandes
Caramelo

Los fresones, sin quitarles el rabo, se lavan bien y se escurren; se dejan en el frigorífico hasta que estén casi congelados.

Se prepara el caramelo y se colocan los fresones en una rejilla de alambre. Se bañan uno por uno, con el caramelo; cuando están fríos, se colocan en cápsulas un poco alargadas de papel blanco y se sirven.

Se acompañan con una tarta de bizcocho con crema o Saint-Honoré.

Peras a la Bordalesa

Ingredientes

Peras cocidas, previamente peladas y sin pepitas
1/2 l de leche
120 g de azúcar
20 g de fécula de patata
3 huevos
Macarrón molido
Mermelada de albaricoque

En un molde se pone un poco de macarrón molido por las paredes; se rellena poniendo una capa de crema, hecha con medio litro de leche, el azúcar, la fécula de patata y tres huevos, y otra de peras, y así sucesivamente hasta que se llena el molde. Se pone encima un poco de macarrón en granos y se cuece.

Se sirve salseado con mermelada de albaricoque.

Suflé de naranja

Ingredientes

6 naranjas grandes de zumo
7 claras montadas a punto de nieve
Un poco de crema pastelera
Licor Benedictine
Una salsa de albaricoque

Se cortan las naranjas por la mitad, se les saca el jugo y se vacía el cascarón con mucho cuidado de que no se rompa.

Se mezcla la crema pastelera con un poco de jugo de naranja, un poco de Benedictine y con las claras montadas a punto de nieve; con ella rellenan las cáscaras de naranja. Se meten al horno y luego se sirven a la mesa.

Aparte se ofrece salsa de albaricoque.

Naranjas flor y nata

Ingredientes

1 mantecado hecho con nata y zumo de naranja
Picadillo de frutas en almíbar, escurridas
Varias naranjas
Un poco de nata montada
Un poco de caramelo molido o de guirlache
Unos barquillos

Se mezcla el mantecado con el picadillo de frutas.

Aparte tendremos medias cortezas de naranja vaciadas, éstas se rellenan con el mantecado y alrededor se adornan con boquilla con nata montada; hay que procurar que se luzca el mantecado en pirámide. Por encima se echa una lluvia de caramelo molido o guirlache y se acompaña con barquillos. Debe estar bien frío.

Canastitas de naranja «Torre Blanca»

Ingredientes para 6 personas

6 naranjas grandes
1 macedonia de frutas (véase receta)
1 hoja de gelatina
Merengue italiano o nata montada

En la cáscara de las naranjas se forma un asa. Por el hueco se extrae toda la pulpa y se exprime el jugo, el cual usaremos a su debido tiempo.

Se colocan las cestitas sobre una base o molde y se rellenan con la macedonia de frutas.

El zumo de naranja se mezcla con un poco de agua y se calienta; cuando está bien caliente se le añade la gelatina (ya remojada) para que se disuelva; una vez disuelta ésta, se deja enfriar y se echa por encima de la macedonia que tenemos en las cestitas. Se cubre con merengue italiano o nata montada y se pone en sitio frío.

En el centro del asa se puede colocar, si se desea, una cinta de seda, y se sirven.

Flan Ruso

Ingredientes

Yemas de huevo
Leche
Pasta quebrada (véase receta)
Merengue muy fuerte
Un poco de azúcar

Se hace una mezcla para flan, pero sólo con yemas de huevo y con la mitad de leche que suele usarse para hacer un flan normal.

Se camisan los moldes con la pasta quebrada y se llenan con la mezcla del flan; se echa un poco

de azúcar por encima para que tome color, se cuecen y se dejan enfriar.

Después de desmoldearlos se decoran con merengue y se sirven.

Flan a la franchipán

Ingredientes

Pasta quebrada (véase receta)
Crema franchipán

Se enfundan los moldes con pasta quebrada y se rellenan con la crema franchipán; se colocan encima adornos de pasta, ya sea una tirita en espiral o medias lunas, y se cuece en el horno, muy caliente.

Postre Javierín

Ingredientes

Flanes de tamaño mediano
Naranjas
Melocotones
Plátanos
Guindas rojas
Bolas de helado de vainilla y de fresa
Licor de kirsch

Se desmoldean los flanes en platos individuales de cristal. Alrededor del plato se colocan tres rodajas de naranja (de buen tamaño y muy limpias de piel), tres de melocotón y tres de plátano (sesgadas y de buen tamaño), alternando unas con otras; encima de la naranja se pone una guinda roja.

Se rocían las frutas con el jugo del melocotón y se aromatiza con kirsch.

Al lado, en el mismo plato, se pone una bola de helado de vainilla y otra de fresa.

Suflé al limón

Ingredientes para 6 personas

8 yemas de huevo
60 g de azúcar
60 g de mantequilla
1 cucharada de maicena
6 claras montadas
La corteza de un limón, rallada
Crema de chocolate
1 cucharada de nata cruda

Se mezclan seis yemas de huevo con la mantequilla, el azúcar, la maicena, las claras montadas y la corteza de limón rallada. Se echa todo en un plato hondo ligeramente untado de mantequilla; se cuece al baño maría bien caliente y se sirve, a ser posible, en el mismo plato en que se cuece.

Ha de tenerse en cuenta que al cocer aumenta de tamaño, por lo que sólo se ha de llenar el molde hasta la mitad.

Aparte se sirve la crema de chocolate refinada con 2 yemas de huevo y una cucharada de nata cruda.

Brioche a la Sevillana

Ingredientes

500 g de pasta de brioche
Anís
Agua de azahar
Macedonia de frutas escurridas, de distintos colores
Jugo de albaricoque
1 huevo
Azúcar glas
Salsa de miel (rebajada con un poco de agua)

Se estira la pasta de brioche en un molde largo como una barra de pan; en el centro de ésta se pone la macedonia que tenemos preparada y se riega con un poco de jugo de albaricoque; se cubre bien con otra capa de pasta para que no salga nada por ninguna parte. Se pone a estufar en una placa de pastelería, se baña con huevo batido (con un pincel) y se mete al horno a cocer.

Se glasea por arriba con azúcar glas, se deja asentar un poco y se corta la mitad en rodajas y la otra mitad se deja entera en la fuente.

Se acompaña con salsa de miel.

Charlota Ruchelén

Ingredientes

1 plancha de bizcocho muy fina
Huevo mol (almíbar de azúcar bien espeso y mezclado con las yemas de huevo, sin batirlo)
Chocolate granulado

En una placa de pastelería se coloca una plancha de bizcocho a la cuchara; sobre ella se extiende huevo mol; se enrolla como si fuera un brazo de gitano, se corta en rodajas un poco gruesas y se bañan con el mismo huevo mol; por último se les echa una lluvia de chocolate granulado.

Gelatina de manzana

Ingredientes

Pieles de manzana
Manzanas reineta
25 g de hojas de gelatina
250 g de azúcar
Colorante verde vegetal

Se cuecen bien las pieles y trozos de manzanas, se pasa todo por un tamiz o colador, procurando que quede un poco ligero.

Las hojas de gelatina se remojan en agua fría durante dos horas y se ponen a cocer con medio litro de agua caliente, sin dejar de moverlas hasta que estén bien disueltas; cuando están hirviendo se le añade el azúcar, la cual ha de disolverse bien y cocer. Se retira del fuego, se le agrega el puré de las peladuras y se le da un poco de color verdoso con verde vegetal; se deja enfriar bien.

Gelatina de naranja

Ingredientes

12 naranjas de piel fina
25 g de hojas de gelatina
250 g de azúcar
Unas gotitas de color vegetal rojo
El zumo de 1 limón

Se pelan seis naranjas lo más fino posible, se quita la parte amarilla de las pieles y se dejan éstas aparte.

En medio litro de agua caliente se cuecen las hojas de gelatina, que han de estar remojando en agua fría durante dos horas. Cuando está hirviendo se le añade el azúcar y se deja cocer de nuevo. Después de hervir se retira del fuego y se le mezclan las cortezas de las naranjas; se tapa y se deja enfriar durante media hora para que se concentre el aroma; después se destapa y se cuela el líquido por una estameña.

Las seis naranjas que tenemos con piel se cortan por la mitad, y se les saca el zumo procurando que no rompan las cortezas; medio litro de este zumo se cuela y se mezcla con la gelatina y con el zumo de un limón. Se echan unas gotitas de color rojo vegetal y se moldea antes de que se enfríe del todo.

Una vez espesa se pasa a las cortezas de naranja que se ponen sobre una taza o plato (para que no se vuelquen); cuando la gelatina está bien cuajada, se cortan en gajos y sirven para decorar cualquier plato frío.

Esta gelatina, dándole un color conveniente, dejándola transparente, puede utilizarse para cubrir algunas tartas o pudin frío.

Granillo de azúcar y chocolate

El granillo de azúcar se emplea para cubrir los bordes de tartas y pasteles pequeños.

Se hace rompiendo en pedacitos azúcar de terrón o cuadradillo; los trozos resultantes se pasan por tamices de distinto grosor y se clasifican por tamaños.

Lo esencial es que el granillo no tenga azúcar molido y que todos los granitos sean sueltos, sin polvo. Conseguir esto es fácil: basta pasar todo el azúcar por cedazos que dejen pasar el azúcar molido y retengan el grano.

Para el *Granillo de chocolate* éste debe pasarse una sola vez por el tamiz presionando hacia abajo como una prensa y no de un lado para otro; debajo del cedazo se pone un papel blanco para recoger el chocolate granulado y antes de amontonarlo se ha de poner en sitio frío.

Pasta quebrada para fondear

Ingredientes

1/2 kg de harina
200 g de azúcar
200 g de mantequilla
2 huevos
1 vaso de leche fría

Se trabaja todo bien, haciendo una pasta firme que pueda estirarse con el rollo; se utiliza para hacer fondos de diversos postres y platos.

Tortilla al ron flameada

Ingredientes para 2 personas

6 huevos
1 cucharadita de azúcar
Aceite
Azúcar molido
1 vaso pequeño de ron caliente

Se baten los huevos junto con una cucharadita de azúcar y se trabaja como para el bizcocho, que quede bien montado.

Esta mezcla se echa en una sartén con un poco de aceite caliente, y se va envolviendo a medida que se vaya cuajando, hasta poder formarla como la tortilla francesa; esto se hace lentamente y debe subir un poco. Después se vuelca la pasta en una fuente de metal caliente; se le da un corte longitudinal bien pronunciado; se cubre con una lluvia de azúcar molido y se le hacen unas marcas con un hierro al rojo.

En el momento de servirla, se riega con ron caliente, se quema y se presenta en la mesa flameando.

Torrijas madrileñas

Ingredientes

Unas barras largas de pan, más metidas en harina y con menos levadura que las normales
2 ó 3 cucharadas de azúcar
Azúcar molido
Un poco de vino blanco
1/2 l de agua
Aceite
Harina
1 huevo
Canela en polvo
Miel

Las barras de pan se dejan dos días en reposo; luego se cortan en rodajas ovaladas, de unos cinco centímetros de grosor. Se hace un almíbar con dos cucharadas de azúcar, vino blanco y medio litro de agua y se deja cocer esta mezcla durante diez minutos. En él se baña el pan durante cinco minutos; luego se pasan por harina y huevo batido y se fríen en aceite abundante; cuando están doradas por ambos lados se sacan.

Tendremos un plato preparado con canela en polvo y azúcar molido mezclados; se bañan en ello las torrijas calientes, por ambos lados. Por último, se les echa por encima unos hilitos de miel y se sirven, calientes o fríos.

Huevo hilado

Ingredientes

1 kg de azúcar
7 yemas de huevo

Se echa el azúcar en medio litro de agua, se pone a cocer y cuando rompe a hervir se espuma; se deja cocer unos quince minutos, se retira del fuego, se deja enfriar y luego se gradúa con un espesajarabes (especie de termómetro), hasta alcanzar treinta y cinco grados.

Se tienen las yemas de huevo al baño maría para que templen un poquito; luego se pasan por un tamiz de seda fina.

Se pone el jarabe en un recipiente de boca amplia otra vez a cocer; cuando rompe a hervir se espuma de nuevo y como en un minuto se pone el jarabe a treinta y siete o treinta y ocho grados, que es lo adecuado para mezclarle las yemas.

Sobre el recipiente se pone una hiladera donde se echan las yemas, moviéndolas de un lado a otro sin parar, para que vayan cayendo dentro del jarabe hirviendo. Se dejan cocer los hilitos un minutos, se sacan con una espumadera y se echan en un bol que tendremos preparado con agua fría; se lavan un poquito y se ponen a escurrir en una rejilla de alambre, o sobre un paño limpio; una vez hecho esto ya se pueden utilizar.

Pan de molde inglés

Ingredientes

400 g de harina de fuerza
4 dl de leche
50 g de mantequilla
8 g de sal
1 huevo crudo
14 g de levadura prensada
Un poco de manteca de cerdo

Para hacer este pan hay unos moldes especiales con tapa.

En primer lugar se toman trescientos gramos de harina y dos decilitros de leche; con esta mezcla se hace una base, a la que se le agrega la sal, el huevo y la mantequilla; se trabaja todo junto.

Con cien gramos de harina, un decilitro de leche y la levadura se forma una bola trabajada y se deja en un sitio un poco caliente, tapada hasta que duplique su tamaño inicial; entonces se junta con la otra pasta que tenemos, extendiéndola un poco; se empasta bien y se trabaja agregando poco a poco el otro decilitro de leche, hasta que quede una pasta fina.

Ésta se pone en el molde, previamente untado con manteca de cerdo (incluso la tapa), llenándolo hasta la mitad, se deja estufar tapado con un paño hasta que falten unos dos centímetros para que se llene; entonces se tapa con su tapadera y se pone en el horno a temperatura moderada. Tarda en cocer unos treinta minutos. Se saca y se desmoldea.

Pasta para sablés

Ingredientes

250 g de harina de fuerza
200 g de azúcar
125 g de mantequilla
1/2 dl de leche
2 huevos
Vainillina o canela

Se envuelven bien todos los ingredientes, aromatizando la mezcla con un poco de vainillina o canela. Se estira con un rodillo de pastelería, hasta conseguir un grosor de unos dos milímetros; se le da forma con un cortapastas y se bañan con un huevo batido. Se cuecen en el horno no demasiado caliente.

Hojaldre al momento

Ingredientes

500 g de harina
625 g de mantequilla
5 g de sal
3 dl de agua fría
1 yema de huevo

Se echa la harina sobre una mesa, formando una base. Encima se echa el agua, la sal y el huevo, y se mezcla bien; a continuación se agrega la mantequilla y se trabaja con todo lo demás; se deja la masa en reposo en sitio fresco durante quince minutos. Luego se estira con el rollo de madera; se da cuatro vueltas doblándola cada vez; a las dos vueltas hay que dejar descansar la masa durante diez minutos en sitio fresco; se dan las dos vueltas restantes y ya queda lista para usarla o hacer pasteles.

Si la pasta no se usa en el momento, debe guardarse en sitio frío.

Hojaldre ruso

Ingredientes

500 g de harina
500 g de mantequilla
3 g de sal
2 huevos
El zumo de 1 limón
1 vaso de agua fría

Se mezcla la mitad de harina con la sal, los huevos y el limón, y se trabaja durante largo rato; cuando la pasta está tomando cuerpo, se envuelve en un paño y se pone durante tres horas sobre hielo o en un lugar muy frío.

Se amasa la mantequilla con el resto de la harina, sin añadir agua, si es posible, y si no una pequeñísima cantidad. Se pone a enfriar.

Se extiende la primera pasta y se mete en el centro la mantequilla ya amasada con la harina y se trabaja igual que el hojaldre normal. Después de haberla dejado reposar durante media hora y darle cuatro veces vuelta se puede usar igual que el hojaldre normal.

Cruasán

Ingredientes

500 g de harina
250 g de mantequilla
30 g de levadura
5 g de sal
40 g de azúcar
Un poquito de leche templada

Se forma un círculo con la harina encima de una mesa; se echa dentro la sal, el azúcar y la levadura, la cual se trabaja previamente con un poco de leche templada; a continuación se amasa como

si fuera la masa de hojaldre. Cuando está hecha la masa se deja descansar unos quince minutos y después se le incorpora la mantequilla, se le da dos vueltas y se deja al frío. Se deja descansar un poco, se le dan otras dos vueltas y se deja de nuevo en frío reposando. Luego ya pueden hacerse los cruasanes.

Pastel Guissé

Ingredientes

250 g de bizcocho Genovesa (véase receta)
100 g de avellana en polvo, tostada
Un poco de mermelada de grosella,
aromatizada con licor
Fondant
Pistachos

Se mezclan el bizcocho Genovesa con la avellana en polvo tostada; se cuece en dos planchas separadas. Una vez frías, entre las dos capas se coloca la grosella; se cubre con un buen fondant y se decora con pistachos.

Pastel Frascati

Ingredientes

200 g de harina
200 g de azúcar
150 g de mantequilla
6 yemas de huevo
7 claras de huevo
Almendras
Un poco de manteca de cerdo
20 g de levadura Royal

Se mezclan bien la harina, el azúcar y la levadura; a la masa se le añade la mantequilla en trocitos y se trabaja hasta que haga una pasta; a continuación se agregan las yemas y por último las claras montadas a punto de nieve.

Se echa la mezcla en moldes que tendremos untados con manteca de cerdo; por encima se reparte almendra fileteada y unas almendras peladas enteras; por último se cuece en el horno a temperatura moderada.

Pastel inglés (plum-cake)

Ingredientes

500 g de azúcar glas
500 g de mantequilla de vaca
500 g de harina
12 huevos enteros
125 g de levadura Royal
350 g de calabaza de color
300 g de pasas de Corinto
200 g de pasas Esmirna
2 cortezas de naranjas confitadas
o en almíbar
8 copas de ron
Un poco de manteca de cerdo

La mantequilla se trabaja en un barreño con una espátula de madera hasta que esté ligera; luego se le añade el azúcar y se sigue trabajando hasta que esté la pasta bien compacta; se le van añadiendo los huevos de dos en dos trabándolos con la pasta hasta que queden bien mezclados; así se sigue trabajando bien hasta que la pasta empiece a cortarse; en este momento se agrega la harina de abajo arriba, sin batir; al terminar de mezclar ésta se le echa la levadura y se mezcla; luego se mezclan en la pasta con mucho cuidado las frutas, que debían estar en maceración con el ron durante una o dos horas.

Tendremos unos moldes alargados, bien untados con manteca de cerdo por dentro; en ellos se

coloca un papel grasa que sobrepase un poco el borde del molde y se echa la pasta llenándolos sólo hasta la mitad. Se cuece el horno a temperatura media hasta que la pasta rebasa el límite del molde.

Plum-cake de chocolate

Ingredientes

500 g de mantequilla
250 g de azúcar
500 g de chocolate en polvo
500 g de harina
12 huevos
100 g de levadura Royal

Se hace como el pastel inglés, añadiendo el chocolate inmediatamente antes que la harina, trabajando la masa siempre de arriba abajo y viceversa.

Pastel Noissette

Ingredientes

100 g de avellanas tostadas
400 g de azúcar
10 yemas de huevo
1 huevo entero
100 g de harina
10 claras de huevo montadas
Un poco de vainilla
125 g de avellana molida y tostada
125 g de azúcar
2 cucharadas de nata cruda de leche
2 cucharadas grandes de maicena
Azúcar glas aromatizado con vainilla

Se machacan las avellanas tostadas con un poquito de agua, para impedir que se forme aceite;

cuando están finamente picadas se mezclan con el azúcar, que tendremos en una cacerola, se trabaja y se le van añadiendo poco a poco las yemas de huevo y a continuación un huevo entero. Se aromatiza con vainilla y se le añaden la harina y las claras de huevo montadas (bien consistentes); se mezcla todo bien de arriba abajo, sin batir. Se cuece y luego se guarnece el bizcocho con una crema hecha con avellana molida y tostada, azúcar, dos cucharadas de nata cruda y dos de maicena. Se mete al horno unos minutos; cuando está ya casi cuajada la crema se glasea con azúcar glas, aromatizada con vainilla, de forma que quede bien cubierto, pero con cuidado de no moverlo para que no se baje la pasta.

Pastel Java

Ingredientes

1 bizcocho Museline de naranja
Cortezas de naranjas confitadas y picadas
Mermelada de naranja
Fondant de naranja
Lonchas de naranja al caramelo glaseadas

Se amasa bien la pasta del bizcocho; se le mezclan bien las cortezas de naranja confitadas y troceadas; se cuece en un molde cuadrado en un horno a temperatura suave; luego se cubre con mermelada de naranja, se glasea con fondant de naranja y se decora con lonchas de naranja al caramelo glaseadas.

Pastel empedrado «Leonés»

Ingredientes

125 g de azúcar
250 g de castañas

100 g de mantequilla
4 huevos
Vainilla
Mermelada de albaricoque
Almendras fileteadas
100 g de turrón de almendra

Se sigue el mismo procedimiento que para hacer el bizcocho Genovesa (véase receta), sustituyendo la harina de trigo por harina de castañas peladas y cocidas en agua.

Se cuece a horno moderado sobre una plancha rectangular y de bordes poco elevados; una vez cocido se corta en dos trozos. Entre ambos se extiende una capa de mermelada de albaricoque mezclada con un puñado de almendras fileteadas.

Se cubre el pastel con mermelada concentrada y, por encima y por los lados, se aplica el turrón que tendremos picado toscamente.

Pastel Protlof

Ingredientes

3 onzas de chocolate
100 g de harina
70 g de azúcar
70 g de almendras tostadas
Un poco de canela en polvo
5 g de clavo en polvo
10 yemas de huevo
6 claras montadas a punto de nieve

Se trabajan todos los ingredientes (excepto las claras) con las diez yemas de huevo hasta que quede todo bien mezclado. Después se mezclan las claras montadas a punto de nieve, bien consistente, y se cuece.

Guceso

Ingredientes

12 claras de huevo montadas
250 g de almendras
750 g de azúcar
Crema de mantequilla muselina (véase receta)
Almendra tostada, picada muy fina

Se baten bien las claras montadas con el azúcar; se le agregan las almendras y una vez bien mezclado todo, se echan sobre placas con papel untado y se cuecen en el horno no muy caliente; cuando está cocido, se corta en la forma que se quiera dar al pastel. Éste se forra y guarnece con crema de mantequilla (previamente preparada); por encima se cubre con un poco del mismo pastel desmenuzado y por los costados se pone almendra tostada y picada muy fina.

Se puede presentar con una cinta de seda alrededor.

Pastel de chocolate

Ingredientes

250 g de chocolate rallado
100 g de mantequilla
150 g de azúcar glas
30 g de fécula de patata o maicena
6 yemas de huevo
2 cucharadas soperas de leche
Un poco de kirsch
Un poco de cobertura de chocolate
Un poco de mantequilla fundida
Puré de castañas
Nata montada

Se mezclan bien el chocolate, la mantequilla, el azúcar glas y la fécula o maicena hasta que quede todo bien disuelto. Luego se le añaden las yemas de huevo, la leche y se aromatiza con kirsch; se cuece al baño maría en un molde de savarín grande, si es posible, y se deja enfriar.

Una vez frío se le echa por encima la cobertura de chocolate, mezclada con un poco de mantequilla fundida.

Si tiene forma de savarín se pone en el centro un puré de castañas cubierto con nata montada. Si no tiene hueco en el interior, el puré se pone alrededor.

Nougats de guirlache

Ingredientes

350 g de azúcar
350 g de almendra tostada y fileteada
Aceite de oliva
Crema de vainilla o crema pastelera

El azúcar se pone a calentar para hacer caramelo y luego se le agrega la almendra picada; se vuelca esta mezcla (guirlache) sobre la mesa, previamente untada con aceite de oliva. La pasta se estira con un rollo de madera (también untado de aceite) hasta que quede delgadita. Rápidamente se extiende por el fondo y los laterales de unas tartaletas pequeñas y redondas (con rapidez antes de que se enfríe el guirlache, para que se pueda moldear), una vez que están los moldes fríos, se rellenan de crema de vainilla o crema pastelera.

Brioche mousseline

Ingredientes

300 g de pasta de brioche (véase receta)
Un poco de harina
Un poco de mantequilla
Huevo batido

Se pone la pasta de brioche sobre el mármol ligeramente enharinado y, con ambas manos, se forma una bola bien apretada y redonda.

Se unta con mantequilla un molde de charlota de bordes rectos; en él se mete la bola de pasta, procurando que el molde sea lo suficientemente grande para que la pasta no sobrepase la mitad de su altura. Luego se coloca el molde en un lugar con calor moderado y se deja allí hasta que la pasta haya duplicado su tamaño.

Con un poco de huevo batido se pega una tira de papel blanco, untado con mantequilla, alrededor del molde haciendo que sobrepase unos cinco centímetros el borde de éste. Se dora la superficie de la pasta con huevo batido y se pone a cocer en horno caliente.

Cuando la superficie del brioche empiece a colorearse, se cubre con un papel grueso y se cuece unos veinticinco minutos.

Para asegurarse de que está hecho, se introduce una aguja en el centro del brioche; si sale seca, quiere decir que el pastel está cocido (este sistema de comprobación se utiliza para todos los bizcochos).

Merlitones

Ingredientes

Pasta quebrada o pasta de hojaldre (véase receta)
Mermelada de albaricoque
2 huevos enteros
100 g de azúcar en polvo
2 ó 3 mostachones (especie de bizcochos pequeñitos)
Un poco de vainilla
Almendras
Azúcar glass

Se hace un preparado con dos huevos y cien gramos de azúcar en polvo, batiéndolo hasta que suba como para bizcocho.

Tendremos unos moldes para tartaletas un poco profundos; se forran por dentro con pasta quebrada o con pasta de hojaldre y se pinchan con una aguja gruesa.

Se coloca en el fondo de los moldes un poco de mermelada de albaricoque y luego se llena con el preparado anterior; se le agregan los mostachones bien molidos y un poco de vainilla. Una vez llenos los moldes, se colocan encima de la pasta tres medias almendras en forma de trébol; se espolvorean bien con azúcar glas y se ponen a cocer a horno moderado.

Bastoncitos flamencos

Ingredientes

125 g de azúcar
125 g de harina
60 g de almendra tostada y picada
1 huevo
1 yema
Vainilla

Se bate el azúcar con el huevo y la yema; se les agrega la harina y se mezcla bien.

Con la manga pastelera y sobre una placa untada con mantequilla y enharinada, se forman unos bastoncitos como de ocho o diez centímetros de largo y de un centímetro más o menos de grueso; se recubren con almendras picadas y se cuecen a horno moderado durante ocho o diez minutos.

Margaritas

Ingredientes

Pasta savarín poco azucarada (véase receta)
Pasta fondant de chocolate
Licor 43
Almendras tostadas y finamente picadas

Se toman unas tartaletas redondas de tamaño mediano y se rellenan de pasta savarín, aromatizada con Licor 43. Se cuecen y se glasean por encima con pasta fondant de chocolate tibio; el reborde se decora con almendras tostadas picaditas muy finas.

Bizcocho Genovesa

Ingredientes

4 huevos enteros
125 g de azúcar
125 g de harina
120 g de mantequilla derretida
1 corteza de limón rallada

Se baten los huevos con el azúcar y la corteza de limón rallada; se templa un poco la mezcla sumergiendo el fondo del perol en agua caliente (esta operación facilita el esponjado del batido); cuando está muy esponjoso se retira el batidor y, con una espátula, se mezcla la harina de arriba abajo; a continuación se echa despacio la mantequilla, muy caliente, y se mezcla también de arriba abajo sin batir. Se vierte la masa en un molde, previamente untado con mantequilla, y se cuece en el horno no demasiado caliente. Cuando está cocido se desmoldea y se deja enfriar.

Todo bizcocho que lleva en su composición mantequilla ha de estar muy batido para que al añadir aquélla, no se baje; esa es también la razón por la que la mantequilla ha de echarse muy caliente. Además no conviene escurrir el recipiente de la mantequilla porque en el fondo queda un poquito de leche y eso perjudica mucho al bizcocho.

Bizcocho con chocolate «Sergio»

Ingredientes

1 bizcocho de 30 cm de diámetro, aproximadamente
125 g de azúcar
2 vasos de agua
Licor para aromatizar
Un poco de crema pastelera (véase receta)
Mermelada espesa del sabor que se desee
Nata montada
Crema de chocolate
50 g de mantequilla

Se mezcla el azúcar con dos vasos de agua y se aromatiza con un licor; se deja hervir unos minutos, hasta que se forme un almíbar.

Se corta el bizcocho en tres o cuatro capas. La primera capa se humedece con el almíbar y se cubre con crema pastelera; sobre ésta se coloca la otra capa, la cual una vez humedecida de almíbar, se cubre con una mermelada espesa. La última capa, después de regarla con el almíbar, se cubre totalmente con crema de chocolate.

Por último, con nata montada y mediante una manga y boquilla rizada, se bordea todo el bizcocho, decorándolo a gusto personal.

Nevusco

Ingredientes

1 bizcocho
Kirsch para aromatizar
Crema de café
Un poco de fondant aromatizado con café
Almendras fileteadas

Se corta el bizcocho en tres capas, se aromatizan con kirsch y se unta cada una de ellas con crema de café. Se cubre el bizcocho con fondant aromatizado con café y se decora alrededor con almendras fileteadas.

Rolly pudding inglés

Ingredientes

500 g de harina tamizada
250 g de sebo de riñonada de ternera
4 huevos
4 g de sal
1 vaso de vino blanco
Mermelada de manzana o de albaricoque
Crema pastelera (véase receta)
Azúcar
Ron

Se mezcla la harina con el sebo; se le añaden los huevos, sal y un vaso de vino blanco. Se hace una pasta firme y se extiende con el rollo, hasta que quede bastante delgada. En el medio se pone una cucharada de mermelada de manzana o de albaricoque y crema pastelera, se enrolla y se cierra bien como si fuera salchichón, se envuelve bien en un paño, se atan bien las puntas y se pone a cocer despacio, en agua azucarada, durante dos horas o más.

Se sirve en una fuente cortado en lochas un poco gruesas y aparte se ofrece mermelada de albaricoque.

Este pudin, una vez trinchado, puede flamearse con ron.

Pudin de yema

Ingredientes

Miga de pan (de 3 panecillos, aproximadamente)
3/4 l de leche
1 kg de azúcar
3 yemas de huevo
10 huevos enteros
La corteza de un limón rallada (sólo lo verde)
Salsa de chocolate
Mantequilla

Se pone la miga de pan a remojo en la leche. Después se pasa por un tamiz y se le añade el azúcar; se pone al fuego, sin dejar de remover y sin que llegue a hervir. Se retira del fuego, se le añaden las tres yemas de huevo y se baten bien; luego se le mezclan los diez huevos enteros y la corteza de un limón rallado. Se mezcla bien todo esto y se pone a cocer al baño maría, bien tapado el molde y al horno.

Una vez cocido se cubre con salsa de chocolate, refinada con un poco de mantequilla, y se sirve.

Roscón de Reyes

Ingredientes

400 g de harina de fuerza
2 huevos
50 g de levadura prensada
20 g de azúcar
5 g de sal

Un poquito de vainilla
250 g de mantequilla
1 huevo batido
Frutas confitadas (corteza de naranja, guindas, calabaza, higo, etc.)
Un poco de manteca de cerdo

Con trescientos cincuenta gramos de harina se forma, sobre la mesa, una corona circular; dentro del hueco se echa la sal; luego una copa de las de coñac, llena de agua, y a continuación los dos huevos, la vainilla y el azúcar; todo esto se va envolviendo bien y se forma una masa como para hacer el pan (si es necesario se le agrega un poquito de agua para amasar bien la harina).

Esta pasta se soba bien sobre la mesa y se golpea; cuando se despega de la mesa con facilidad se le agrega la mantequilla.

Con la harina restante se forma otro círculo; en él se echa la levadura y un poco de agua templada, se hace una masa como la otra y se mete en un recipiente con agua templada; cuando la levadura flota en el agua, se junta con la otra pasta, se amasa y se mezcla todo bien.

Se deja la masa en un recipiente, en un sitio templado, y se tapa con un paño, para que estufe, hasta que duplique su tamaño. Entonces se saca la pasta del recipiente y se amasa un poco. Después ya puede hacerse el roscón sobre una placa templada y untada con manteca de cerdo. Al formar el roscón se meten dentro las sorpresas (si se desea). Por fuera se colocan las frutas, para decorarlo, y se tapa con un paño para que estufe de nuevo. Por último se abrillanta con huevo batido, teniendo mucho cuidado para que no se baje la pasta, y se mete al horno un poco fuerte. Tarda en hacerse unos quince minutos, durante los cuales hay que procurar que no se queme y abrir el horno lo menos posible.

Se presenta a la mesa atado con una lazada de cinta ancha de raso o de seda.

Sabayón para pudin

Ingredientes

100 g de azúcar
4 yemas de huevo
1/8 de l de vino Jerez solo o mezclado con ron, coñac u otros licores

En una cazuelita se trabajan las yemas y el azúcar con un batidor hasta que forman una masa cremosa; poco a poco se mezcla esa crema con el licor y se pone al fuego al baño maría sin dejar de batir hasta que se formen una crema espumosa y un poco consistente.

Esta crema se puede usar para cubrir postres calientes, como pudines; o fríos, como flanes. Debe hacerse unos minutos antes de servir el postre; si se hace antes conviene agregarle una cucharadita de fécula con azúcar.

Bayón helado

Se hace como el sabayón, pero añadiéndole dos yemas más; cuando ha cuajado, se pone en un cazo y éste se coloca sobre hielo, batiendo continuamente hasta que se enfríe por completo. Se aromatiza con Marasquino, kirsch o cualquier otro licor o perfume.

Paladares de dama

Ingredientes

500 g de mantequilla
500 g de azúcar
500 g de harina
8 huevos enteros
Vainilla

En un barreño o cazuela se trabajan la mantequilla y el azúcar; se aromatiza la mezcla con un poco de vainilla y se le van agregando los huevos uno a uno, sin dejar de remover con la espátula de madera. Luego se añade la harina; ésta se mezcla envolviéndola de arriba abajo con una espumadera.

Se forman sobre una placa untada, en forma redonda y se cuecen.

Rosquillas de Reinosa

Ingredientes

100 g de harina
150 g de manteca de vaca
2 yemas de huevo
1 ó 2 cucharadas de anís
Una pizca de sal
Un poco de agua, si es necesario
1 huevo batido

La mitad de la harina se mezcla con el total de la mantequilla, en crudo y en frío, haciendo una pasta consistente; se deja reposar en sitio muy frío.

Con el resto de la harina se forma un círculo en cuyo centro se ponen las yemas, la sal y el anís; se empasta añadiendo un poquito de agua.

Esta masa, que debe quedar más bien blanda, se deja reposar; luego se extiende y se mezcla con la otra masa que tenemos preparada, procediendo igual que si se tratase de masa de hojaldre; se le dan seis vueltas con un pequeño reposo entre una y otra. Luego se extiende la masa hasta conseguir un ancho de un centímetro y diez o doce de largo.

Al colocar las tiras sobre la placa, se unen los dos extremos formando rosquillas; se abrillantan por encima con huevo batido y se cuecen a horno fuerte.

Cocidas y frías, se bañan en un jarabe de 24 grados. Después se les pone un poco de azucarillo deshecho, en cada extremo, y se sirven.

Estas rosquillas resultan muy hojaldradas; aumentan cuatro o cinco centímetros su tamaño.

Rosquillas de Segovia

Ingredientes

100 g de harina
2 huevos
40 g de azúcar
1/2 copa de anís
1 cucharada de anís en grano, seco y machacado
Azúcar glass
Aceite

En un barreño se pone el azúcar, el huevo, treinta gramos de aceite y el anís; todo esto se mezcla bien y se le añade la harina hasta formar una masa; si es necesario se le echa un poquito de leche.

Cuando está la masa hecha, se divide en trozos del tamaño de una yema de huevo; éstos se redondean en forma de bolitas, luego se aplastan y se les hace un amplio agujero en el centro. Se fríen muy despacio en aceite para que no formen corteza; una vez fritas se espolvorean con azúcar glas y se sirven.

Delicias «Peña santa»

Ingredientes

1/4 kg de harina
150 g de mantequilla
60 g de azúcar glass
2 huevos

Unas gotas de esencia de almendra amarga o

2 almendras amargas finamente picadas y

machacadas en el mortero

2 g de sal fina

Mermelada de albaricoque o ciruela claudia

Se amonta la harina, poniendo en el centro la mantequilla, el azúcar glas, los huevos, la sal y unas gotas de esencia de almendra amarga. Se amasa todo hasta conseguir una pasta muy fina, consistente y no muy blanda. Se extiende con un rodillo hasta que quede muy delgada y con el sacabocados se cortan discos de unos tres centímetros y medio de diámetro. Se cuecen en el horno caliente durante unos cinco minutos; después se unen de dos en dos (como un sandwich) con mermelada de albaricoque o ciruela claudia; alrededor se ponen granitos de azúcar.

Pastas de té

Ingredientes

500 g de harina

300 g de mantequilla

150 g de azúcar

Un poquito de sal fina

2 yemas de huevo

4 huevos enteros

Vainillina

Guindas confitadas

Un poco de manteca de cerdo

Se mezclan bien todos los ingredientes y se amasan bien; se aromatiza la pasta con un poco de vainillina, se deja reposar un poco. Después, con la manga y boquilla, se forman montoncitos pequeños sobre una placa ligeramente untada con un poco de manteca de cerdo; en el centro se decoran con media guinda y se cuecen.

Sablés mallorquinas
(una variedad de pastas de té)

Ingredientes

150 g de harina

50 g de almendras en polvo tostadas

100 g de mantequilla

70 g de azúcar

4 yemas de huevo

Un poquito de sal

Ralladuras de un limón

Vainilla

En el centro de la harina se ponen la mantequilla, tres yemas, azúcar, sal, ralladura de limón, vainilla y almendras. Se mezcla bien y se estira la pasta hasta conseguir un grosor de tres milímetros, aproximadamente; se forman los sablés con un cortapastas rizado y redondo, y se bañan con yema de huevo batido para que tomen color. Al meterlas al horno se rallan con las púas de un tenedor y se cuecen a buena temperatura durante unos siete u ocho minutos.

Magdalenas

Ingredientes

250 g de azúcar

200 g de harina

200 g de fécula

6 yemas de huevo

200 g de mantequilla

5 claras montadas a punto de nieve

50 g de levadura Royal

Se baten las yemas y el azúcar; cuando están a punto de bizcocho se agregan las claras ya montadas a punto de nieve, luego la fécula, la harina y por último la levadura, mezclado todo de arriba abajo, sin batir.

Se reparte la masa en los moldes, untados con un poquito de mantequilla y un poco enharinados, llenándolos sólo hasta la mitad; se cuecen en el horno a temperatura media.

Magdalenas «Casa molinero»

Ingredientes

60 g de azúcar
60 g de harina tamizada
60 g de mantequilla
2 huevos
Vainilla

Se ponen en una cazuela los huevos y el azúcar; se baten en frío hasta que la mezcla se vuelva espumosa, y se le agrega la harina con una cuchara de madera, juntándola de arriba abajo (sin batir); luego se echan la mantequilla apenas derretida y la vainilla.

Se untan los moldes con mantequilla y se enharinan; se llenan hasta la mitad y se cuecen a horno bien caliente durante diez o doce minutos.

Magdalenas «Casino de Madrid»

Ingredientes

70 g de azúcar glas
70 g de harina
60 g de mantequilla
2 huevos enteros
Vainilla o canela en polvo
Levadura Royal

Se ponen en un bol o terrina el azúcar y los huevos; se trabajan bien con una espátula de madera hasta que quede espumoso. Se le mezcla la harina tamizada, moviéndola de arriba abajo; luego se agregan la mantequilla bastante blanda, la vainilla o canela y por último una cucharada de levadura.

Se untan los moldes con mantequilla, se enharinan, se llenan con la pasta hasta la mitad y se cuecen a horno fuerte durante diez o doce minutos.

Delicias especiales madrileñas

Ingredientes

250 g de almendra en polvo
250 g de azúcar molido
250 g de chocolate rallado
200 g de harina
1 cucharada de levadura en polvo
4 ó 5 claras de huevo
50 g de mantequilla
Azúcar glas
Salsa bayón (véase receta), o salsa de grosella

Se mezclan en seco las almendras, el azúcar molido, el chocolate rallado, la harina y la levadura en polvo. Esta mezcla se echa en un recipiente adecuado; se le añaden las claras de huevo, sin batir, y se va mezclando con la espátula de madera hasta que se forme una masa semilíquida de consistencia cremosa; por último se agrega la mantequilla derretida.

Se echa esta pasta en unos moldes bien untados, sin llenarlos del todo; se ponen a cocer a horno regular como si fuesen bizcochos; una vez cocidos se espolvorean con azúcar glas y se sirven acompañados de salsa bayón o bien salsa de grosella.

Duquesitas

Ingredientes

150 g de almendra molida

250 g de azúcar molido

Un poquito de mantequilla derrretida

6 claras de huevo a punto de nieve

Se mezcla la almendra molida con el azúcar; se le echa un poquito de mantequilla derretida y se agregan las claras de huevo montadas a punto de nieve. Se bate bien.

Esta pasta se echa en una manga pastelera con boquilla y, sobre una placa previamente untada, se van formando porciones similares a botones pequeños; se cuecen.

Tarta Savarín

Ingredientes

1 molde hecho de pasta Savarín (véase receta)

Fresas

Nata montada

Huevo hilado

Para el almíbar:

1 vaso mediano de vino blanco

1 corteza de limón

1 palito de canela

400 g de azúcar

Un poquito de Cointreau

1 l de agua

Se mezclan los ingredientes del almíbar con el agua y se ponen a cocer. Cuando esté un poco espeso se retira del fuego y se le echa Cointreau.

Se baña la pasta de Savarín con el almíbar que debe estar un poco templado; cuando la pasta está bien empapada, se pone sobre una rejilla de alambre, al frío. Una vez frío, se coloca en una fuente

redonda. El centro del Savarín se rellena con fresas cubiertas con nata monta; alrededor se decora también con nata montada y unos detalles de huevo hilado.

Tarta de melocotón abrillantada

Ingredientes

1 fondo de pasta quebrada (véase receta)

Un poco de gelatina de grosella

Melocotón en almíbar

Mermelada de albaricoque

Nata montada

El fondo de pasta quebrada se cuece; luego se le echa una capa muy ligera de gelatina de grosella, se cubre con trozos de melocotón y se abrillanta por encima con un poco de mermelada de albaricoque; alrededor se decora con nata montada.

Tarta de pollo dulce

Ingredientes

1 pollo de 1 1/2 kg, a ser posible de corral

Para la macedonia de relleno:

50 g de pasas de Málaga

50 g de pasas de Esmirna

6 ciruelas claudias deshuesadas y secas

150 g de almendras peladas y tostadas

3 piezas de de higos en almíbar

1 corteza de naranja en almíbar

3 nueces en trozos

2 manzanas reinetas duras y limpias de piel y semillas

50 g de guindas en almíbar troceadas

Ron

Cointreau

Sal

Aceite

Un poco de mantequilla

Mermelada de albaricoque

Para el almíbar:

Azúcar

Licor

1 tarta de pasta quebrada (véase receta)

Crema pastelera bien aromatizada y espesa
(véase receta)

Salpicón de almendras tostadas

Pasas de Corinto

Unos trozos de corteza de naranja

2 hojas de gelatina

Fresones

Melocotones en almíbar

Manzanas pequeñas asadas

Mermelada de albaricoque

Huevo hilado

Guindas

Salsa de grosella aromatizada con licores

Se deshuesa bien el pollo, con cuidado de que no se rompa la piel, empezando por la parte del lomo; luego se pone a desangrar durante veinticuatro horas en agua fría y, con un poquito de sal y azúcar.

Se prepara la macedonia y se deja durante cuatro horas en maceración con ron y Cointreau.

Se saca el pollo del agua, se seca y se le echa un poquito de sal; el interior se baña con mermelada de albaricoque y sobre ella se echa un poquito de mantequilla. Se rellena el pollo con la macedonia que tenemos en maceración, se cose bien con bramante y se brida como si fuésemos a asarlo.

Se fríe en una sarten hasta que tome color por todas partes. A continuación braseamos el pollo al horno, durante unos veinticinco minutos, en el almíbar que tenemos preparado, con azúcar, agua y licores. Una vez braseado se deja enfriar sin sacarlo del almíbar.

Después, la salsa del braseado se pasará por una estameña y se le añaden dos hojas de gelatina, que previamente tendremos disueltas en agua fría.

Se toma el pollo y se trincha sin que se deforme; se coloca en el centro de la tarta que tendremos ya preparada en una fuente y se abrillanta con la salsa mezclada con gelatina antes de que ésta se cuaje del todo.

Alrededor del pollo y sobre la tarta se ponen alternativamente fresones y melocotón en almíbar, en forma de corona.

Como guarnición se sirven manzanas asadas y abrillantadas con mermelada de albaricoque, alternando con unos copos de huevo hilado y guindas. Aparte salsa de grosella aromatizada con licores.

El pollo ha de servirse frío, pero no demasiado.

Tarta de manzana Leonesa

Ingredientes

1 tartaleta grande de pasta quebrada (véase receta), hecha dentro de un aro sobre la placa

Crema pastelera espesa (véase receta)

Unos granos de nueces

Cortezas de naranja en almíbar

Manzana reineta cortada en lonchas no
demasiado finas

Mermelada de albaricoque

Coco rallado

A la crema pastelera se le añaden unos gramos de nueces y unas cortezas de naranja en almíbar, cortada en trocitos.

Una vez hecha la tartaleta, se rellena con la crema pastelera, dejando un poquito de base sobre la que colocamos las lonchas de manzana simétricamente y un poco superpuestas, de forma que cubran todo el círculo. Se mete al horno, no demasiado caliente, y se deja cocer unos veinte minutos. Se saca, se deja enfriar y se coloca en una bandeja; por encima se abrillanta con mermelada de albaricoque.

Alrededor de la tarta se echa un poco de la misma mermelada y sobre ésta un poco de coco rallado.

Índice alfabético
de recetas

D

E

O

P

R

S